DOMINAÇÃO E RESISTÊNCIA
DESAFIOS PARA UMA POLÍTICA EMANCIPATÓRIA

LUIS FELIPE MIGUEL

© Luis Felipe Miguel, 2017
© desta edição, Boitempo, 2018

Esta edição teve o apoio do Conselho Nacional de Desenvolvimento Científico e Tecnológico (CNPq), da Fundação de Apoio à Pesquisa do Distrito Federal (FAP-DF) e da Fundação Lauro Campos.

Direção editorial	Ivana Jinkings
Edição	André Albert
Assistência editorial	Artur Renzo e Thaisa Burani
Preparação	Thaís Nicoleti de Camargo
Revisão	Thais Rimkus
Coordenação de produção	Livia Campos
Capa	Erika Azuma e Rodrigo Disperati (Collecta Estúdio)
Diagramação	Crayon Editorial

Equipe de apoio: Allan Jones, Ana Carolina Meira, Ana Yumi Kajiki, Bibiana Leme, Camila Rillo, Eduardo Marques, Elaine Ramos, Frederico Indiani, Heleni Andrade, Isabella Barboza, Isabella Marcatti, Ivam Oliveira, Kim Doria, Marlene Baptista, Maurício Barbosa, Renato Soares, Thaís Barros, Tulio Candiotto

CIP-BRASIL. CATALOGAÇÃO NA PUBLICAÇÃO
SINDICATO NACIONAL DOS EDITORES DE LIVROS, RJ

M577d

Miguel, Luis Felipe
   Dominação e resistência : desafios para uma política emancipatória / Luis Felipe Miguel. – 1. ed. – São Paulo : Boitempo, 2018.

   Inclui bibliografia
   ISBN 978-85-7559-610-4

   1. Democracia – Brasil. 2. Brasil – Política e governo. 3. Brasil – Política social. I. Título.

18-47231

CDD: 302.14
CDU: 316.42

É vedada a reprodução de qualquer parte deste livro sem a expressa autorização da editora.

1ª edição: março de 2018

BOITEMPO EDITORIAL
Jinkings Editores Associados Ltda.
Rua Pereira Leite, 373
05442-000 São Paulo SP
Tel./fax: (11) 3875-7250 / 3875-7285
editor@boitempoeditorial.com.br | www.boitempoeditorial.com.br
www.blogdaboitempo.com.br | www.facebook.com/boitempo
www.twitter.com/editoraboitempo | www.youtube.com/tvboitempo

SUMÁRIO

· ·

Introdução   *7*

1. Democracia e dominação   *15*

2. As estruturas da dominação   *45*

3. Hegemonia e resistência   *67*

4. Violência e política   *91*

5. A ação social autônoma   *113*

6. Classe e gênero   *139*

7. Estratégias políticas contemporâneas   *165*

8. A participação política   *193*

Conclusão   *219*

Bibliografia   *225*

Sobre o autor   *245*

INTRODUÇÃO

O ano de 2016 foi marcado no Brasil por um grave revés quanto à possibilidade de promover uma transformação social em sentido igualitário. A destituição da presidente da República que chegara ao posto pelo voto popular, por meio de um *impeachment* sem respaldo na Constituição vigente, mostrou que a democracia eleitoral passava à condição de uma ordem *tutelada* por grupos poderosos. O governo que emergiu do golpe dedicou-se a implementar, em ritmo acelerado, políticas de restrição de direitos, recusando qualquer debate público sobre elas e desprezando a evidente insatisfação da maioria da população. Se a democracia é entendida como tendo o objetivo de ampliar a capacidade de influência popular sobre as decisões públicas, então o processo em curso no Brasil pode ser definido como *desdemocratização*.

O golpe de maio e agosto de 2016 causou espanto em muitos analistas da política brasileira, que acreditavam que a democracia inaugurada com a Constituição de 1988 estava em franco processo de "consolidação", mas viram que as instituições que deveriam protegê-la não o fizeram e, em vez disso, colaboraram ativamente em sua derrocada. De uma só vez, o princípio da soberania popular e o império da lei foram jogados por terra. A surpresa nasce do fato de que, até então, as interpretações preponderantes sobre o processo político brasileiro das últimas décadas julgavam que as regras em vigor estabeleciam um campo em alguma medida "neutro" para a disputa dos interesses.

As próprias forças políticas que foram as vítimas principais do golpe de 2016 haviam adotado uma estratégia bifronte – por um lado, aceitavam a vigência de uma correlação de forças "real", não traduzida nas instituições, o que as levou à opção por um programa moderado e acomodatício, mas, por outro, investiram todas as suas fichas na manutenção da maioria eleitoral, que lhes

8 DOMINAÇÃO E RESISTÊNCIA

garantiria uma permanência inconteste no poder[1]. Há um grau de contradição nessa postura. O realismo que produz a moderação indica a compreensão de que o jogo não se restringe à formalidade das instituições. A estratégia que ancorava todo o projeto político na manutenção de uma maioria que se expressava apenas por meio da institucionalidade, porém, indica a crença de que elas resumem a disputa.

Este livro foi escrito em paralelo com o agravamento da crise política no Brasil, mas seu foco não está nela, e sim em uma discussão sobre o sentido da democracia – discussão que, espero, ajude a iluminar situações como a brasileira. A ordem democrática liberal não pode ser entendida como a efetiva realização dos valores que promete, pois a igualdade entre os cidadãos, a possibilidade de influenciar as decisões coletivas e a capacidade de desfrutar de direitos são sensíveis às múltiplas assimetrias que vigoram na sociedade. Mas ela tampouco pode ser lida segundo a crítica convencional às "liberdades formais" e à "democracia burguesa", que a apresenta como mera fachada desprovida de qualquer sentido real. O povo não governa, é verdade, mas a expressão da vontade popular incide sobre a política e pode eventualmente embaralhar o jogo das elites.

Por isso, a democracia não é um ponto de chegada. É um momento de um conflito que, à volta dela, se manifesta como sendo entre aqueles que desejam domá-la, tornando-a compatível com uma reprodução incontestada das assimetrias sociais, e aqueles que, ao contrário, pretendem usá-la para aprofundar contradições e avançar no combate às desigualdades. Portanto, o conflito na democracia é um conflito também sobre o sentido da democracia, isto é, sobre quanto ela pode se realizar no mundo real e sobre quanto as instituições vigentes contribuem para promovê-la ou para refreá-la.

As instituições democráticas não são neutras, daí por que a expressão "neutralidade das instituições" contém um paradoxo. Na medida em que organizam o mundo social e a expressão de seus conflitos, as instituições necessariamente promovem uma intervenção nesse mundo – gerando benefícios para alguns,

---

[1] Para análises, realizadas no calor da hora, sobre o golpe e suas raízes, ver Adriano de Freixo e Thiago Rodrigues (orgs.), *2016: o ano do golpe* (Rio de Janeiro, Oficina Raquel, 2016); Ivana Jinkings, Kim Doria e Murilo Cleto (orgs.), *Por que gritamos golpe? Para entender o impeachment e a crise política no Brasil* (São Paulo, Boitempo, 2016); André Singer e Isabel Loureiro (orgs.), *As contradições do lulismo: a que ponto chegamos?* (São Paulo, Boitempo, 2016); Jessé Souza, *A radiografia do golpe* (São Paulo, Leya, 2016); Luis Felipe Miguel e Flávia Biroli (orgs.), *Encruzilhadas da democracia* (Porto Alegre, Zouk, 2017); Wanderley Guilherme dos Santos, *A democracia impedida: o Brasil no século XXI* (Rio de Janeiro, Editora FGV, 2017).

prejuízos para outros. Se a democracia precisa se configurar numa determinada ordem institucional, ela também estabelece seus ganhadores e perdedores.

Não vou aprofundar aqui uma discussão sobre o sentido da democracia, o que já fiz em outra ocasião[2]. Acho necessário apontar apenas duas questões:

1. A democracia clássica, da qual retiramos o nome e boa parte do imaginário associado a nossa própria democracia contemporânea, era entendida abertamente como *governo dos pobres*. Ou seja: era um arranjo destinado a contrabalançar a influência desproporcional que os ricos exerciam por outros meios. No mundo contemporâneo, as lutas por democratização tiveram essa marca; foram lutas empreendidas pelos dominados, lutas contra a oposição dos dominantes. É o casamento da democracia com o liberalismo que a leva a ser, cada vez mais, percebida como uma espécie de terreno neutro para a expressão dos interesses em conflito, visão que atinge sua forma mais acabada no pluralismo liberal da segunda metade do século XX.

2. É claro que o "terreno neutro" é o terreno em que as múltiplas desigualdades sociais se manifestam, operando, portanto, em favor daqueles que ocupam os polos privilegiados de cada uma delas. Mas, como a democracia permanece vinculada a seu sentido original, seus valores igualitários sempre podem ser mobilizados para denunciar as imperfeições da institucionalidade que se apresenta como democrática. Há uma contradição latente entre a democracia vigente, acomodada às desigualdades e reprodutora da dominação, e a democracia ideal, radicalmente igualitária e voltada ao combate às dominações.

Esse é o conjunto de preocupações que orienta o presente volume, que representa, na verdade, o ponto – provisório – de chegada de uma agenda de pesquisa teórica consubstanciada também em dois livros anteriores[3]. O primeiro capítulo tem por ambição rediscutir o conceito de dominação e reafirmar sua centralidade para a teoria política. Ele analisa o conceito nas correntes fundantes do pensamento social, sua ausência em boa parte da teoria democrática das últimas décadas e os limites da concepção que o

---

[2] Luis Felipe Miguel, *Democracia e representação: territórios em disputa* (São Paulo, Editora Unesp, 2014).

[3] Idem; ver também *Consenso e conflito na democracia contemporânea* (São Paulo, Editora Unesp, 2017).

recoloca em evidência (a "liberdade como não dominação" associada ao republicanismo de Philip Pettit). Propõe que se entenda dominação num sentido mais amplo, a partir das contribuições da sociologia de Pierre Bourdieu e do pensamento feminista, na direção de uma compreensão da democracia em que a dominação entra duplamente como categoria central, uma vez que ela tanto gera formas de dominação, como institucionalidade, quanto as afronta, como projeto emancipatório.

Estabelecida a necessidade de focar os mecanismos de dominação para entender as práticas democráticas, o segundo capítulo retoma a discussão sobre o caráter de classe do Estado capitalista, fazendo dialogar três contribuições que, em geral, pouco são aproximadas: a compreensão de Bourdieu sobre o funcionamento do campo político, a ideia da "ossatura material do Estado", presente no último Poulantzas, e a discussão do Offe inicial sobre a seletividade das instituições. O problema é compreender como a universalização do acesso à esfera pública política, com a concessão de direitos formais iguais a todos, convive com a permanência da dominação de classe (embora este conceito seja entendido de forma diversa pelos três autores). De maneira inversa, o problema pode ser formulado como a necessidade de demonstrar a permanência da dominação em situações nas quais as classes dominadas parecem obter vitórias e mesmo instrumentalizar o Estado em seu favor.

No terceiro capítulo, o foco é deslocado para a questão da produção social da paz civil, isto é, da aquiescência dos dominados às relações de dominação. São contrastadas duas correntes alternativas. Uma, associada a nomes como Antonio Gramsci e Pierre Bourdieu, enfatiza a adesão dos dominados ao quadro de valores dominantes, que justificam a ordem social e promovem sua reprodução. Outra, que tem como referência o cientista político estadunidense James Scott, indica que essa adesão é apenas superficial e que, sob ela, há uma corrente de inconformismo, expressa em formas de resistência cotidiana, que só não se manifesta abertamente por temor à repressão.

A ênfase de Scott nos mecanismos de repressão que informam permanentemente as práticas sociais leva à discussão sobre a relação entre violência e política no quarto capítulo. Essa relação é discutida a partir de três entendimentos de base. Primeiro, de que a questão do uso da violência intensifica a permanente tensão entre a necessidade de efetividade da ação e o respeito a princípios normativos que afastem o "vale-tudo" – uma tensão que é constitutiva do próprio fazer político e que Maquiavel já indicava. Em seguida, como disse Girard, de que a ordem política tem como objetivo controlar a violência – e o fato de que ela busca impedir a irrupção daquilo que está em seu substrato reforça a tensão referida antes. Por fim, de que não basta manter o foco na violência aberta. Caso isso ocorra, a violência estrutural ou sistêmica, vinculada às formas de dominação e opressão vigentes, é deixada de lado e não é marcada como um desvio em relação ao fazer político aceitável. Seus efeitos materiais, no entanto, são tão claros quanto os da violência aberta. Assim, não há como discutir a relação entre violência e política sem introduzir a violência estrutural, que muitas vezes está incorporada nas próprias instituições que devem prevenir a violência aberta.

O foco da discussão é transferido, no quinto capítulo, para outro aspecto central da disputa política: a formação das preferências. É uma questão ignorada por boa parte dos modelos da ação política, que a veem como um espaço apenas de agregação de preferências prévias. O pensamento liberal, em particular, tende a ver os agentes como, por definição, os melhores juízes de suas próprias preferências; logo, não cabe a qualquer observador externo questionar como elas são produzidas, sob pena de recair no paternalismo. Ainda que a posição antipaternalista esteja correta, em princípio, ela desvia a discussão. O principal obstáculo à formação autônoma de preferências não é o paternalismo, mas a dominação. Indivíduos e grupos têm dificuldade de formular e expressar autonomamente suas preferências quando estão sujeitos a relações de dominação.

Dois eixos de dominação que incidem de maneira fundamental na produção da sociedade em que vivemos são classe e gênero – e a relação entre eles é o tema do sexto capítulo. A relação entre dominação burguesa e dominação masculina era uma das principais preocupações do debate teórico no feminismo dos anos 1960 e 1970. Mas, em boa parte das discussões atuais, ao menos naquelas com maior visibilidade, a questão tem sido pouco explorada. A emergência dos feminismos negros, indígenas e transgêneros leva ao reconhecimento da diversidade da condição das mulheres, mas a categoria "classe" não é incorporada – ou é incorporada de forma muito marginal – ao debate. O capítulo analisa as razões e as consequências desse esquecimento, revisitando as contribuições de autoras como Christine Delphy, Zillah Eisenstein, Heidi Hartmann e Iris Marion Young.

A consciência da multiplicidade de eixos de dominação e a impossibilidade de chegar a uma hierarquia rígida, em que um deles (como "classe") seja considerado mais crucial que qualquer outro, leva à maior complexidade da ação política emancipatória no mundo contemporâneo. O sétimo capítulo discute essa questão. Ao mesmo tempo que cresce o reconhecimento das múltiplas opressões sobrepostas, outros fatores produzem um ambiente político modificado e uma crise dos instrumentos tradicionais de intervenção política da esquerda, como partidos e sindicatos. As novas tecnologias da informação proporcionam espaços inovadores de expressão política, mas também colaboram para uma recusa de qualquer mecanismo representativo, o que, no limite, leva ao abandono da política. O desafio que se coloca é aproveitar as múltiplas expressões da inconformidade de uma forma que seja eficaz para a transformação social e não despreze a política como disputa pelo poder.

O oitavo capítulo discute o que pode ser uma institucionalidade democrática que opere de fato contra a dominação, recuperando o sentido forte da participação política popular. É um sentido que foi esvaziado, na ciência política das últimas décadas, a partir de uma deflação do ideal de democracia participativa. Enquanto as formulações originais, dos anos 1960 e 1970, indicavam a necessidade de ampliação dos espaços de gestão democrática coletiva na vida cotidiana, em particular nos locais de trabalho, os modelos das décadas seguintes aceitam a circunscrição das práticas democráticas ao Estado. Em movimento paralelo, a crítica às instituições representativas e à passividade política que elas promovem foi deixada de lado, em favor de uma percepção em que a diferença entre participação e representação é praticamente anulada. Com isso, a radicalidade da crítica participacionista às democracias liberais foi perdida – mas é necessário recuperá-la.

O curto capítulo conclusivo sumariza os "desafios para uma política emancipatória" nas condições atuais. São identificadas algumas questões principais: como preservar a multiplicidade de agendas e demandas, reflexo das vivências variadas e do peso relativo dos múltiplos eixos de opressão e dominação, sem abrir mão da eficácia da ação política? Como não se deixar paralisar pela ausência de um projeto de sociedade pronto e acabado, dada a falência dos modelos tanto do bolchevismo quanto da social-democracia? Como se alimentar da experiência vivida dos dominados sem ignorar que ela é permanentemente significada pela razão de mundo que serve aos dominantes? Como unir o realismo e mesmo o imediatismo reclamado pelas demandas urgentes dos mais vulneráveis à preservação de um horizonte utópico alargado? Longe de apresentar respostas, o capítulo e este livro, em sua totalidade, pretendem ajudar a formular as perguntas com maior precisão.

* * *

Este livro é resultado de pesquisas que contaram com o apoio do Conselho Nacional de Desenvolvimento Científico e Tecnológico (CNPq), notadamente uma bolsa de Produtividade em Pesquisa e o financiamento do projeto "Gênero, classe e raça: convergências na reprodução das desigualdades" (Chamada CNPq/MCTI n. 25/2015 – Ciências Humanas, Sociais e Sociais Aplicadas); e também da Fundação de Apoio à Pesquisa do Distrito Federal (FAP-DF), que financiou o projeto "Convergências na reprodução das desigualdades: gênero, raça e classe na política brasileira contemporânea" (Edital n. 3/2015 – Demanda Espontânea).

Versões modificadas dos vários capítulos deste livro foram apresentadas em congressos acadêmicos ou publicadas em periódicos. O capítulo 1 nasceu como o *paper* "Dominação e democracia", apresentado no 40º Encontro Anual da Associação Nacional de Pós-Graduação e Pesquisa em Ciências Sociais (Anpocs), em Caxambu (MG), de 24 a 28 de outubro de 2016. O capítulo 2 teve uma versão como o artigo "Mecanismos de exclusão política e os limites da democracia liberal: uma conversa com Poulantzas, Offe e Bourdieu" (*Novos Estudos*, n. 98, 2014). O capítulo 3 foi um *paper* apresentado no 41º Encontro Anual da Anpocs, em Caxambu (MG), de 23 a 27 de outubro de 2017. O capítulo 4 foi apresentado como *paper* no 9º Encontro da Associação Brasileira de Ciência Política, em Brasília (DF), de 4 a 7 de agosto de 2014, e depois publicado como artigo (*Revista Brasileira de Ciências Sociais*, n. 88, 2015). O capítulo 5 teve encarnações como o *paper* "Autonomía, paternalismo y dominación en la formación de las preferencias", apresentado no 5º Congreso Uruguayo de Ciencia Política, em Montevidéu (Uruguai), de 7 a 10 de outubro de 2014, e como o artigo "Autonomia, paternalismo e dominação na formação das preferências" (*Opinião Pública*, v. 21, n. 3, 2015). O capítulo 6 foi publicado como o artigo "Voltando à discussão sobre capitalismo e patriarcado" (*Revista Estudos Feministas*, v. 25, n. 3, 2017). O capítulo 8 foi o *paper* "Resgatar a participação: democracia participativa e representação política no debate contemporâneo", apresentado no 10º Encontro da Associação Brasileira de Ciência Política (ABCP), em Belo Horizonte (MG), de 30 de agosto a 2 de setembro de 2016, e depois como artigo com o mesmo título (*Lua Nova*, n. 100, 2017).

Agradeço aos participantes de todos esses encontros, que debateram versões iniciais comigo, bem como aos colegas e estudantes do Grupo de Pesquisa sobre Democracia e Desigualdades (Demodê), da Universidade de Brasília (UnB), que são parceiros e interlocutores constantes nessas reflexões. No segundo semestre letivo de 2016, ofereci no Programa de Pós-Graduação em Ciência Política da Universidade de Brasília a disciplina "Dominação e resistência"; agradeço também aos alunos que dela participaram, pelos debates produtivos que certamente contribuíram para que eu refinasse várias de minhas posições e vários de meus argumentos.

Todas as versões, das mais iniciais ao texto final deste livro, foram beneficiadas pela leitura atenta e crítica de Regina Dalcastagnè, a quem devo mais do que tenho capacidade de expressar.

1
DEMOCRACIA E DOMINAÇÃO

É difícil negar que um relato significativo da grande maioria das sociedades humanas, talvez de todas, não pode prescindir da categoria da dominação. Ela é o exercício assimétrico da autoridade ensejado pelo controle de recursos materiais e simbólicos, compelindo aqueles que estão submetidos a comportamentos que beneficiam os que detêm o poder. Compreendida dessa maneira, sucinta mas reconhecível, a dominação é, sem dúvida, um fenômeno recorrente. Se a cooperação e o conflito são dois polos presentes nas interações humanas, a dominação é uma das formas de conjugá-los, obtendo uma cooperação forçosa a partir de uma base de conflito expresso ou latente.

Condizente com tal centralidade, a dominação é um conceito cardinal para o pensamento sociológico desde seus primórdios – talvez não em Durkheim, mas certamente, de diferentes maneiras, em Weber e em Marx. E assim, em grande medida, permaneceu, de Elias e Mannheim a Bourdieu e Boltanski. No *mainstream* da teoria política, porém, a dominação é, sobretudo, uma ausência. É como se a análise das relações de poder, que é definidora, ao menos desde Maquiavel, da tentativa de entendimento da política, pudesse ignorar o aspecto de dominação presente em tais relações. Isso é explicado, em parte, pela forma como se constituiu a tradição disciplinar. Por um lado, as correntes liberal-pluralistas, hegemônicas no pós-guerra, admitem a centralidade do conflito, mas o leem sob a chave da "competição". Competidores disputam bens escassos e, em busca do próprio êxito, muitas vezes prejudicam uns aos outros. Mas não há relação de dominação entre eles. Se o conflito social é lido, sobretudo, sob a chave da competição, fica bastante restrito o espaço da dominação.

Por outro lado, a reação a tais modelos, a partir das últimas décadas do século XX, tomou a forma não da defesa de uma compreensão mais densa das características do conflito, e sim de uma redefinição da política sob o signo do consenso. De diferentes maneiras, nas empreitadas teóricas de Jürgen Habermas, de John Rawls ou mesmo de Axel Honneth, para citar apenas três nomes basilares, a política aparece como o espaço em que a cooperação social pode ser alcançada por meio do acordo intersubjetivo entre os participantes, de forma livre e igualitária. Se porventura existe dominação, ela não se expressa nessa arena política idealizada – que, aliás, seria o meio por excelência para interromper a reprodução da dominação.

Nas duas vertentes, o pressuposto tácito de grande parte da discussão é a ideia de que democracia e dominação são antípodas. Onde há democracia (ou pelo menos onde há democracia "autêntica"), não pode haver dominação; logo, se estamos discutindo no contexto de um ordenamento político democrático, a categoria "dominação" se torna inútil. Contra isso, é necessário assinalar que qualquer institucionalidade estabelece seu próprio regime de dominação. Afinal, "relações democráticas ainda são relações de poder e, como tais, são continuamente recriadas"[1]. Isso porque não falamos de uma democracia em abstrato, mas de regimes concretos, que organizam formas de distribuição de poder, de atribuição de direitos e de regulação da intervenção política. São "tecnologias da cidadania", que constituem e regulam comportamentos e que indicam que, como qualquer outra forma de governo, "a democracia tanto permite quanto constrange as possibilidades da ação política" – para ficar novamente com Barbara Cruikshank[2]. "Ser cidadão" significa tomar posse de um conjunto de direitos e de potencialidades de ação, mas também saber operar dentro do arranjo institucional que garante esses direitos e essas potencialidades. É um movimento que, ao privilegiar determinadas modalidades de ação política em detrimento de outras, gera diferentes matrizes de efetividade para agentes que estão situados em posições diversas do mundo social e controlam diferentes tipos e quantidades de recursos, ao mesmo tempo que modela as expectativas desses agentes.

Essa institucionalidade concreta se manifesta numa sociedade também concreta, com suas assimetrias no controle de recursos. A ordem democrática não anula a efetividade da dominação que se estabelece em espaços considerados pré-políticos, como o mundo do trabalho e a esfera doméstica; pelo contrário, há uma forte tendência a que essas formas de dominação estejam espelhadas no âmbito da política. Talvez seja possível dizer da democracia o

---

[1] Barbara Cruikshank, *The Will to Empower: Democratic Citizens and Other Subjects* (Ithaca, Cornell University Press, 1999), p. 18.

[2] Ibidem, p. 2.

que Iris Marion Young disse da justiça, que não seria um modelo fixo (a "sociedade justa"), mas "a eliminação da dominação e da opressão institucionalizadas"[3]. Se a democracia também se define como o enfrentamento da dominação e da opressão no campo da distribuição do poder político e do processo de tomada coletiva de decisões, formulação que vou reter apenas de maneira provisória, então a dominação entra duplamente como categoria central no esforço de compreensão da democracia, que se mede tanto pelas formas de dominação que ela produz, como institucionalidade, quanto por aquelas que ela combate, como prática emancipatória.

Um percurso pelo desenvolvimento do conceito na teoria social ajuda a iluminar a questão. "Dominação" está no centro daquela que é, talvez, a contribuição mais influente de Max Weber para a teoria política. Embora a "legitimidade" tenha de alguma maneira se emancipado da formulação original e hoje seja usada sem referência consciente a ela, a preocupação de Weber era com a *dominação legítima*. Trata-se, assim, de um adjetivo que qualifica um fato básico, a dominação, que Weber entende como presente em todas as sociedades humanas e que encontra na legitimidade o mecanismo que lhe permite ser menos custosa e mais estável para aqueles que a exercem.

De acordo com sua célebre definição, "dominação é a probabilidade de encontrar obediência a uma ordem de determinado conteúdo, entre determinadas pessoas indicáveis". A definição enfatiza a presença tanto de "alguém mandando eficazmente em outros" quanto de uma ordem específica que é obedecida, a fim de diferenciar a dominação do poder, que engloba "toda probabilidade de impor a própria vontade numa relação social", isto é, um conjunto tão grande de situações possíveis que o torna, para Weber, um conceito "sociologicamente amorfo"[4].

O realismo de Weber faz com que a dominação resida, em última análise, na capacidade de coação, ainda que uma reivindicação bem-sucedida de legitimidade possa tornar apenas eventual a necessidade de recorrer de fato a ela. É o que está na raiz de sua compreensão de que o traço definidor de uma "associação de dominação" particular, o Estado, é o exercício do monopólio de

---

[3] Iris Marion Young, *Justice and the Politics of Difference* (Princeton, Princeton University Press, 1990), p. 15.

[4] Max Weber, *Economia e sociedade*, v. 1 (trad. Regis Barbosa e Karen Elsabe Barbosa, Brasília, Editora UnB, 1991), p. 33 (ênfases suprimidas). A edição original é de 1922.

um tipo específico de poder coativo, aquele ancorado na violência física. Sua visão da disputa política é, portanto, conflitiva, tanto pelo objetivo perseguido pelos agentes – a capacidade de mandar e ser obedecido – quanto pela primazia dada ao controle de recursos de violência física.

Fica claro que a dominação se dá sempre sobre seres humanos, o que, aliás, corresponde ao uso corrente do vocábulo. Falamos, por exemplo, de "domínio" da humanidade sobre a natureza, mas se usássemos "dominação" soaria estranho. Por outro lado, podemos falar de "dominação" da técnica sobre as pessoas. Ou seja: a relação de dominação implica que o polo dos dominados seja ocupado por mulheres e/ou homens, mas não necessariamente o polo dos dominantes.

É possível ler dessa maneira a forma de dominação que estaria estreitamente associada à modernidade capitalista, a dominação "racional-legal", em que a obediência é devida a um conjunto de regras. No entanto, a dominação racional-legal é a dominação de um estrato social, a burocracia. Não é uma forma de reificação, em que a norma se torna algo separado das pessoas: "A racionalização, quando concretizada na teoria de Weber da dominação burocrática, enfatiza as novas formas de dominação do homem sobre o homem"[5].

Há aqui um nexo importante com a discussão de Weber sobre a democracia. Como é sabido, a posição do sociólogo alemão é marcada pela desconfiança quanto à ordem democrática. Em *Parlamento e governo na Alemanha reordenada*, ele alerta para os riscos da "democracia de massas", a começar pela "possibilidade de haver um predomínio forte de elementos emocionais na política" – pois a massa, além de incapaz de raciocínio em longo ou médio prazos ("só pensa até depois de amanhã"), é sempre suscetível "à influência do momento meramente emocional e irracional"[6]. Se a democracia é o governo das massas, ela é a antítese da racionalidade que é própria da modernidade capitalista. Weber percebe que alguma forma de aquiescência popular é indispensável para a estabilidade do poder político, mas dá ênfase aos mecanismos que limitam sua influência, em especial o parlamento.

---

[5] Jean Cohen, "Max Weber and the Dynamics of Rationalized Domination", *Telos*, n. 14, 1972, p. 64. Na esfera da produção da riqueza, os métodos capitalistas impessoais de cálculo e gestão, orientados para o mercado, seriam similares à organização burocrática do Estado.

[6] Max Weber, *Parlamento e governo na Alemanha reordenada: crítica política do funcionalismo e da natureza dos partidos* (trad. Karin Bakke de Araújo, Petrópolis, Vozes, 1993), p. 128. A edição original é de 1918.

Dessa forma, a elite política socializada no parlamento e filtrada por ele tem duas tarefas. Em primeiro lugar, ela deve prover a liderança necessária para o Estado, uma vez que os burocratas – que seguem as regras e se eximem da responsabilidade final por seus atos – não são capazes disso. Ao mesmo tempo, diante do ungido das massas, isto é, do líder cesarista ou plebiscitário, cabe ao parlamento preservar algum tipo de controle sobre seu poder, a vigência das "garantias legais burguesas", a manutenção do comportamento político ordenado e mesmo uma forma para sua deposição pacífica[7].

No entanto, em *Economia e sociedade* aparece uma apreciação distinta[8]. Weber permanece preocupado com a necessidade de liderança e com a impossibilidade de o aparato burocrático supri-la, o que é um eixo condutor de sua sociologia política. Mas agora o líder cesarista, que é inerente à democracia moderna, pode cumprir um papel positivo, graças à introdução da complexa noção de "reinterpretação antiautoritária do carisma".

O conceito de carisma é, na obra de Weber, um dos mais difíceis de capturar. É a base do terceiro tipo puro de dominação legítima, a dominação carismática, ao lado da dominação "tradicional" (exemplificada pelas monarquias hereditárias) e da dominação racional-legal (característica do Estado burocrático contemporâneo). O carisma tende a ser lido como um dom pessoal, uma característica intrínseca que garante a alguns poucos a capacidade de comandar muitos. Mas, como observou certa vez Régis Debray, a história não guarda nenhum registro do carisma do padre Karol Wojtyla em Cracóvia, do bibliotecário Mao Tsé-tung em Pequim, do seminarista Josef Djugachvíli na Geórgia, do coronel Charles de Gaulle na França do entreguerras. Em suma, o carisma "não é uma miragem, mas um espelho", só surgindo quando já ocorreu a "formação de seu grupo de referência específico"[9]. É uma construção social, não um dom.

Mas o próprio carisma, para funcionar, precisa ser lido como a força de um indivíduo excepcional. O líder carismático interpela a massa apresentando a ela o *dever* de segui-lo, "em virtude de vocação e provas"[10]. Ele não deve seu carisma a seus comandados; pelo contrário, é a posse do carisma que lhe

---

[7] Ibidem, p. 119.

[8] Aproveito aqui a interpretação de Carlos Eduado Sell, "Democracia com liderança: Max Weber e o conceito de democracia plebiscitária", *Revista Brasileira de Ciência Política*, n. 5, 2011.

[9] Régis Debray, *Critique de la raison politique* (Paris, Gallimard, 1981), p. 215.

[10] Max Weber, *Economia e sociedade*, v. 1, cit., p. 159.

20 DOMINAÇÃO E RESISTÊNCIA

garante o direito de ser obedecido. Por isso, é paradoxal que Weber estabeleça a possibilidade de uma forma antiautoritária, quando o reconhecimento deixa de ser uma exigência do carisma para se tornar seu fundamento. O líder carismático de novo tipo, para sê-lo, depende da eleição. A legitimidade carismática torna-se uma "legitimidade democrática"[11].

A releitura democrática subverte por completo a percepção original do carisma. O próprio Weber teria namorado a ideia de que a democracia constituiria um quarto tipo ideal de dominação legítima[12]. Ainda que não tenha consolidado essa percepção, apresenta, em *Economia e sociedade*, a democracia como o regime em que a dominação está suavizada. Nela, "o poder de mando pode ter aparência muito modesta, sendo o dominador considerado o 'servidor' dos dominados e sentindo-se também como tal"[13]. A *minimização da extensão do poder de mando* é apresentada expressamente, ao lado da presunção de igualdade de todos, como característica definidora da democracia.

Recolocado como líder carismático de novo tipo, o governante democrático de tipo cesarista (ou plebiscitário) é a solução para a ausência de liderança que é o problema próprio da democracia. Para Weber, a massa é incapaz de produzir suas próprias preferências. O líder pode ser "servidor" da massa e exercer uma dominação de baixa intensidade, mas ainda assim orienta as vontades dela (em particular, para o bem-estar material, contribuindo para fomentar a racionalidade econômica). Ao mesmo tempo, ele é capaz de impor seu controle sobre a burocracia. A democracia plebiscitária aparece agora como a solução tanto para o risco de supremacia da burocracia quanto para o descontrole da massa[14].

Para Weber, portanto, a dominação é parte inescapável de qualquer ordem social. Ela parece estar vinculada à necessidade de liderança, que o sociólogo alemão também apontava. A igualdade própria da democracia gera o risco de anular a formação da liderança, o que levaria não a uma sociedade sem dominação, mas à dominação sem freios do estamento burocrático. O governante plebiscitário introduz, na democracia, uma figura de líder que parece reduzir a dominação ao mínimo e em benefício dos dominados. De

---

[11] Ibidem, p. 176.

[12] Carlos Eduardo Sell, "Democracia com liderança", cit., p. 144.

[13] Max Weber, *Economia e sociedade*, v. 2 (Brasília, Editora UnB, 1999), p. 193. A edição original é de 1922.

[14] Carlos Eduardo Sell, "Democracia com liderança", cit., p. 152.

alguma maneira, Weber antecipa elementos da teoria "econômica" da democracia de Anthony Downs[15].

O elogio do político "com vocação"[16], assim, vincula-se, sobretudo, a sua capacidade de introduzir a vontade humana e mesmo a incerteza num mundo em que a dominação burocrática fomenta a previsibilidade e a repetição. Se "Weber *aceita* as estruturas modernas de dominação como inescapáveis e coloca o 'herói humano' como local da liberdade"[17], o carisma aparece como a capacidade de galvanizar e dar forma ao inconformismo difuso com essa dominação. A democracia permanece cindida entre a legitimação racional-legal, entranhada em seu aparelho administrativo, e o potencial transformador que o líder plebiscitário, com seu tipo peculiar de carisma, carrega.

A formulação teórica de Weber dá centralidade à dominação, mas a apresenta como um relato abstrato, que não surge como experiência vivida dos agentes, como observam Knights e Willmott[18]. Ela é um requisito para o funcionamento da sociedade política, mas o ponto de vista dos dominados é levado em conta apenas no momento da concessão da legitimidade. O significado da dominação na gestão de sua vida não é tematizado, o que impede que se aprofunde a disjunção entre dominação e autonomia.

Knights e Willmott dirigem a crítica também a Marx, mas creio que, nesse caso, ela é mais questionável. A dominação em Marx é indissociável da ideia de "exploração", que é, sim, desenvolvida como experiência vivida, tanto em capítulos pungentes do Livro I d'*O capital*[19] quanto por meio do conceito de alienação[20]. Isso porque, enquanto na narrativa weberiana a dominação é uma

---

[15] Anthony Downs, *An Economic Theory of Democracy* (Nova York, Harper & Brothers, 1957). É possível argumentar que a visão de Weber, por dar espaço ao fato da liderança e identificar as preferências dos governados como sendo produzidas na interação social, é mais sofisticada que a de Downs. Para uma crítica aos limites da teoria downsiana, ver Luis Felipe Miguel, "Uma democracia esquálida: a teoria de Anthony Downs", *Política & Trabalho*, n. 18, 2002.

[16] Max Weber, *Ciência e política: duas vocações* (trad. Leonidas Hegenberg e Octany Silveira da Mota, São Paulo, Cultrix, 1985). A edição original é de 1919.

[17] Jean Cohen, "Max Weber and the Dynamics of Rationalized Domination", cit., p. 82.

[18] David Knights e Hugh Willmott, "Dualism and Domination: an Analysis of Marxian, Weberian and Existentialist Perspectives", *The Australian and New Zealand Journal of Sociology*, v. 19, n. 1, 1983, p. 40.

[19] Karl Marx, *O capital: crítica da econômica política*, Livro I: *O processo de produção do capital* (trad. Rubens Enderle, São Paulo, Boitempo, 2013). A edição original é de 1867.

[20] Idem, *Manuscritos econômico-filosóficos* (trad. Jesus Ranieri, São Paulo, Boitempo, 2010). Os manuscritos são de 1844.

forma desprovida de conteúdo – isto é, o modelo nada indica sobre quem domina e quem é dominado –, para Marx ela é entendida como dominação de classe. Justamente por isso, aliás, a crítica corrente a Marx e aos marxistas será por sua incapacidade de levar em conta outros eixos de dominação presentes na sociedade[21].

Não vou entrar na discussão sobre o conceito de exploração, que é complexa. Para os fins de meu argumento, basta reter que, na sociedade capitalista[22],

> em primeiro lugar, a própria parte do capital trocada por força de trabalho não é mais do que uma parte do produto do trabalho alheio, apropriado sem equivalente; em segundo lugar, seu produtor, o trabalhador, não só tem de repô-la, como tem de fazê-lo com um novo excedente. A relação de troca entre o capitalista e o trabalhador se converte, assim, em mera aparência pertencente ao processo de circulação, numa mera forma, estranha ao próprio conteúdo e que apenas o mistifica. A contínua compra e venda da força de trabalho é a forma. O conteúdo está no fato de que o capitalista troca continuamente uma parte do trabalho alheio já objetivado, do qual ele não cessa de se apropriar sem equivalente, por uma quantidade maior de trabalho vivo alheio.[23]

A exploração consiste na transferência compulsória, do trabalhador para o capitalista, da riqueza produzida pelo trabalho; "compulsória" porque, ao não possuir meios de produção, o trabalhador tem como única alternativa a venda de sua força de trabalho. No capitalismo – e essa é uma de suas originalidades –, a exploração se resolve inteiramente no âmbito das trocas econômicas, sem necessidade do componente explícito de coerção política que está presente no

---

[21] Ver o capítulo 6 deste volume.

[22] Outras formas de exploração do trabalho estão presentes nos outros modos de produção. Cabe observar que a noção marxista de exploração é dependente da teoria do valor-trabalho: o trabalho humano tem a capacidade única de gerar mais valor do que o necessário para sua reprodução. A automatização introduz desafios a essa compreensão, mas, antes dela, há a questão negligenciada do trabalho animal. Embora para a antropologia de Marx (e de Engels) seja crucial a distinção entre o trabalho humano, que é consciente e precedido pela ideação do que será produzido, e o mero dispêndio de energia animal, para a produção do valor a distinção é irrelevante. Tal como o trabalhador humano, o boi que move o moinho produz uma maior transformação do mundo material, *gera mais valor* que o necessário para sua reprodução. Para uma discussão aprofundada sobre o estatuto do animal no pensamento marxista, ver Tim Ingold, "The Architect and the Bee: Reflections on the Work of Animals and Men", *Man*, v. 18, n. 1, 1983; Laura Hudson "The Political Animal: Species-Being and Bare Life", *Mediations*, v. 23, n. 2, 2008. Agradeço a Laura Luedy pelas indicações sobre esse ponto.

[23] Karl Marx, *O capital*, cit., p. 659.

feudalismo ou no escravismo. A mão de obra livre estabelece um contrato "voluntário" com o patrão, e essa troca mercantil (que, como o trecho de Marx deixa claro, possui diferenças cruciais em relação às outras trocas mercantis) garante a exploração. O capitalismo separa as atividades de apropriação da riqueza, que cabe aos proprietários, e de coerção política, exercida primariamente pelo Estado[24].

Com isso, a dominação capitalista é mais complexa, passando tanto pelas relações de produção quanto pelo poder político. Tal como para Weber, é necessário garantir que a dominação reduza seus custos, passando a ser percebida como parte de uma ordem natural, inevitável e/ou justa. Dois instrumentos importantes são a própria ideologia do contrato, que ignora os constrangimentos das partes e estabelece que qualquer relação contratual seja, por definição, vantajosa para todos, e a capacidade que o Estado tem de se apresentar como desconectado dos interesses particulares, zelando por um bem geral.

No pensamento marxista, é Gramsci quem avança de forma decisiva na compreensão de que o exercício da dominação depende da obtenção do consentimento dos dominados. Chega-se, então, ao muito discutido conceito de hegemonia, que engloba os mecanismos pelos quais a reprodução da ordem vigente é assegurada. Tais mecanismos envolvem a produção do consenso, seja por meios ideológicos, seja por concessões materiais, mas também a possibilidade de exercício da coação. O elemento de violência, atuante ou latente na disputa política, não é deixado de lado em sua formulação[25].

A noção de hegemonia cumpre, no pensamento marxista, função similar à da legitimidade no pensamento weberiano. O conceito de Gramsci tem uma clara desvantagem em relação à formulação de Weber – é menos unívoco e mais difícil de ser operacionalizado –, mas também três vantagens, que não são negligenciáveis. Ele enfatiza a vinculação entre a dominação e a organização do mundo social em benefício de determinados *interesses*, o que já estava presente na compreensão de Marx. Por isso, a dominação na sociedade está em permanente *disputa* – a hegemonia é sempre confrontada por estratégias contra-hegemônicas de grupos dominados, que buscam inverter a situação. E, por

---

[24] Ellen Meiksins Wood, *Democracy against Capitalism: Renewing Historical Materialism* (Cambridge, Cambridge University Press, 1995), p. 29-31 [ed. bras.: *Democracia contra capitalismo: a renovação do materialismo histórico*, trad. Paulo Castanheira, São Paulo, Boitempo, 2003].

[25] Antonio Gramsci, *Cadernos do cárcere*, v. 3 (trad. Carlos Nelson Coutinho, Rio de Janeiro, Civilização Brasileira, 2000). Os manuscritos são de 1932-1934.

fim, essa disputa leva a que a hegemonia apresente um caráter muito mais *dinâmico* que a legitimidade weberiana: ela precisa ser reconstruída a cada momento, diante dos desafios postos pelo conflito social[26].

Esse sobrevoo pelo pensamento de Weber e de Marx (e Gramsci) mostrou como, nessas tradições, a dominação é um fato central para a compreensão das dinâmicas sociais em geral e da política em particular. Dominação, aliás, cuja vinculação com a possibilidade da coação física é enfatizada. Justamente por isso, Weber e Marx compõem duas vertentes principais de uma compreensão *realista* da política, um realismo que não precisa significar conformismo (diante de poderes que sempre se manifestam ou de regularidades que nunca se ausentam), mas pode, ao contrário, fornecer a base para a possível transformação do mundo.

Sobretudo partindo da compreensão de Marx, fica claro que, na medida em que implica uma distribuição assimétrica de vantagens, incidindo negativamente sobre a possibilidade de acesso à autonomia dos que estão submetidos a ela, a dominação pode ser entendida como obstáculo central à organização de uma sociedade justa. E, na medida em que concerne ao exercício desigual do poder e à submissão de uns aos interesses de outros, é também um desafio inescapável para a produção de uma ordem política democrática. No entanto, para grande parte dos debates sobre justiça e democracia, a dominação é uma categoria ausente.

É lugar-comum dizer que a teoria da justiça renasce com a publicação da obra *Uma teoria da justiça*, de John Rawls, em 1971. De fato, o livro repôs os termos da discussão, cujas linhas de força, hoje, são dadas sobretudo por correntes que ou descendem de sua teoria (os "liberais igualitários") ou são forjadas, em grande medida, como respostas a ela (os ultraliberais, os comunitaristas).

Creio que é mais preciso falar em duas teorias de Rawls, uma vez que é grande a distância que separa *Uma teoria da justiça* de *O liberalismo político*[27]. Neste último tratado, sua preocupação principal é garantir a estabilidade da

---

[26] Ver o capítulo 6 deste volume.

[27] John Rawls, *A Theory of Justice* (Cambridge, Harvard University Press, 1971) [ed. bras.: *Uma teoria da justiça*, Almiro Pisetta e Lenita M. R. Esteves, São Paulo, Martins Fontes, 1997]; idem, *Political Liberalism* (Nova York, Columbia University Press, 2005) [ed. bras.: *O liberalismo político*, trad. Dinah de Abreu Azevedo, São Paulo, Ática, 2000]. A edição original deste último é de 1993.

comunidade política, evitando que a pluralidade de doutrinas – irreconciliáveis, mas todas "razoáveis" – esposadas por seus cidadãos leve à ruptura do tecido social. Fica de fora a atenção à desigualdade, que era a marca de sua formulação anterior. Na sociedade bem-ordenada que os princípios de justiça ali apresentados projetavam, todos os cidadãos deveriam ter igual capacidade de perseguir seus projetos de vida. Não apenas a igualdade de direitos, mas também um grau de igualdade material entrava como requisito para a justiça.

Mesmo então, porém, a questão para Rawls era a distribuição iníqua de bens e vantagens, o que o torna o principal alvo dos críticos do "paradigma distributivo" da justiça. Seriam dois os principais problemas desse paradigma. Em primeiro lugar,

> ele tende a focar a reflexão sobre justiça social na alocação de bens materiais, tais como objetos, recursos, renda e riqueza, ou na distribuição de posições sociais, especialmente empregos. Esse foco tende a ignorar a estrutura social e o contexto institucional que muitas vezes ajudam a determinar os padrões distributivos.[28]

E, em segundo lugar, "quando o conceito de distribuição é metaforicamente estendido a bens sociais não materiais, ele os representa como se eles fossem objetos estáticos em vez de uma função de relações e processos sociais"[29]. Do ponto de vista do que me interessa aqui, a questão é que a preocupação exclusiva com a distribuição (estática) deixa na sombra os processos geradores das desigualdades – e é neles que se localizam as relações de dominação.

O mesmo problema é identificável no outro grande nome do liberalismo igualitário, Ronald Dworkin. Da forma como ele entende a questão, é necessária uma distribuição equânime de recursos, de maneira que o sucesso ou o fracasso de cada pessoa, na busca de sua própria realização, seja efeito apenas de suas escolhas, não de desigualdades prévias. O filósofo enfrenta, de maneira muito sofisticada, os problemas que essa fórmula aparentemente plana apresenta, tanto na ponta referente às diferenças pessoais (que tipo de reparação pode ser dada a pessoas com deficiência, por exemplo) quanto na ponta dos projetos de vida desiguais (algumas pessoas têm preferências mais dispendiosas que outras, portanto sua realização pessoal seria mais difícil de alcançar). O resultado é um modelo engenhoso – mas pouco convincente – em que a

---

[28] Iris Marion Young, *Justice and the Politics of Difference*, cit., p. 15.

[29] Ibidem, p. 16.

possibilidade de alcançar o sucesso seria sensível às escolhas, mas não às circunstâncias externas ao sujeito[30].

Como observaram leitores críticos, o igualitarismo que Dworkin defende com veemência guarda pontos de contato com o discurso conservador – e justificador das desigualdades – que enfatiza a "responsabilidade individual"[31]. É o discurso que afirma, por exemplo, que os pobres são responsáveis por serem pobres (porque fizeram escolhas erradas), não cabendo ao Estado ajudá-los. Dworkin recusa esse discurso apenas por reconhecer que parte significativa do problema reside em circunstâncias que independem das escolhas de cada um, o que o leva a tentar traçar uma fronteira absoluta entre as preferências individuais e as circunstâncias sociais. No entanto, a relação entre preferências e circunstâncias é central para uma teoria social crítica; ao deixá-la de fora, Dworkin se torna incapaz de incorporar o papel das estruturas sociais[32] – e, claro, das relações de dominação[33].

De diferentes maneiras, as outras duas correntes que citei, que se estabelecem em resposta a Rawls, também emudecem sobre a dominação social. No caso do neocontratualismo ultraliberal de Robert Nozick, a própria ideia de dominação é impugnada[34]. Seu ponto de partida é um individualismo possessivo radical, isto é, a compreensão de que cada pessoa tem, com seus direitos e com seu corpo, uma relação de propriedade, podendo transacioná-los assim como faz com qualquer outro bem. Na formulação de outro autor ultraliberal, "os únicos direitos humanos [...] são direitos de propriedade"[35]. Por meio do individualismo possessivo radical, o direito de propriedade subsume qualquer outro direito individual concebível.

A conclusão mais conhecida a que Nozick chega, em oposição direta a Rawls, é que qualquer distribuição de bens, por mais desigual que seja, é justa,

---

[30] Ronald Dworkin, *Sovereign Virtue: The Theory and Practice of Equality* (Cambridge, Harvard University Press, 2000) [ed. bras.: *A virtude soberana: a teoria e a prática da igualdade*, trad. Jussara Simões, São Paulo, Martins Fontes, 2005].

[31] Iris Marion Young, *Responsibility for Justice* (Oxford, Oxford University Press, 2011).

[32] Ibidem, p. 30.

[33] Anne Phillips, *Which Equalities Matter?* (Londres, Polity, 1999), p. 57-8.

[34] Robert Nozick, *Anarchy, State, and Utopia* (Nova York, Basic Books, 1974) [ed. bras.: *Anarquia, Estado e utopia*, trad. Ruy Jungmann, Rio de Janeiro, Jorge Zahar, 1991].

[35] Murray N. Rothbard, *Power & Market* (Auburn, Ludwig van Mises Institute, 2006), p. 29 (ênfase suprimida) [ed. bras.: *Governo e mercado: a economia da intervenção estatal*, trad. Márcia Xavier de Brito e Alessandra Lass, São Paulo, Mises Brasil, 2012]. A edição original é de 1970.

desde que tenha partido de um hipotético ponto inicial também justo e avançado por meio de trocas que, por respeitarem os direitos individuais de propriedade, são elas mesmas justas. Da mesma forma, quaisquer relações interpessoais que respeitem tal critério também são justas. Como Nozick rejeita as noções de autonomia coletiva e de democracia, a sociedade se baseia em contratos que não possuem nenhum tipo de limite externo e cujo único critério válido de apreciação é serem compatíveis com a propriedade de si mesmo – e até um "contrato de escravidão" pode passar no teste[36]. Para um crítico, teorias como a de Nozick, que reduzem o poder político a "uma rede de contratos privados", significariam, na verdade, a defesa de uma nova forma de feudalismo[37].

As vertentes chamadas "comunitaristas" partem de uma perspectiva oposta, mas chegam também a uma incapacidade de colocar as relações de dominação social no centro de suas reflexões. São autores que apresentam uma importante crítica a Rawls: sua noção de indivíduo, que o considera "desencaixado" do ambiente social em que se constitui. A despeito das diferenças entre si, os autores em geral incluídos na corrente compartilham essa crítica à concepção rawlsiana do *self*, que deixa na sombra o caráter constitutivo dos laços associativos[38]. Mas daí se avança para a ideia de que a vida de cada pessoa só é capaz de se dotar de sentido quando está vinculada a uma ordem maior, chegando à denúncia do "individualismo" hoje dominante e que solaparia não apenas a comunidade, mas também a própria realização pessoal que ele pretensamente promoveria[39].

Se o ultraliberalismo nega valor à autonomia coletiva, o comunitarismo deflaciona a autonomia individual. Charles Taylor é o autor que segue mais longe nessa direção, com sua crítica à "liberdade autodeterminada" que leva o

---

[36] Robert Nozick, *Anarchy, State, and Utopia*, cit., p. 331.

[37] Samuel Freeman, "Illiberal Libertarians: Why Libertarianism Is Not a Liberal View", *Philosophy & Public Affairs*, v. 30, n. 2, 2002, p. 107.

[38] Michael J. Sandel, *Liberalism and the Limits of Justice* (Cambridge, Cambridge University Press, 1998) [ed. port.: *Liberalismo e os limites da justiça*, trad. Carlos E. Pacheco Amaral, Lisboa, Fundação Calouste Gulbenkian, 2005]. A edição original é de 1982.

[39] Christopher Lasch, *The Culture of Narcissism: American Life in an Age of Diminishing Expectations* (Nova York, W. W. Norton, 1979) [ed. bras.: *A cultura do narcisismo: a vida americana numa época de esperanças em declínio*, trad. Ernani Pavaneli, Rio de Janeiro, Imago, 1983]; Charles Taylor, *The Ethics of Authenticity* (Cambridge, Harvard University Press, 1991) [ed. bras.: *A ética da autenticidade*, trad. Talyta Carvalho, São Paulo, É Realizações, 2013].

"centramento humano a novas alturas, em seu ateísmo e em sua agressividade ecológica"[40]. A vida humana só tem sentido se submetida a algo maior, que a transcende e, na verdade, a precede – o quadro de valores compartilhados pela comunidade dentro da qual o indivíduo se forma. No entanto, as comunidades humanas definem-se não apenas por valores, mas também por hierarquias; e os próprios valores não são transcendências, mas se estabelecem como quadros interpretativos do mundo, muitas vezes instrumentais para a preservação das hierarquias. O universo projetado pelo comunitarismo leva a um círculo fechado, em que não há uma brecha pela qual introduzir um escrutínio crítico sobre as formas de dominação que podem estar sendo reproduzidas.

Se a dominação pode ficar ao largo das teorias da justiça, pode também ser ignorada nos debates sobre a democracia. A corrente hegemônica na teoria da democracia (e aquela que penetrou mais fundo no senso comum) é o pluralismo. Ela entende que o regime democrático não pode ser definido como o "governo do povo", uma vez que esse coletivo – "povo" – é atravessado por divergências internas e não possui uma vontade una. O que caracteriza a democracia é que diferentes grupos, dentro desse coletivo, são capazes de mobilizar recursos para pressionar em defesa de seus interesses. Sem ser propriamente o governo "da maioria", a democracia é um governo de "muitas minorias", já que o exercício do poder exige acomodar os interesses de vários desses grupos[41].

O pluralismo enfatiza, assim, a *concorrência* entre interesses diferentes e mesmo divergentes, mas de uma maneira em que a relação entre os competidores é de exterioridade mútua. A e B disputam vantagens e, para tal, utilizam recursos de que dispõem, mas não há entre eles uma relação em que um constranja o universo de possibilidades do outro. Dominação e também exploração estão fora do horizonte de uma concorrência que é vista nos moldes de uma competição esportiva. Versões mais críticas são capazes de incorporar ao quadro o problema da disparidade de recursos, mas a preocupação com a desigualdade permanece presa ao paradigma distributivo e, portanto, ainda longe do foco na dominação. No momento mais crítico de sua obra, quando avança na denúncia dos limites que o capitalismo impõe à democracia, Dahl abre a possibilidade de incorporar o tema à reflexão, mas o faz de forma incipiente, uma

---

[40] Charles Taylor, *The Ethics of Authenticity*, cit., p. 68.

[41] Robert A. Dahl, *A Preface to Democratic Theory* (Chicago, The University of Chicago Press, 1956) [ed. bras.: *Um prefácio à teoria democrática*, trad. Ruy Jungmann, Rio de Janeiro, Jorge Zahar, 1989].

vez que continua voltado, sobretudo, ao resultado em termos de controle dos recursos materiais[42]. E, de qualquer modo, o Dahl maduro, simpático a uma compreensão mais radical da democracia e a um modelo mais igualitário de sociedade, é um ponto fora da curva entre os teóricos pluralistas.

O cenário é um pouco mais complexo na principal corrente alternativa ao pluralismo liberal entre as teorias contemporâneas da democracia. A chamada "democracia deliberativa" tem como inspiradores o próprio John Rawls e, sobretudo, Jürgen Habermas. As primeiras formulações apontavam para um modelo ideal de produção de decisões políticas democráticas, baseado na livre troca argumentativa entre iguais. Presumia-se, assim, que a superação das desigualdades – e também das relações de dominação – era prévia ao estabelecimento da deliberação democrática, o que leva à crítica óbvia que aponta a *irrelevância* de um ideal que exige condições tão distantes da realidade sem se preocupar em saber como as alcançaríamos[43].

Desenvolvimentos ulteriores buscaram aproximar o modelo do mundo real, reduzindo algumas de suas exigências, em particular a expectativa de que o resultado da deliberação fosse o consenso e também que imperasse tamanha igualdade entre seus participantes. Há uma deflação normativa que permite que, em grande medida, a teoria deliberativa possa ser lida como uma justificação, e não mais uma crítica, das democracias liberais realmente existentes, algo que é perceptível na obra do próprio Habermas[44]. Mas, seja nas versões "utópicas" iniciais, seja nas "realistas" posteriores, permanecem a *idealização das trocas discursivas* e o pressuposto de *exterioridade da dominação* em relação aos agentes sociais.

Se a fala implica, por sua própria natureza, o reconhecimento do interlocutor como igual, o problema é apenas como impedir que as trocas discursivas sejam maculadas por assimetrias exteriores a elas. Entende-se que a possibilidade de produzir discursos adequados ao debate – aqueles baseados em "argumentos racionais" – estaria, por definição, disponível igualmente para todos;

---

[42]   Idem, *Um prefácio à democracia econômica* (trad. Ruy Jungmann, Rio de Janeiro, Jorge Zahar, 1990). A edição original é de 1985.

[43]   Jon Elster, "The Market and the Forum: Three Varieties of Political Theory", em James Bohman e William Rehg (orgs.), *Deliberative Democracy: Essays on Reason and Politics* (Cambridge, The MIT Press, 1997), p. 18.

[44]   Jürgen Habermas, *Direito e democracia: entre facticidade e validade* (Rio de Janeiro, Tempo Brasileiro, 1997). A edição original é de 1992.

é como se essa possibilidade derivasse de uma razão universal, que todos possuem, não da adequação a determinados códigos. Mas, como os integrantes dos grupos dominados têm, em geral, menos familiaridade com esses códigos, a exigência trabalha contra a atenção concedida a seus discursos[45].

Em suma, o debate nunca se desenrola num vácuo social. As estruturas vigentes impõem ônus ou vantagens, seguindo normas tácitas que refletem hierarquias atuantes. O campo político, em particular, espera a adequação a certos modos de discurso e veta a expressão dos dominados; ou seja, "a linguagem dominante [no campo político] destrói, ao desacreditá-lo, o discurso político espontâneo dos dominados"[46]. Não é possível escapar à questão da eficácia diferenciada e *socialmente produzida* dos diferentes modos expressivos.

Como o relaxamento do ideal inicial não levou a uma reavaliação em profundidade do irrealismo de muitas de suas premissas, o deliberacionismo não se tornou capaz de incorporar centralmente em sua compreensão da dinâmica política as assimetrias no controle de recursos e a dominação. Isso demonstra que, para suas formulações iniciais, o grande problema com a ordem liberal estava não na presença de relações de dominação, mas na impossibilidade de se chegar ao consenso. Quando o ideal do consenso é deixado de lado, torna-se possível a acomodação com a democracia liberal.

A aposta no potencial emancipador das trocas discursivas intersubjetivas permanece constante, a despeito das transformações na corrente. Fica patente que as relações de dominação e de poder são vistas como exteriores à produção dos sujeitos, entendimento necessário para que se julgue que os acordos voluntários entre eles são sempre potencialmente legítimos. Mas essa separação entre o poder ou a dominação e a produção das subjetividades é enganadora: "A dominação, portanto, não é simplesmente uma questão de interferência, mas de *constituição dos indivíduos*"[47]. Dominação e poder têm

---

45 Lynn Sanders, "Against Deliberation", *Political Theory*, v. 25, n. 3, 1997.

46 Pierre Bourdieu, *La Distinction: critique sociale du jugement* (Paris, Minuit, 1979), p. 538 [ed. bras.: *A distinção: crítica social do julgamento*, trad. Daniela Kern e Guilherme J. F. Teixeira, São Paulo/Porto Alegre, Edusp/Zouk, 2007].

47 Michael J. Thompson, "Reconstructing Republican Freedom: A Critique of the Neo-Republican Concept of Freedom as Non-Domination", *Philosophy and Social Criticism*, v. 39, n. 3, 2013, p. 3. Para um desenvolvimento desse ponto, ver Lois McNay, *Against Recognition* (Cambridge, Polity, 2008); Luis Felipe Miguel, "Deliberacionismo e os limites da crítica: uma resposta", *Opinião Pública*, v. 20, n. 1, 2014.

um caráter *produtivo*, que se manifesta a partir do estabelecimento dos sujeitos. Ao se mostrar insensível a isso, o deliberacionismo reproduz uma compreensão das relações humanas que é simplificadora e incapaz de levar a uma crítica densa da sociedade em que vivemos.

Posta de lado pelo deliberacionismo, a dominação reaparece, com certa centralidade, na corrente chamada de "neorrepublicana", a partir, sobretudo, das obras do teórico político irlandês Philip Pettit. Ele busca estabelecer o republicanismo como doutrina alternativa ao liberalismo, proposição polêmica que se estriba na compreensão de que estariam em operação duas compreensões distintas da liberdade. Enquanto o liberalismo trabalharia com um conceito de liberdade como não interferência, o neorrepublicanismo preferiria o conceito de liberdade como não dominação.

A liberdade como não interferência corresponde bem de perto à "liberdade negativa" de Isaiah Berlin[48]. Seu estudo estabeleceu as bases da discussão sobre liberdade no *mainstream* da teoria política, a despeito de suas debilidades evidentes. A liberdade negativa aponta para a ausência de coerção externa nas decisões que cada um toma sobre a própria vida, o que – em sociedades em que o monopólio da violência legítima está estabelecido – significa em primeiro lugar a ausência da coerção estatal. Já a liberdade positiva implica a capacidade de realizar os próprios objetivos e exige tanto a posse de determinados recursos quanto a participação no autogoverno coletivo.

Todo o liberalismo, na compreensão de Pettit, está comprometido com a prioridade absoluta que Berlin concede à liberdade negativa. Ainda que reconhecendo verbalmente o valor da liberdade positiva, Berlin dá uma primazia lexicográfica à negativa. Isso significa que o direito de cada um decidir a própria vida sem coerção externa sempre tem prioridade e, portanto, limita as demandas por autogoverno coletivo. Os impactos dessa hierarquia são bastante óbvios. Ela gera, em primeiro lugar, a impossibilidade de uma crítica à desigualdade no exercício da autonomia individual privada, que é condicionada pela posse diferenciada de recursos. Levada ao extremo, torna qualquer projeto de redistribuição dependente da adesão voluntária de quem controla a riqueza, uma vez que, sem ela, a transferência de recursos para os mais pobres contaria como

---

[48] Isaiah Berlin, "Two Concepts of Liberty", em *Four Essays on Liberty* (Oxford, Oxford University Press, 1969) [ed. bras.: *Quatro ensaios sobre a liberdade*, trad. Wamberto Hudson Ferreira, Brasília, Editora UnB, 1981].

coerção externa. Esse é um aspecto central da apropriação que os ultraliberais fazem da dicotomia de Berlin[49].

Os críticos de Berlin tendem a focar os dois aspectos que a primazia da concepção negativa da liberdade secundariza: a necessidade da participação nas decisões coletivas e a compreensão de que a privação material é uma redução da liberdade. Para ele, dizer que a falta de recursos para alcançar seus propósitos é uma limitação da liberdade "depende de uma teoria social e econômica particular acerca das causas de minha pobreza ou minha debilidade"[50]. Fica implícito que a noção de liberdade negativa seria superior por ser "universal", não dependendo de qualquer compreensão específica da relação entre controle da riqueza e autonomia ou entre economia e política. Com isso, ele reforça uma das principais debilidades da doutrina liberal.

A crítica de Pettit, no entanto, passa ao largo dessas questões. Para entender sua posição em relação a Berlin, é necessário entender como ele se situa em relação à outra dicotomia clássica na discussão sobre liberdade no liberalismo: a estabelecida por Benjamin Constant quando distingue uma liberdade "dos antigos", vinculada à participação nas decisões públicas, de outra, "dos modernos", que é a possibilidade de comandar sem interferência alheia a própria vida privada[51]. É compreensível que Berlin tenha encontrado em Constant uma inspiração para sua própria formulação, aceitando sem discussão a fronteira convencional entre as esferas pública e privada e utilizando-a para estabelecer a primazia absoluta da liberdade negativa. Para muitos neorrepublicanos, a oposição a Berlin se inicia com a oposição a Constant[52]. Pettit, porém, admite a primazia da vida privada, o que implica produzir um republicanismo bastante *sui generis*.

Ao contrário do liberalismo, que é uma corrente de pensamento muito variada, mas cujas diferentes vertentes emanam de um tronco comum, o republicanismo é um amálgama de concepções sobre a política e a sociedade que

---

[49] Ver Luis Felipe Miguel, "O liberalismo e o desafio das desigualdades", em *Desigualdades e democracia: o debate da teoria política* (São Paulo, Editora Unesp, 2016).

[50] Isaiah Berlin, "Two Concepts of Liberty", cit., p. 123.

[51] Benjamin Constant, "De la liberté des anciens comparée à celle des modernes", em *Écrits politiques* (Paris, Gallimard, 1997) [ed. bras.: "A liberdade dos antigos comparada com a dos modernos", *Revista Filosofia Política*, n. 2, Porto Alegre, L&PM, 1985, p. 9-75]. A edição original é de 1819.

[52] Ver Quentin Skinner, *Liberty before Liberalism* (Cambridge, Cambridge University Press, 1998), cap. 5 [ed. bras.: *A liberdade antes do liberalismo*, trad. Raul Fiker, São Paulo, Editora Unesp, 1999].

foram produzidas de forma mais ou menos independente entre si. Antes que a concepção de Pettit se tornasse dominante, isto é, até o fim do século XX, a compreensão de "republicanista" na teoria política tendia a incorporar um elemento de prioridade da vontade popular, inspirado em Rousseau, e outro de valorização da participação cívica como um bem em si mesmo, que remonta à Antiguidade e que teve em Hannah Arendt sua intérprete contemporânea mais destacada. Pettit impugna essa ancestralidade, que levaria a uma interpretação "comunitária" ou então "populista" do republicanismo[53]. No lugar, estabelece um modelo inspirado centralmente na leitura que adota da obra de Maquiavel, em particular dos *Discorsi*[54].

Numa linha que será acompanhada por outros teóricos da corrente, Pettit estabelece como central a discussão sobre os "distúrbios" políticos na república romana, anatematizados pela tradição, mas que Maquiavel lê como indício da grandeza de Roma: os distúrbios mostram que nenhum grupo se encontra em condições de oprimir tanto os outros a ponto de eles não terem como reagir[55]. Na leitura de Lefort, isso torna Maquiavel o precursor da relação entre democracia e reconhecimento da legitimidade do conflito[56]. Pettit, por sua vez, foca a relação entre liberdade e incompletude da dominação. Se os romanos eram grandes porque eram livres, como Maquiavel aponta, eram livres porque o patriciado não era capaz de impor sua dominação ao povo. Logo, a liberdade é a não dominação[57].

---

[53] Philip Pettit, *Republicanism: A Theory of Freedom and Government* (Oxford, Oxford University Press, 1997), p. 8.

[54] A história do republicanismo é remontada a Cícero, passando por Harrington, Montesquieu, "talvez Tocqueville" e mesmo Rousseau, "se sua obra é interpretada de uma maneira não populista" (ibidem, p. 19). Sem espaço para discutir o sentido de tal listagem, apenas indico que a proeminência do Maquiavel dos *Discorsi* é evidente pela leitura de seu argumento.

[55] Nicolau Maquiavel, *Discursos sobre a primeira década de Tito Lívio* (trad. Sérgio Bath, São Paulo, Martins Fontes, 2007). Os originais são de 1517.

[56] Claude Lefort, *Le Travail de l'œuvre: Machiavel* (Paris, Gallimard, 1986). A edição original é de 1972.

[57] Influenciado por Pettit e filiado a sua vertente do republicanismo, John McCormick enfatiza algo diferente em sua leitura de Maquiavel. Para ele, o central é a permanência da capacidade de *resistência* por parte do povo. Suas propostas de aprimoramento das democracias contemporâneas, como a introdução de um novo tribunato para o qual só os pobres votassem, indicam uma crítica que, embora se queira radical, está direcionada apenas para os efeitos políticos das injustiças sociais, abrindo mão do enfrentamento de suas causas. Ver John P. McCormick, *Machiavellian Democracy* (Cambridge, Cambridge University Press, 2011), cap. 7.

34 DOMINAÇÃO E RESISTÊNCIA

Torna-se necessário, então, diferenciar a "liberdade como não dominação", que passa a ser definidora deste tipo de neorrepublicanismo, da liberdade negativa – ou "liberdade como não interferência" – de Berlin e do liberalismo. O principal ponto é que a dominação implica a *possibilidade* de interferência *arbitrária* nas escolhas de outra pessoa[58]. A cláusula da possibilidade permite estabelecer que a dominação indica não atos efetivos, mas a estrutura de uma relação assimétrica, em que uns estão à mercê da vontade de outros. Trata-se, portanto, de uma situação identificável mesmo quando a vulnerabilidade do dominado à interferência não é aproveitada por quem está em condições de fazê-lo. Já a cláusula da arbitrariedade permite a Pettit recusar o atomismo potencial da doutrina liberal. Decisões democráticas, que em compreensões literais da liberdade como não interferência poderiam ser vistas como liberticidas, não são arbitrárias, logo são compatíveis com a liberdade como não dominação[59]. Ao mesmo tempo, a participação ou a representação democráticas são entendidas de forma apenas instrumental, como meios para a garantia da não dominação, não como expressão da liberdade em si, afastando, assim, as compreensões estigmatizadas como "populistas"[60].

Mas o critério da arbitrariedade pode abrir espaço para a justificação de um amplo espectro de interferências nas decisões pessoais. É possível mesmo compatibilizá-lo com a visão liberal do contrato, meio pelo qual as mais diferentes relações assimétricas – no trabalho, no casamento, na política – são legitimadas. A visão liberal tende a ver no contrato a negação da interferência: se eu participo de uma relação contratual por minha livre escolha, as restrições que daí podem advir são também fruto de minha vontade; logo, não há interferência de outros sobre minha liberdade. Com mais facilidade, uma leitura republicana pode ver no contrato a negação da arbitrariedade. Se a interferência sobre minhas escolhas segue o que está estabelecido no contrato ao qual aderi, ela obviamente deixou de ser arbitrária.

Pettit evita expressamente tal conclusão, criticando a doutrina do contrato livre por não observar que o consentimento original não é salvaguarda contra

---

[58] Philip Pettit, *Republicanism*, cit., p. 52. A interferência por meio de estímulos positivos, como prêmios e subornos, é eliminada expressamente por Pettit, ainda que preencha os outros requisitos necessários para contar como arbitrária.

[59] Ibidem, p. 5.

[60] Ibidem, p. 30.

a posterior interferência arbitrária de uma parte sobre as escolhas da outra[61]. Trata-se de um passo importante que lhe permite apresentar, em obras mais recentes, a relação dentro do casamento tradicional como um exemplo central de dominação[62]. O problema é que, com isso, fica cada vez mais difícil discriminar uma interferência arbitrária de outra que não o é. Se meu consentimento expresso não serve para salvaguardar a interferência de outro da acusação de arbitrariedade, a defesa das decisões coletivas democráticas rui por terra.

Para escapar dessa armadilha, Pettit teria de avançar passos que, no entanto, ele não se dispõe a dar. Um seria enfatizar os processos sociais de produção das preferências, focando as formas da manipulação (isto é, de dominação) presentes nela. Sem isso, sua crítica ao contrato parece limitada ao espaço de incerteza que cerca seus termos; incide não sobre a subordinação gerada contratualmente, mas sobre o fato de que a relação pode levar a interferências que não estavam previstas no consentimento inicial. Outro passo seria incluir em seu relato da dominação as estruturas ou os sistemas que produzem o controle assimétrico de recursos – tanto materiais quanto simbólicos. De fato, a ausência do componente estrutural ou sistêmico é um dos problemas indicados com mais frequência por seus críticos[63]. Um terceiro passo, enfim, seria ampliar o grau de exigência para que uma decisão coletivizada contasse como não arbitrária, incluindo algo como a paridade de participação, mas tampouco isso ocorre.

Quem busca chegar a um conceito mais fechado não é Pettit, mas Frank Lovett, seu discípulo e colaborador eventual[64]. Ele define dominação como "condição experimentada por pessoas ou grupos na medida em que são dependentes numa relação social em que outra pessoa ou outro grupo exerce poder arbitrário sobre eles"[65]. Em relação a Pettit, há a introdução do critério da *dependência*, que é entendida como função dos custos de saída dos dominados[66].

---

[61] Ibidem, p. 62.

[62] Idem, *Just Freedom: A Moral Compass for a Complex World* (Nova York, Norton, 2014).

[63] Alex Gourevitch, "Labor Republicanism and the Transformation of Work", *Political Theory*, v. 41, n. 4, 2013; Michael J. Thompson, "Reconstructing Republican Freedom", cit.

[64] Frank Lovett e Philip Pettit, "Neorepublicanism: A Normative and Institutional Research Program", *Annual Review of Political Science*, n. 12, 2009.

[65] Frank Lovett, *A General Theory of Domination and Justice* (Oxford, Oxford University Press, 2010), p. 3.

[66] Ibidem, p. 49-50.

Segundo Lovett, só há dominação se, para o dominado, os custos para romper a relação são elevados[67]. Mais importante, porém, é a definição de "poder arbitrário", bem mais inequívoca que a de Pettit.

O poder é arbitrário quando "seu exercício potencial não é constrangido externamente por regras, procedimentos ou objetivos que são de conhecimento comum de todas as pessoas ou grupos envolvidos"[68]. Isso significa que qualquer forma de exercício de poder que siga normas – em que haja algo próximo do império da lei, ainda que a lei seja patentemente injusta – escapa ao critério da arbitrariedade e, portanto, deixa de contar como dominação. Lovett tenta resolver o problema, assinalando que regimes totalitários podem ter leis, mas elas não são usadas para constranger seus chefes. De fato, num regime assim, o detentor do poder teria a capacidade de mudar a regra a seu bel-prazer (o que corresponde à descrição clássica do absolutismo ou do despotismo). Logo, o critério da arbitrariedade é preenchido, e seria correto falar em dominação[69].

Ainda assim, alguns casos permanecem espinhosos. Pensemos no *apartheid* sul-africano: na medida em que a opressão à maioria negra era codificada nas regras públicas do regime e, portanto, não dependia dos caprichos de seus beneficiários, ele não contaria como dominação. Embora não trate desse exemplo em particular, Lovett não recua diante de tal conclusão. Sua resposta é apenas que "nem tudo o que é injusto precisa também constituir dominação"[70] – o que, no entanto, é difícil de compatibilizar com sua definição anterior da "justiça como minimização da dominação"[71].

Para superar o problema, Lovett precisaria alcançar o próprio processo de produção das regras e incluir algum critério de paridade de participação. O *apartheid* era um regime de dominação porque a maioria negra não tinha voz na formulação de suas normas – que, concedemos, restringiam as ações também

---

[67] Lovett esclarece que não há relação necessária entre a severidade da dominação e quão altos são os custos de saída. O ponto é apenas que, se os custos de saída são irrisórios, não se pode falar em dominação. Resta a questão, porém, de como entender a "saída". Se há razoável oferta de empregos, por exemplo, o trabalhador pode ter um custo de saída baixo de determinada relação de trabalho, mas, carente de meios de produção, permanece com alto custo de saída da posição de assalariado.

[68] Ibidem, p. 96.

[69] Ibidem, p. 101.

[70] Ibidem, p. 116.

[71] Ibidem, p. 3 (ênfase suprimida).

da população branca. Pettit se aproxima de tal critério, mas de maneira muito tímida, relegando-o a uma posição lateral[72].

Uma posição alternativa, porém, coloca a assimetria de participação no coração do conceito. Segundo essa visão, a dominação

> consiste em condições institucionais que inibem ou previnem as pessoas de participar na determinação de suas ações ou das condições de suas ações. As pessoas vivem dentro de estruturas de dominação se outras pessoas ou outros grupos podem determinar, sem reciprocidade, as condições de sua ação, seja diretamente, seja em virtude das consequências estruturais de suas ações.[73]

Em sua obra, Young dedica mais atenção à opressão – entendida como resultado dos processos sistemáticos que impedem pessoas de desenvolver e/ou usar capacidades e analisada em sua célebre tipologia das "cinco faces" – que à dominação. Ainda assim, sua definição tem ganhos em relação ao neorrepublicanismo. Young enfatiza o caráter *estrutural* das relações de dominação, ultrapassando os modelos em que "A domina B", sendo A e B indivíduos singulares com uma relação marcada por um elevado grau de voluntarismo. Em vez disso, para ela importa observar a distribuição de recursos e de oportunidades que é produzida por instituições como mercado, família e Estado e que demarca o fluxo de vantagens e desvantagens entre grupos segundo sua posição social.

Os neorrepublicanos também têm dificuldade de dar mais um passo adiante, incorporando a capacidade desigual de interferência na produção das preferências alheias, proporcionada pelo controle diferenciado de recursos[74]. A "manipulação" é elencada por Pettit como um tipo possível de interferência que gera dominação, ao lado da "coerção do corpo" (pelo uso efetivo da força física) e da "coerção da vontade" (pela punição ou pela ameaça de punição), mas a discussão não é levada adiante[75]. Já Lovett trata com certo cuidado do tema, em sua pitoresca discussão sobre "hegemonia". No entanto, por sua adesão completa à compreensão da escolha racional sobre o comportamento humano, são recusadas *in limine* as formas de produção social de preferências

---

[72] Philip Pettit, *Republicanism*, cit., p. 55.

[73] Iris Marion Young, *Justice and the Politics of Difference*, cit., p. 38.

[74] Ver o capítulo 5 deste volume.

[75] Philip Pettit, *Republicanism*, cit., p. 53.

que não seguem o modelo de um agente individual manipulando deliberadamente a consciência de outro[76]. Sexismo ou racismo estruturais, por exemplo, saem de cena.

Uma perspectiva oposta, que dá centralidade à introjeção de valores dominantes pelos grupos dominados, é encontrada na sociologia de Pierre Bourdieu[77]. Ele também não elaborou um conceito detalhado de dominação. Em sua obra, ela corresponde ao exercício assimétrico do poder. Sua contribuição é importante, sobretudo, por destacar que a adesão dos dominados, necessária para a reprodução das relações de dominação, é ela própria um produto dessa relação. A dominação estabelece uma matriz de incentivos e constrangimentos que favorece o surgimento, nos dominados, das disposições que permitem sua reprodução[78]. A "cumplicidade" dos dominados é "o efeito incorporado da dominação"[79]. Chegamos, assim, à "questão fundamental de toda a filosofia política", que a discussão sobre a legitimidade (em termos weberianos) apenas oculta: o fato de que, como regra, "a ordem estabelecida não é um problema; de que, exceto em períodos de crise, a questão da legitimidade do Estado e da ordem que ele institui não é posta"[80].

A ênfase está na maneira pela qual a dominação, sustentada na desigualdade no acesso a recursos materiais e simbólicos, penetra o entendimento do dominado sobre o mundo e estabelece a si mesma como natural, inevitável e/ ou necessária. Embora a ideia de uma adesão irrestrita dos dominados à visão de mundo dominante possa ser desafiada[81], é importante reter a compreensão de que as relações de dominação não são externas aos sujeitos; são constitutivas deles. Bourdieu está assinalando que, sendo uma forma de poder, a dominação também tem caráter *produtivo*. Ela não se limita a incidir sobre visões de

---

[76] Frank Lovett, *A General Theory of Domination and Justice*, cit., p. 88.

[77] Embora sem citar Bourdieu, um crítico de Pettit apresenta uma síntese que talvez o sociólogo francês endossasse: a dominação se liga às formas pelas quais "sistemas sociais modernos são capazes de garantir as relações hierárquicas de poder, fazendo-as legítimas na mente de seus membros". Michael J. Thompson, "Reconstructing Republican Freedom", cit., p. 2.

[78] O processo não é apenas simbólico; a vulnerabilidade material dos dominados é um elemento central da dominação. Ver Pierre Bourdieu, *La Domination masculine* (Paris, Seuil, 1998), p. 99 [ed. bras.: *A dominação masculina*, trad. Maria Helena Kühner, Rio de Janeiro, Bertrand Brasil, 2003].

[79] Idem, *La Noblesse d'État: grandes écoles et esprit de corps* (Paris, Minuit, 1989), p. 12.

[80] Idem, *Méditations pascaliennes* (Paris, Seuil, 1997), p. 213 [ed. bras.: *Meditações pascalianas*, trad. Sergio Miceli, Rio de Janeiro, Bertrand Brasil, 2001].

[81] Ver o capítulo 3 deste volume.

DEMOCRACIA E DOMINAÇÃO 39

mundo e práticas sociais prévias, constrangendo-as e restringindo-as. Sua eficácia depende, sobretudo, de produzir e impor novas visões e novas práticas.

A teoria de Bourdieu é uma forma de compreender esse processo, tal como o conceito de "interpelação" dos sujeitos identificado por Althusser[82]. Outra contribuição crucial vem da teoria política feminista, que enfatizou o modo como, nas sociedades marcadas pela dominação masculina, a "mulher" – entendida como papel social, não como realidade biológica – é um construto de sua própria dominação. É esse o sentido da frase fundante do feminismo contemporâneo – "não se nasce mulher: torna-se mulher", de Simone de Beauvoir[83] –, capturado também pela ideia de um sistema sexo/gênero em que a diferença biológica (sexo) é invocada para naturalizar uma diferença social que espelha a dominação (gênero).

Uma versão particularmente radical dessa percepção é apresentada por Catherine MacKinnon. Sua obra está alicerçada na radicalização da crítica feminista ao liberalismo e, em particular, à categoria do "consentimento". Ela aponta que o "consentir" reveste, muitas vezes, a resignação diante de algo que se julga inevitável ou o efeito da introjeção de padrões de dominação. A compreensão de que a dominação é a espinha dorsal das relações entre os sexos em nossa sociedade impede qualquer tipo de compromisso com a ordem vigente.

MacKinnon introduz, então, um conceito ampliado de sexualidade, que não se refere apenas às dimensões físicas e eróticas, correspondendo à "dinâmica do sexo como hierarquia social, seu prazer sendo a experiência do poder em sua forma generificada"[84]. A formulação, algo surpreendente pela vinculação sem mediações entre sexo e poder, revela um elemento central do pensamento da autora: a ideia de que a sexualidade (em sentido estrito) é inteiramente atravessada pelas relações de poder estabelecidas e, em particular, pelo poder que os homens exercem sobre as mulheres. É a *erotização da dominação*, compartilhada – em polos opostos – por mulheres e homens. Essa erotização se manifesta

---

[82] Louis Althusser, "Idéologie et appareils idéologiques d'État (notes pour une recherche)", em *Positions* (Paris, Éditions Sociales, 1976) [ed. bras.: "Ideologia e aparelhos ideológicos de Estado (notas para uma investigação)", em Slavoj Žižek (org.), *Um mapa da ideologia*, trad. Vera Ribeiro, Rio de Janeiro, Contraponto, 1996, p. 105-42]. A edição original é de 1970.

[83] Simone de Beauvoir, *Le Deuxième sexe* (Paris, Gallimard, 1949), v. 2, p. 15 [ed. bras.: *O segundo sexo*, v. 2, trad. Sérgio Milliet, Rio de Janeiro, Nova Fronteira, 2009].

[84] Catherine A. MacKinnon, *Toward a Feminist Theory of the State* (Cambridge, Harvard University Press, 1989), p. XIII.

para além das relações sexuais e amorosas propriamente ditas. Ela é atuante também, de forma transformada, em todas as outras relações sociais: cada diferente hierarquia social tende a ser "erotizada na sexualidade masculina dominante"[85]. Nas presentes relações de gênero, dominação e excitação sexual são indissociáveis. A sexualidade deve ser entendida como conceito político porque a dominação proporciona um gozo erótico em espaços sociais que estão muito distantes da alcova.

Com Bourdieu ou com MacKinnon, chegamos a um entendimento da dominação que leva em conta tanto seu caráter estrutural (sem que isso implique a ausência de beneficiários, muito pelo contrário) quanto seu papel na formação dos sujeitos, sejam dominadores, sejam dominados. Saímos do universo do voluntarismo e da relação interpessoal direta e ganhamos a possibilidade de fazer uma crítica abrangente das injustiças do mundo social e dos limites do ordenamento democrático.

Para isso, é necessário definir o que procuramos com a democracia. Em seu livro *A teoria da democracia revisitada*, Giovanni Sartori chama atenção para a "dupla face" do ideal democrático: suas qualidades devem ser maximizadas quando se está na oposição a um regime autoritário, mas minimizadas quando a democracia foi estabelecida, a fim de não gerar tensões no novo regime[86]. Fiel a uma percepção conservadora e anti-igualitária, o cientista político italiano deseja exatamente garantir a estabilidade da democracia como forma de dominação política. No entanto, é possível promover uma apropriação subversiva de sua ideia de que há uma tensão entre a democracia como promessa e a democracia como ordem.

Ao contrário do que prega Sartori, é *necessário* opor a democracia à democracia. Como qualquer forma de organização institucional, a democracia exige que o conflito seja expresso pelas vias que ela mesma estabelece, isto é, que a institucionalidade seja o limite da política. Tal institucionalidade, no entanto, sempre é o reflexo de determinada configuração do mundo social, que ela tende a incorporar em seus pressupostos. Assim, garante uma igualdade que, já de partida, admite a disparidade no controle da riqueza ou estende direitos a todos os cidadãos mantendo a ideia de que a vigência deles pode ser

---

[85]   Idem, *Feminism Unmodified* (Cambridge, Harvard University Press, 1987), p. 53.

[86]   Giovanni Sartori, *A teoria da democracia revisitada* (trad. Dinah de Abreu Azevedo, São Paulo, Ática, 1994), v. 1, p. 101-4. A edição original é de 1987.

parcialmente suspensa na esfera privada. Confina a luta política a formas e espaços que favoreçam um dos lados em disputa, exigindo uma reciprocidade no reconhecimento de "direitos" que, no entanto, são muito assimétricos. Nas palavras de um jurista, "a astúcia do capital é dar à classe operária uma língua que não é sua, a língua da legalidade burguesa"[87].

Por isso, é preciso identificar os mecanismos pelos quais a democracia como forma de governo reproduz a dominação e opor a ela as exigências da democracia como projeto emancipatório. Tais exigências não ficam contidas na institucionalidade, pois visam exatamente a reverter as formas de dominação subjacentes a ela.

Cabe aqui revisitar o elogio do conflito como índice de liberdade, que inspira a corrente neorrepublicana, no Maquiavel dos *Discorsi*[88]. Ele dizia que a boa república produzia mecanismos para a expressão do dissenso, mas, ao mesmo tempo, reconhecia que a desavença nunca seria inteiramente contida neles. Seu vocabulário não é o da competição eleitoral nem o da petição passiva: a liberdade dos romanos era indicada pela presença de "tumultos" e "confusão"[89]. A pressão pelo fim da dominação – que atravessa o conflito institucionalizado, mas não se limita a ele – é a prática democrática que força o governo democrático a rever continuamente seus pressupostos.

Esse entendimento é importante num momento em que, uma vez mais, ganham força visões que buscam refrear as exigências normativas da democracia, afastando-a tanto da ideia de governo da maioria quanto do critério de igualdade efetiva. Na influente leitura de Pierre Rosanvallon[90], devemos nos contentar com uma "contrademocracia", isto é, um regime em que os governantes sejam constrangidos a obedecer à lei e a agir com imparcialidade. Em suma, em vez de uma democracia que tensione as instituições para superar seus

---

[87] Bernard Edelman, *A legalização da classe operária* (trad. Marcus Orione et al., São Paulo, Boitempo, 2016), p. 22. A edição original é de 1978.

[88] Embora minha interpretação chegue a conclusões divergentes, sou aqui tributário da discussão apresentada em Ricardo Silva, "República sem forma? Uma crítica às interpretações anti-institucionalistas de Maquiavel", *paper* apresentado no 10º Encontro da Associação Brasileira de Ciência Política, Belo Horizonte, 30 ago.-2 set. 2016.

[89] Maquiavel, *Discurso sobre a primeira década de Tito Lívio*, cit., p. 21. Em italiano, *"tumulti"* e *"confusione"*; ver *Discorsi sopra la prima Deca di Tito Livio*, em *Tutte le opere storiche, politiche e letterarie* (Roma, Newton Compton, 2011), p. 65.

[90] Pierre Rosanvallon, *La Contre-démocratie: la politique à l'âge de la défiance* (Paris, Seuil, 2006); idem, *La Légitimité démocratique: impartialité, réflexivité, proximité* (Paris, Seuil, 2008).

vieses, um regime em que o funcionamento "perfeito" da institucionalidade seja o alfa e ômega. Trata-se, portanto, de uma leitura que reconhece as tensões entre o projeto democrático e as instituições que deveriam realizá-lo, mas que acaba por contê-lo – e apresenta para elas uma resposta que vai na contramão daquela que esboço aqui.

Rosanvallon sustenta sua aposta na "contrademocracia" em um diagnóstico sobre a natureza das sociedades contemporâneas, nas quais as clivagens estruturais se tornaram mais fluidas e menos centrais. A desigualdade permanece, porém cada vez mais sob a forma da exclusão social, que atinge a cada um de forma individualizada e específica: as condições sociais geram uma miríade de situações individuais diversificadas e únicas[91]. Com isso, perdem validade os grandes projetos de transformação social – e também, embora Rosanvallon não avance de forma expressa nessa direção, a ideia da dominação como fenômeno estrutural. Dos regimes contrademocráticos, espera-se que sejam sensíveis aos dramas de seus cidadãos, mas as respostas são sempre compensatórias e particulares, pois os casos não podem ser generalizados.

Há muito de ideologia e pouco de sociologia nesse veredito sobre as sociedades contemporâneas. As divisões de classe, gênero e raça continuam determinando trajetórias sociais diferenciadas, bloqueando o acesso de alguns a espaços de poder ou prestígio e produzindo a distribuição desigual de vantagens e desvantagens. Estabelecem formas não apenas de desigualdade, mas de dominação social. Por isso, são o alvo legítimo das lutas por mais democracia.

Da forma como apresento aqui o problema, várias questões espinhosas ficam em aberto. A mais importante delas talvez se refira ao fato de que, uma vez desfeita a relação automática entre institucionalidade e legitimidade, não há como definir com segurança qual é a fronteira para a ação política legítima. Trato dessa questão no capítulo 4, mas adianto que, embora seja fácil a solução que impugna *a priori* qualquer recurso à violência política, ignorando suas formas estruturais cotidianas, assim como é fácil o discurso oposto, seu espelho, que exalta a violência dos dominados pelo simples fato de serem dominados, é bem mais produtivo manter a tensão e a incerteza moral, que são próprias do drama da política, conforme Maquiavel já indicava com clareza meio milênio atrás.

---

[91] Idem, *La Société des égaux* (Paris, Seuil, 2011).

Ao mesmo tempo, o foco na dominação exige uma teoria política e uma teoria democrática que assumam posição. De diferentes maneiras, a teoria caminhou para um ideal de isenção que a projeta acima dos conflitos sociais. A expressão gráfica disso é dada pela "posição original" rawlsiana, segundo a qual a maneira adequada de produzir um desenho justo de sociedade é transcender as disputas que nela ocorram. Ainda que relações de dominação não passem pelo teste da posição original, o resultado é fraco demais para orientar o combate à dominação e à opressão como programa de uma teoria comprometida com a democracia.

A absoluta neutralidade em relação às concepções de bem é encampada por boa parte das teorias normativas e se torna, também com o concurso de Rawls, um traço definidor do liberalismo. Em versões radicais dessa visão, mesmo o valor da autonomia individual é relativizado, em favor de uma neutralidade que abriga também a preferência pela submissão a uma ordem autoritária[92]. Creio que essa estratégia pode funcionar para a acomodação com as estruturas de poder em vigor, mas, caso se queira contestá-las, leva a becos sem saída. Estabelecer a superação da dominação e da opressão como parâmetro da luta por justiça, como queria Iris Marion Young, é ver o mundo pelo ponto de vista dos dominados e abraçar seus interesses. Uma teoria crítica – isto é, "capaz de nos informar sobre a fonte pré-teórica de legitimidade, o interesse empírico ou a experiência moral, em que seu próprio ponto de vista crítico está ancorado"[93] – não é, nem pode ser, "neutra". A democracia como projeto emancipatório, sustentado pela reflexão crítica, é a exigência de igualdade efetiva, apresentada por aqueles que não têm acesso a ela no mundo real.

---

[92] Martha C. Nussbaum, "Perfectionist Liberalism and Political Liberalism", *Philosophy & Public Affairs*, v. 39, n. 1, 2011.

[93] Axel Honneth, "The Social Dynamics of Disrespect: Situating Critical Theory Today", em Peter Dews (org.), *Habermas: A Critical Reader* (Oxford, Blackwell, 1999), p. 321.

2
AS ESTRUTURAS DA DOMINAÇÃO

Há, nas democracias liberais contemporâneas, uma convivência difícil entre o preceito da igualdade política formal e o fato de que a maior parte das cidadãs e dos cidadãos está excluída dos processos decisórios. A universalização do acesso à esfera pública política, com a concessão de direitos formais iguais a todos, coabita com a permanência da dominação social. Tal fenômeno é naturalizado pelas correntes centrais do pensamento político liberal, que estabeleceram o terreno em que se travam as disputas sobre justiça e ordenamento democrático. Ao firmar as noções de direitos individuais e de igual dignidade de todos os indivíduos, o liberalismo demarcou o horizonte de um ordenamento político que combinasse o respeito à autonomia individual com a produção da autonomia coletiva. Mas, em seguida, promoveu a deflação normativa dos conceitos de igualdade e democracia. Carentes de materialidade, a igualdade e a democracia foram resumidas a arranjos jurídicos, em particular a isonomia legal e a competição pelos cargos de poder. A ideia da equipotência política entre os cidadãos está fora do horizonte e, quando aventada, é descartada de imediato como quimérica.

Se a situação é encarada com naturalidade pelas correntes dominantes da ciência política, outras vertentes da disciplina, mais críticas e mais interessadas em resgatar o sentido normativo da democracia, percebem-na como um problema crucial. Trata-se de entender como operam os mecanismos de dominação nas democracias representativas liberais contemporâneas para também buscar formas de combatê-los.

Torna-se imperativo, assim, investigar o paradoxo inicial das democracias atuais, que é a convivência entre a igualdade política formal e profundas desigualdades sociais. Estas últimas refletem sobre a capacidade que agentes situados em diferentes posições do espaço social têm tanto de participar dos processos de tomada de decisão coletiva quanto de definir autonomamente a própria vida. A inclusão formal, própria dos regimes democráticos, convive com a exclusão efetiva de indivíduos, grupos, perspectivas sociais e interesses.

Para tanto, coloco em diálogo três contribuições que buscam entender como essa exclusão se reproduz e se compatibiliza com as regras formalmente democráticas da política. A primeira é o conceito de "seletividade das instituições", presente na obra inicial de Claus Offe. Ele visa a mostrar que as instituições políticas possuem uma seletividade própria, correspondente aos interesses do processo de valorização do capital, o que se liga à dependência estrutural dos Estados capitalistas em relação à acumulação privada. O próprio mecanismo eleitoral é uma instância de seletividade, na medida em que, como buscaram demonstrar Offe e Wiesenthal, ele privilegia a expressão de interesses individuais, em vez daqueles ligados às identidades coletivas.

A segunda contribuição é o conceito de "campo político", desenvolvido por Pierre Bourdieu. Os campos sociais se definem como espaços sociais relativamente fechados (que delimitam um "dentro" e um "fora"), hierarquizados e competitivos. O campo político, assim, estabelece critérios de ingresso e progresso – as formas legítimas de discursos e de comportamento político – que afastam ou minimizam o risco de presenças potencialmente disruptivas. Os grupos dominados são deixados do lado de fora ou, quando entram, sofrem pressão para se adaptar ao padrão de discurso e ação exigido pelo campo.

A terceira contribuição resgatada aqui é a ideia do Estado como "ossatura material" da luta de classes, tal como exposta na última obra de Nicos Poulantzas, o livro *O Estado, o poder, o socialismo*. Longe de ser a arena neutra de resolução dos conflitos de interesses, tal como na leitura idealista, ou o instrumento a serviço da classe dominante – igualmente neutro, porque potencialmente utilizável por qualquer um dos grupos –, o Estado é visto como espelhando as relações de força presentes na sociedade.

Ainda que oriundas de tradições diferentes e não necessariamente compatíveis entre si, as três contribuições podem oferecer vias complementares de entendimento do fenômeno da exclusão política estrutural e da dominação sob regimes formalmente democráticos. Elas têm de comum a preocupação com os fenômenos da dominação política e a sensibilidade para as múltiplas forças que agem simultaneamente nos processos históricos. Representam, cada uma a seu modo, pontos culminantes de um tipo de reflexão que entrou em refluxo a partir de meados dos anos 1980, com a derrota dos projetos da esquerda. E, com ênfase diferenciada nos aspectos materiais e ideológicos, permitem, em conjunto, uma visão mais matizada dos fenômenos de que tratam. Embora muitos outros autores também tenham tratado dos limites da democracia liberal, as obras de Bourdieu, Offe e Poulantzas são particularmente relevantes e, como pretendo mostrar neste capítulo, também se mostram particularmente propícias a uma leitura conjugada.

Offe e Poulantzas, em especial, são herdeiros de um movimento que, nos anos 1960 e 1970, fez pensadores marxistas e nas cercanias do marxismo voltarem à questão do Estado. A interpretação esquemática de que ele seria um mero "comitê para gerir os negócios comuns de toda a classe burguesa", conforme a fórmula do *Manifesto*[1], não era capaz de explicar o funcionamento dos Estados desenvolvidos do pós-guerra. O contraste entre a aparente simplicidade dessa definição e a complexidade da atuação do Estado nas análises históricas e de conjuntura produzidas pelo próprio Marx já revela a insuficiência da abordagem instrumental.

A polêmica entre Miliband e o primeiro Poulantzas foi reveladora tanto da riqueza quanto dos limites das respostas então fornecidas[2]. Poulantzas construía um poderoso esquema formal, mas incapaz de indicar como se provia a racionalidade para a operação do sistema, isto é, como os interesses de longo prazo do capital eram protegidos da miopia dos próprios capitalistas. Isso era fruto tanto de seu estruturalismo rígido quanto da forma de sua apropriação da epistemologia althusseriana das "três generalidades", que dava primazia absoluta ao trabalho conceitual e apresentava a visão de que, no fim das contas, como o "real concreto" é inalcançável sem mediações, a pesquisa empírica é negligenciável[3].

---

[1]   Karl Marx e Friedrich Engels, *Manifesto Comunista* (trad. Álvaro Pina, São Paulo, Boitempo, 2010), p. 42. A edição original é de 1848.

[2]   Ralph Miliband, *O Estado na sociedade capitalista* (trad. Fanny Tabak, Rio de Janeiro, Zahar, 1972) – a edição original é de 1969; Nicos Poulantzas, *Poder político e classes sociais* (trad. Francisco Silva, São Paulo, Martins Fontes, 1986) – a edição original é de 1968. A rigor, seguindo a periodização proposta por Braga, refiro-me à segunda fase da obra de Poulantzas (a primeira, com foco no direito, revelava a influência de Sartre). No que se refere à teoria do Estado, porém, é corrente a distinção apenas entre, por um lado, a elaboração de *Poder político e classes sociais* e mesmo de *As classes sociais no capitalismo de hoje* (trad. Antonio R. N. Blundi, Rio de Janeiro, Zahar, 1975; a edição original é de 1974) e, por outro, a de *O Estado, o poder, o socialismo* (o "segundo Poulantzas", que corresponderia à quarta e última fase de sua obra, segundo Braga). Ver Sérgio Braga, "Poder, formas de dominação e Estado no diálogo entre Nicos Poulantzas e a sociologia política norte-americana", *Revista Brasileira de Ciência Política*, n. 5, 2011, p. 110-1.

[3]   Ver Nicos Poulantzas, *Poder político e classes sociais*, cit., p. 12-3; Louis Althusser, *Pour Marx* (Paris, La Découverte, 1996) [ed. bras.: *Por Marx*, trad. Maria Leonor F. R. Loureiro, Campinas, Editora Unicamp, 2015]. A edição original é de 1965.

48 DOMINAÇÃO E RESISTÊNCIA

Já Miliband tendia a desprezar os elementos estruturais, apoiando sua análise nas relações interpessoais subjetivas dentro dos grupos dirigentes e construindo um modelo mais próximo de uma teoria crítica das elites, *à la* Wright Mills, no qual o caráter capitalista das relações de produção se tornava quase um detalhe dispensável. Como observou o próprio Poulantzas, Miliband não foi capaz de incorporar o fato de que "a relação entre a classe burguesa e o Estado é uma *relação objetiva*" e, portanto, "a participação direta dos membros da classe dominante no aparelho do Estado não é a *causa*, e sim o *efeito*, e, além disso, uma possibilidade contingente dessa coincidência objetiva"[4].

Um impulso adicional ao debate sobre o Estado foi dado pelos acontecimentos do Maio de 1968. Eles iluminaram a centralidade do aparelho de Estado como provedor de estabilidade para o sistema, atuando para superar a crise, reacomodar as posições dos sujeitos coletivos, garantir a relegitimação de suas próprias estruturas e manter a reprodução das relações econômicas capitalistas. As reflexões suscitadas por esses acontecimentos (tanto a rebelião estudantil e operária na Europa e na América do Norte quanto as respostas dadas a ela) deságuam, mais tarde, na obra do segundo Poulantzas, à qual voltarei em breve. No momento, chamo atenção para os trabalhos que discutiram as relações entre o financiamento do Estado capitalista, sua utilidade para a acumulação e sua ação legitimadora. Destacaram-se, então, os de Habermas sobre a crise de racionalidade sistêmica do Estado capitalista, com a crescente disjunção entre economia, cultura e administração, e os de O'Connor sobre os problemas de financiamento do Estado[5].

No entanto, para os fins da discussão que quero travar aqui, é a contribuição de Claus Offe que se afigura como a mais importante. Sobretudo em seus textos dos anos 1970, o cientista político alemão apresentou um modelo que

---

[4] Nicos Poulantzas, "O problema do Estado capitalista", em Robin Blackburn (org.), *Ideologia na ciência social* (trad. Aulyde Rodrigues, Rio de Janeiro, Paz e Terra, 1982), p. 226. A edição original é de 1972.

[5] Jürgen Habermas, *Problemas de legitimación en el capitalismo tardío* (Buenos Aires, Amorrortu, 1985) – a edição original é de 1973; James O'Connor, *The Fiscal Crisis of the State* (Nova York, St. Martin's, 1973). De uma posição política oposta, Samuel Huntington construiu uma narrativa que tem vários pontos de contato com as dos autores aqui discutidos, observando a tensão crescente entre os mecanismos democráticos, necessários para a legitimidade da dominação política, e a manutenção da apropriação capitalista. Sua receita, afinal, é "menos democracia" para salvar o capitalismo. Samuel P. Huntington, "The United States", em Michel J. Crozier, Samuel P. Huntington e Joji Watanuki, *The Crisis of Democracy: Report on the Governability of Democracies to the Trilateral Comission* (Nova York, New York University Press, 1975).

enfatizava a dependência estrutural do Estado capitalista em relação aos investidores privados, impondo aos gestores governamentais constrangimentos objetivos e independentes de suas vontades, preferências ou plataformas políticas. Sua análise é conhecida: a crise dos anos 1960 e 1970 decorria do conflito entre as duas funções do Estado, a de garantia da continuidade da acumulação capitalista e a de provimento da legitimação do sistema. A manutenção da estabilidade política, ancorada nas políticas de bem-estar social, tornava-se cada vez mais dispendiosa, ameaçando a remuneração dos capitalistas, fosse pela maior taxação, fosse pela inflação[6].

O modelo de Offe prescinde de conexões especiais entre os detentores do poder de Estado e a burguesia, como na teoria de Miliband ou nas explicações baseadas em "anéis burocráticos", a exemplo da formulada por Fernando Henrique quando sociólogo[7]. Mas também é capaz de apontar qual racionalidade atua no modelo (a dos governantes autointeressados, que sabem que precisam introjetar os interesses do capital para manter o financiamento do Estado e, portanto, a possibilidade de exercício do poder), sem precisar apelar para "as estruturas" ou outro *deus ex machina* similar, tal como o primeiro Poulantzas.

A dependência estrutural implica que estão objetivamente vetadas medidas que afetem os níveis de remuneração considerados aceitáveis para o capital, as quais provocariam retração da atividade econômica, pondo em risco o financiamento das ações governamentais[8]. Mas, embora os limites impostos à ação do Estado sejam objetivos, os níveis de remuneração aceitáveis para o capital são subjetivos, pois, como explicou o próprio Offe,

> a posição de força dos empresários ou dos investidores inclui a capacidade de definir a realidade. Isso significa que aquilo que eles consideram uma carga [de impostos] insuportável é efetivamente uma carga insuportável, que conduzirá, nos fatos, a uma queda da propensão a investir [...]. O debate sobre o fato de saber se o Estado "realmente" reduziu os lucros é, por essa razão, puramente acadêmico, pois

---

[6] Claus Offe, "Dominação de classe e sistema político: sobre a seletividade das instituições políticas", em *Problemas estruturais do Estado capitalista* (trad. Bárbara Freitag, Rio de Janeiro, Tempo Brasileiro, 1984). A edição original é de 1972.

[7] Fernando Henrique Cardoso, *Autoritarismo e democratização* (Rio de Janeiro, Paz e Terra, 1975).

[8] O último Poulantzas vê nessa dependência estrutural o principal limite material à ação do Estado capitalista, em narrativa bastante coincidente com a de Offe. Nicos Poulantzas, *L'État, le pouvoir, le socialisme* (Paris, Les Prairies Ordinaires, 2013), p. 274; ver também p. 242 [ed. bras.: *O Estado, o poder e o socialismo*, trad. Rita Lima, Rio de Janeiro, Graal, 1980]. A edição original é de 1978.

os investidores estão em posição de realmente poder produzir, por suas próprias interpretações, um "estrangulamento do lucro" e os efeitos que o seguem[9].

Dessa dependência deriva a "seletividade das instituições". Offe chama atenção, em particular, para a "seletividade sistêmica", imposta "pelas estruturas e pelos processos organizacionais do sistema político", que serve tanto para decantar um interesse global da classe capitalista quanto para bloquear manifestações anticapitalistas[10]. Um exemplo vivo dessa seletividade se encontra no coração mesmo do elemento democrático do sistema político, vinculado à possibilidade da participação popular. O modelo liberal de eleição, em que cada cidadão é chamado a participar como indivíduo isolado, com a exigência normativa de "votar de acordo com a própria consciência", favorece a expressão de interesses individuais, em detrimento daqueles que precisam ser produzidos coletivamente[11].

Em vez de imaginar o funcionamento da seletividade como um portão que se abre ou se fecha, é mais interessante vê-lo como uma espécie de algoritmo incrustado na estrutura institucional. Assim como o algoritmo de um programa de computador gera resultados aparentemente únicos com base na filtragem dos dados por meio da aplicação combinada e automática de um conjunto de regras que se sobrepõem, as instituições filtram reivindicações utilizando critérios implícitos, relacionados com sua origem social, com a radicalidade das demandas, com o tipo de transformações que projetam e com o modo como são expressas. E, assim como a programação do algoritmo do Google é capaz de enviesar todas as nossas pesquisas na internet, a ação cumulativa das pequenas vantagens do algoritmo institucional faz com que, a despeito de sua neutralidade ostensiva (a igualdade de todos perante a lei, a impessoalidade burocrática), as instituições favoreçam de forma sistemática determinados interesses.

---

[9] Claus Offe, "De quelques contradictions de l'État-providence moderne", em *Les Démocraties modernes à l'épreuve* (Paris, L'Harmattan, 1997), p. 84-5 (ênfases suprimidas). A edição original é de 1984.

[10] Idem, "Dominação de classe e sistema político", cit., p. 148-50.

[11] Claus Offe e Helmut Wiesenthal, "Duas lógicas da ação coletiva: anotações teóricas sobre classe social e forma organizacional", em Claus Offe, *Problemas estruturais do Estado capitalista*, cit. A edição original é de 1980. Offe e Wiesenthal tratam das desigualdades de classe. No entanto, é fácil perceber como, para integrantes de todos os grupos dominados, a disjuntiva "assimilação individual *vs.* luta coletiva" está sempre colocada, de uma maneira que não existe para os dominantes.

AS ESTRUTURAS DA DOMINAÇÃO 51

De maneira que dialoga com a noção de seletividade, Poulantzas observa que "o Estado [capitalista] consagra e institucionaliza essa individualização [do trabalho social] pela constituição das mônadas econômico-sociais em indivíduos--pessoas-sujeitos jurídicos e políticos"[12]. Na verdade, a concessão do direito de voto automaticamente deslegitimou outras formas – mais ofensivas, mais coletivas e, muitas vezes, também mais eficazes – de manifestação política popular, já que a expressão eleitoral passou a vigorar como o ápice da soberania coletiva[13].

A contraface da dependência estrutural, que leva os agentes do Estado a introjetar as necessidades de acumulação do capital, é a baixa permeabilidade à expressão de interesses conflitivos. O campo político – para introduzir aqui o conceito de Bourdieu – trabalha sistematicamente no sentido da moderação de demandas, comportamentos e discursos. A expressão do conflito é sempre limitada a um espectro considerado aceitável, isto é, há um esforço perene de restrição e domesticação dos antagonismos sociais. É possível dizer que a estrutura do campo político condensa os mecanismos de seletividade das instituições, no sentido de Offe.

Introduzi Bourdieu no debate, mas sua relação com a tradição marxista é complexa. Para alguns de seus críticos à direita, ele seria um marxista disfarçado[14]. Autores dentro do marxismo, por sua vez, assinalam cuidadosamente o que consideram as limitações do sociólogo francês[15]. O próprio Bourdieu preferia dizer que tinha Marx entre seus interlocutores, tal como tinha Weber ou Durkheim, mas não se julgava obrigado a um tipo de filiação que o rotulasse: "Ser ou não marxista é uma alternativa religiosa e de modo algum científica"[16].

De fato, o pensamento de Bourdieu guarda tanto aproximações com o marxismo quanto distanciamentos deste. Aproxima-se, em primeiro lugar, pela preocupação central com as práticas sociais, que ecoa a oitava das "Teses sobre

---

[12] Nicos Poulantzas, *L'État, le pouvoir, le socialisme*, cit., p. 109.

[13] Albert O. Hirschman, *De consumidor a cidadão: atividade privada e participação na vida pública* (trad. Marcelo M. Levy, São Paulo, Brasiliense, 1983), p. 121-6. A edição original é de 1982.

[14] Luc Ferry e Alain Renaut, *Pensamento 68: ensaio sobre o anti-humanismo contemporâneo* (trad. Roberto Markenson e Nelci do Nascimento Gonçalvez, São Paulo, Ensaio, 1988). A edição original é de 1985.

[15] Alex Callinicos, "Social Theory Put to the Test of Politics: Pierre Bourdieu and Anthony Giddens", *New Left Review*, n. 236, 1999; Michael Burawoy, *O marxismo encontra Bourdieu* (trad. Fernando Rogério Jardim, Campinas, Editora Unicamp, 2010).

[16] Pierre Bourdieu, *Coisas ditas* (trad. Cássia Silveira e Denise Pegorin, São Paulo, Brasiliense, 1990), p. 66. A edição original é de 1987.

Feuerbach", de Marx ("A vida social é essencialmente prática"). E também por uma abordagem materialista que não se funda "a partir da biologia, mas a partir de determinantes sociais"[17]. Distancia-se pela primazia que confere aos elementos simbólicos e pela relativa indiferença às relações de produção. Não se trata, portanto, de forçar Bourdieu numa moldura marxista nem de buscar uma conciliação perfeita de seu pensamento com o de Offe ou o de Poulantzas. É em sua diversidade que essas abordagens permitem uma visão mais rica dos mecanismos de dominação social. Em particular, o conceito bourdieusiano de "campo" contribui para expandir a compreensão da seletividade das instituições de uma forma que o modelo original de Offe não contemplava.

O campo político é o

> lugar em que se engendram, na concorrência entre os agentes que nele se encontram envolvidos, produtos políticos, problemas, programas, análises, comentários, conceitos, acontecimentos, entre os quais os cidadãos comuns, reduzidos à condição de "consumidores", devem escolher.[18]

Assim, o próprio conceito de campo já determina a existência de um lado de dentro e um lado de fora, rompendo com a ficção democrática de que somos todos cidadãos iguais, com igual participação potencial na condução das questões de interesse coletivo. De fato, a conciliação entre a ideologia democrática igualitária, necessária à legitimação do sistema, e o funcionamento oligárquico das instituições vai ser uma questão central para a estabilidade das democracias liberais.

Não por acaso, para as leituras conservadoras da política democrática, a "cultura cívica" ideal seria aquela que combinasse uma alta crença na efetividade da própria atuação política com uma propensão nula a testar essa crença[19]. As virtudes da apatia política são exaltadas pela teoria democrática hegemônica desde a obra seminal de Schumpeter, cujo ideal é restringir a participação dos cidadãos comuns ao momento do voto[20]. Um pouco depois, Seymour Lipset

---

[17] Yvon Quiniou, "Das classes à ideologia: determinismo, materialismo e emancipação na obra de Pierre Bourdieu", *Crítica Marxista*, n. 11, 2000, p. 95. A edição original é de 1996.

[18] Pierre Bourdieu, "La Représentation politique. Éléments pour une théorie du champ politique", *Actes de la Recherche en Sciences Sociales*, n. 36-7, 1981, p. 3-4.

[19] Ver Gabriel A. Almond e Sidney Verba, *The Civic Culture: Political Attitudes and Democracy in Five Nations* (Boston, Little, Brown, 1963).

[20] Joseph A. Schumpeter, *Capitalism, Socialism and Democracy* (Nova York, Harper Perennial, 1976) [ed. bras.: *Capitalismo, socialismo e democracia*, trad. Ruy Jungmann, Rio de Janeiro, Fundo de Cultura, 1961]. A edição original é de 1942.

argumentou que a baixa participação política demonstra que o regime democrático vai bem, possui alto grau de aprovação. Ele chegou a afirmar que, em sistemas de voto facultativo, quanto maior é a taxa de abstenção eleitoral, mais firme está a democracia[21]. Samuel Huntington é mais sutil: para ele, não é a apatia que é um bem, mas a participação que é um mal. O excesso de participação aumenta os conflitos sociais, põe em risco a continuidade do sistema e gera um excesso de demandas que o Estado é incapaz de processar[22]. Bourdieu, tanto quanto esses autores, compreende que a redução da participação popular é condição *sine qua non* para o funcionamento dos regimes políticos de tipo ocidental. Mas, ao contrário deles, identifica nesse fato um conflito com o ideal democrático oficialmente reconhecido.

O campo político é, como qualquer outro campo social, um espaço de exclusões. Os agentes que dele participam precisam se adequar a formas de comportamento e de expressão sob pena de serem segregados pelos outros integrantes do campo e terem reduzida ou mesmo anulada sua capacidade de intervenção efetiva. Três aspectos, entre outros, podem ser ressaltados:

1. A participação no campo político, sobretudo em posições mais centrais, carrega exigências de disponibilidade de tempo que trabalham objetivamente contra pessoas que estão presas a outros tipos de compromisso. É um elemento que opera, em primeiro lugar, contra trabalhadores de ambos os sexos, uma vez que o provimento da própria subsistência é prioridade e o tempo para a participação política fica severamente constrangido. Aqueles que superam essa barreira inicial têm, por vezes, condições de se profissionalizar na política (como legisladores, dirigentes sindicais, dirigentes partidários), o que resolveria o problema – para os homens, não para as mulheres. Como são em geral as principais responsáveis pela gestão de suas unidades domésticas, elas encontram nessa exigência de tempo mais uma barreira importante não só para iniciar, mas também para fazer avançar uma carreira política[23]. Não por acaso, os dados mostram que o percentual de

---

[21] Seymour Martin Lipset, *Political Man The Social Bases of Politics* (Garden City, Anchor, 1963), p. 227 [ed. bras.: *O homem político*, trad. Álvaro Cabral, Rio de Janeiro, Zahar, 1967]. A edição original é de 1960.

[22] Samuel P. Huntington, *A ordem política nas sociedades em mudança* (trad. Pinheiro de Lemos, Rio de Janeiro/São Paulo, Forense-Universitária/Edusp, 1975). A edição original é de 1968.

[23] Ver Luis Felipe Miguel e Flávia Biroli, *Caleidoscópio convexo: mulheres, política e mídia* (São Paulo, Editora Unesp, 2011), cap. 3.

54 DOMINAÇÃO E RESISTÊNCIA

viúvas e solteiras entre mulheres ocupantes de cargos públicos é muito maior que o de viúvos e solteiros entre os homens. A unidade familiar, que para eles significa um apoio à carreira, para elas conta como um fardo.

2. Um mecanismo particularmente efetivo de exclusão do campo político é a necessidade de adequação ao padrão discursivo dominante. O "discurso político espontâneo dos dominados", nas palavras de Bourdieu[24], é desacreditado simbolicamente por fugir dos critérios tácitos de elevação de vocabulário, de observância da norma linguística culta, de apresentação de seu conteúdo na forma de "argumentos racionais". São os critérios que garantem ao discurso a respeitabilidade necessária para que seja de fato aceito no campo político. Elementos desimportantes à primeira vista, como o timbre de voz ou as marcas linguísticas regionais, contribuem, nas situações efetivas de fala, para a desqualificação da expressão de integrantes de grupos minoritários[25]. Aos integrantes de grupos dominados, então, resta a opção entre insistir em uma dicção própria, produzindo um discurso menos efetivo porque com baixa legitimidade no campo, e tentar reproduzir os modos de fala dominantes, o que implica distanciamento em relação a sua base social e incapacidade de expressar plenamente a experiência vivida, além de uma contribuição para a reprodução das estruturas de exclusão[26].

3. Por fim, o campo político trabalha no sentido de excluir as posições políticas mais radicais e menos abertas ao compromisso, à barganha e à negociação. A literatura da ciência política já indicou, há décadas, a tendência centrípeta da competição eleitoral, em que todos os concorrentes efetivos têm incentivos palpáveis a buscar aproximação do centro político. O mesmo se pode dizer da atuação no Poder Legislativo. É possível concorrer às eleições só para marcar posição e aproveitar o momento da campanha para fazer proselitismo, assim como é possível manter absoluta intransigência no trabalho parlamentar, recusando qualquer acordo. Mas isso significa condenar à irrelevância prática a ação política. A tentação de utilizar as posições conquistadas para obter vitórias, ainda que pequenas, participando do jogo de acordos que desgasta as posições mais radicais ou principistas, é

---

[24] Pierre Bourdieu, *La Distinction*, cit., p. 538.

[25] Susan Bickford, *The Dissonance of Democracy: Listening, Conflict, and Citizenship* (Ithaca, Cornell University Press, 1996), p. 97-8.

[26] Ver Luis Felipe Miguel, *Democracia e representação*, cit., cap. 7.

simplesmente grande demais. E pode ser sustentada não por oportunismo nem pela busca de vantagem pessoal, mas pelo desejo de gerar melhorias concretas, mesmo que laterais, para seus representados.

Assim, as exclusões não são desvios nem imperfeições do campo político: são efeitos necessários de sua própria estrutura, funcionais para sua reprodução e definidores dos sentidos socialmente dominantes da política e da ação política. Ao mesmo tempo, não é possível compreender adequadamente o funcionamento da política – isto é, do campo político – sem levar em conta a relação entre Estado e capital. A exclusão de alguns grupos, a modulação das demandas na direção de sua moderação e a domesticação dos discursos e das formas de ação são mecanismos centrais e complementares do funcionamento de instituições, e legitimam, ao mesmo tempo, as estruturas da economia e a si mesmos.

É por isso que se pode dizer que o funcionamento cotidiano do campo político expõe a seletividade das instituições. Diante da dificuldade em apresentar demandas que não estejam traduzidas para a linguagem "legítima" da política, os grupos dominados se veem compelidos a adaptar essas demandas, tornando-as mais palatáveis, e a comprometer a representatividade do discurso diante da experiência vivida daqueles grupos. Trabalhadores, mulheres e integrantes de minorias étnicas, entre outros grupos, são suscetíveis aos mecanismos de exclusão tanto pela desvalorização de suas formas expressivas quanto pelo fato de que demandas pela transformação social são as mais comprometidas pela exigência de barganha e produção de consensos.

A contribuição de Claus Offe ao entendimento do funcionamento do Estado capitalista também pode ser agregada à teorização do último Poulantzas sobre a relação entre Estado e luta de classes. São autores com trajetórias e bagagens intelectuais muito diversas, mas com uma preocupação comum relacionada aos mecanismos estruturais que garantem a reprodução da dominação capitalista. Se, em sua obra final, Poulantzas se aproxima de Offe ao moderar o hiperestruturalismo que marca muito de sua produção anterior, por outro lado ele aumenta a complexidade de sua reflexão em direção estranha à do autor alemão, sobretudo pela incorporação de um conceito de poder inspirado em Michel Foucault[27].

---

[27] Sobre esse ponto, ver Luiz Eduardo Motta, "Poulantzas e o seu diálogo com Foucault: direito, Estado e poder", *paper* apresentado no 6º Colóquio Internacional Marx e Engels, Campinas, 3-6 nov. 2009.

A importância de *O Estado, o poder, o socialismo* na renovação da estratégia da esquerda não pode ser desprezada. Poulantzas foi fundamental para construir a base teórica do compromisso democrático da esquerda, de maneira bem mais sofisticada do que propunham na mesma época, por exemplo, alguns dos principais teóricos do eurocomunismo, que desembocaram numa aceitação acrítica das instituições representativas liberais[28]. Para Poulantzas, as instituições do Estado não podem ser entendidas como um mero instrumento a serviço da classe dominante nem como um espaço neutro de resolução dos conflitos, mas como a resultante da correlação de forças de determinada formação social em determinado momento de sua história. Elas são capazes de incorporar avanços, mas sempre tendo como limite a hegemonia estabelecida. Um governo de trabalhadores, por sua vez, não pode simplesmente tentar usar a seu favor a estrutura estatal vigente, pois ela não é um instrumento, mas uma materialização da forma específica da dominação de classe e da correlação de forças entre as classes sociais[29]. Um governo a serviço de outros interesses e outro projeto de sociedade precisaria constituir novas estruturas, que expressassem a nova hegemonia e, portanto, fossem mais (não menos) democráticas que aquelas herdadas do Estado capitalista.

Com isso, Poulantzas avançou de forma significativa na direção de um entendimento mais complexo das estruturas do Estado. Elas *têm lado*, mas ao mesmo tempo *estão em disputa*. E se constituem como fruto dessa disputa.

> Não basta dizer simplesmente que as contradições e as lutas atravessam o Estado, como se se tratasse de fazer aflorar uma substância já constituída ou de percorrer um terreno vazio já existente. As contradições de classe constituem o Estado, presentes em sua ossatura material, e fabricam assim sua organização.[30]

Dito de outra forma,

> o Estado, no caso o Estado capitalista, deve ser considerado não uma entidade intrínseca, mas, como aliás é o caso do "capital", uma *relação*, mais exatamente uma *condensação material* (Estado aparelho) *de uma relação de forças* entre classes e frações de classe, tal como elas se expressam, *de maneira sempre específica* (separação relativa

---

28 Por exemplo, Santiago Carrillo, *Eurocomunismo y Estado* (Barcelona, Crítica, 1977).

29 Nicos Poulantzas, *L'État, le pouvoir, le socialisme*, cit., p. 192-3.

30 Ibidem, p. 197.

do Estado e da economia dando lugar às instituições próprias do Estado capitalista), *no próprio seio do Estado.*[31]

Assim, Poulantzas contribui para o entendimento de que as instituições também estão em disputa. Não é possível aceitar a percepção ingênua de que essas instituições não participam da reprodução das relações de dominação. O Estado é entendido a partir de seu caráter *material*, no sentido de que são instituições concretas, com seus próprios agentes e que moldam a agência de outros, por meios tanto ideológicos quanto abertamente repressivos. A partir daí, fica estabelecido o caráter *produtivo* do Estado – que ecoa o poder produtivo de Foucault e a ideologia produtiva de Althusser[32]. O Estado produz os comportamentos, institui categorias de agentes, dissemina práticas (como a "cidadania", apontada no capítulo anterior) e contribui para moldar o mundo social sobre o qual se impõe[33].

Ao mesmo tempo, o elemento de violência da dominação é recuperado na denúncia da ilusão de que o domínio não se baseia mais na violência física[34]. A lei intervém não contra a violência do Estado, mas para organizá-la[35]; ela é "o código da violência pública organizada"[36]. Quando Poulantzas escreveu, tais lembretes talvez parecessem quase desnecessários, já que, de diferentes maneiras, tanto marxistas quando weberianos trabalhavam com percepções realistas do Estado, em que o exercício da violência ganhava destaque. Talvez não seja o caso hoje.

Há um viés de classe nessa ignorância. Para as camadas pobres da população, para os moradores das periferias, para os integrantes das minorias étnicas e, em certa medida, também para a juventude, a materialidade do "Estado" continua aparecendo, antes de mais nada, na forma de seu aparelho repressivo. Uma estimativa do fim do século XX indicava que, na cidade de Nova York, quatro

---

[31] Idem, "Les Transformations actuelles de l'État, la crise politique et la crise de l'État", em *La Crise de l'État* (Paris, PUF, 1976), p. 38. O trecho foi reproduzido com pequenas modificações em *L'État, le pouvoir, le socialisme*, cit., p. 191.

[32] Ver idem, *L'État, le pouvoir, le socialisme*, cit., p. 76.

[33] É possível lembrar, aqui, o estudo de James Scott sobre os esforços de normalização, legibilidade e simplificação do tecido social, efetuados pelo Estado para facilitar seu próprio trabalho de dominação. James C. Scott, *Seeing like a State: How Certain Schemes to Improve the Human Condition Have Failed* (New Haven, Yale University Press, 1998).

[34] Nicos Poulantzas, *L'État, le pouvoir, le socialisme*, cit., p. 129.

[35] Ibidem, p. 144.

[36] Ibidem, p. 124.

quintos dos jovens negros e latinos do sexo masculino já haviam sido detidos pela polícia ao menos uma vez[37]. Nas periferias brasileiras, entre os jovens negros, a situação não é diferente. Concorrem para essa situação, por um lado, o fato de que o respeito à lei impõe maiores custos para os integrantes dos grupos em situação material mais precária e, por outro, o viés discriminatório do aparato policial, que também não é exclusividade do Brasil[38].

A violência organizada do Estado reprime as formas cotidianas de conflito que a concentração de poder político e econômico produz. Reprime também a revolta dos excluídos da espiral de consumo conspícuo que é alimentada por um discurso ideológico quase onipresente e que se tornou crucial para a reprodução do capitalismo desenvolvido[39]. Essa violência ocorre tanto dentro da letra estrita da lei quanto a suas margens, pela ativação de códigos subjacentes ao ordenamento social, mas que a pressão dos grupos subalternos conseguiu que fossem eliminados das normas oficiais.

Pierre Bourdieu não chegou a produzir sua prometida obra sobre o Estado ou, ainda mais amplamente, sobre o "campo do poder". A compilação de suas conferências sobre o assunto, proferidas no início dos anos 1990 no Collège de France, leva a um conjunto bastante fragmentário e insatisfatório[40]. Ainda assim, há elementos no pensamento do sociólogo francês que contribuem para uma compreensão do Estado contemporâneo que guarda afinidades com o último Poulantzas.

---

[37] Loïc Wacquant, *Les Prisons de la misère* (Paris, Raison d'Agir, 1999), p. 29 [ed. bras.: *As prisões da miséria*, trad. André Telles, Rio de Janeiro, Zahar, 2001].

[38] É exemplar, nesse sentido, um estudo sobre a polícia britânica: Robert Reiner, *The Politics of the Police* (Oxford, Oxford University Press, 2010) [ed. bras.: *A política da polícia*, trad. Jacy Cardia Ghiroui e Maria Cristina Pereira da Cunha Marques, São Paulo, Edusp, 2004].

[39] André Gorz, *Métamorphoses du travail: quête du sens. Critique de la raison économique* (Paris, Galilée, 1988) [ed. bras.: *Metamorfoses do trabalho: busca do sentido: crítica da razão econômica*, trad. Ana Montoia, São Paulo, Annablume, 2003]. Agradeço a Flávia Biroli a lembrança desse ponto.

[40] Pierre Bourdieu, *Sur l'État: cours au Collège de France (1989-1992)* (Paris, Seuil, 2012) [ed. bras.: *Sobre o Estado*, trad. Rosa Freire d'Aguiar, São Paulo, Companhia das Letras, 2014]. Não há espaço, aqui, para desenvolver a crítica ao esboço de teoria do Estado apresentado por Bourdieu em seus cursos. Limito-me a apontar o excesso retórico, o esforço exagerado de diferenciação em relação às contribuições teóricas prévias e uma ênfase nos aspectos simbólicos que o leva a deixar em segundo plano a materialidade do aparelho estatal. A afirmação de que o Estado é uma "ilusão bem fundada", que "existe essencialmente porque acreditamos que existe" (ibidem, p. 25), exemplifica meu ponto. Ainda creio que as melhores contribuições de Bourdieu para a compreensão do fenômeno do Estado se deram à margem de *Sur l'État*.

AS ESTRUTURAS DA DOMINAÇÃO 59

Para Bourdieu, os embates cruciais dentro da sociedade devem ser buscados no campo de poder, o espaço social em que se defrontam diferentes formas de poder, que por isso se define como "campo de lutas pelo poder entre detentores de poderes diferentes"[41]. Aqueles que controlam diferentes formas de capital (econômico, cultural, político, religioso etc.) disputam o peso relativo de seus ativos, sua capacidade de determinar o funcionamento do conjunto da sociedade. Trata-se da "luta pela imposição do princípio de dominação dominante", que alcança equilíbrios sempre provisórios na "divisão do trabalho de dominação", e também de "uma luta pelo princípio legítimo de legitimação"[42].

Nesse processo, o Estado pode ser considerado o "campo administrativo", um "setor particular do campo do poder"[43]. Seria possível pensar numa teoria ampliada do Estado em Bourdieu, paralela à de Gramsci, em que o Estado (em sentido amplo) coincidisse com o campo do poder. Mesmo sem essa manobra, porém, é possível vislumbrar a centralidade do Estado para a dominação política. Afinal, o Estado concentra diferentes espécies de capital (econômico, militar, político), o que o torna um agente social especial[44]. E, como observa Bourdieu, é por meio do Estado que se estabelece a "crença política primordial", a imposição do ponto de vista dos dominantes como o ponto de vista universal[45]. É o fundamento da legitimidade, que, para Bourdieu, ao contrário de Weber, não é algo que se organize no plano da consciência; antes, "está enraizada no acordo imediato entre as estruturas incorporadas, tornadas esquemas práticos [...], e as estruturas objetivas"[46]. A abordagem weberiana da legitimidade, diz Bourdieu, é "um problema escolástico". O problema, de fato, é ela não se apresentar como problema; é, como visto no capítulo anterior, a questão da legitimidade do Estado só se colocar em momentos de crise aguda[47].

Em ações aparentemente banais, produzindo o acordo imediato sobre o qual se falava, o Estado funda o consenso social "sobre esse conjunto de

---

[41] Idem, *La Noblesse d'État*, p. 375.

[42] Ibidem, p. 376 (ênfases suprimidas).

[43] Idem, *Sur l'État*, cit., p. 40.

[44] Idem, *Raisons pratiques: sur la théorie de l'action* (Paris, Seuil, 1994), p. 108-9 [ed. bras.: *Razões práticas: sobre a teoria da ação*, trad. Mariza Corrêa, Campinas, Papirus, 1996].

[45] Idem, *Méditations pascaliennes*, cit., p. 208.

[46] Ibidem, p. 211.

[47] Ibidem, p. 213.

evidências partilhadas que são constitutivas do senso comum"[48]. Ele estabelece, por exemplo, os grandes ritmos do calendário social, como as férias escolares (ou o horário de verão), assegurando experiências do tempo concordantes[49]. Ou então, continuando com exemplos do próprio Bourdieu, a divisão do mundo universitário em disciplinas, o que determina o arcabouço para as lutas entre os acadêmicos.

Entendendo o Estado como um campo, Bourdieu percebe que ele é um espaço que se reconfigura a partir das relações de força entre os agentes que nele ingressam, sem por isso ser neutro diante dos interesses em jogo. É necessário entender simultaneamente a maleabilidade do aparelho estatal e sua vinculação com os padrões de dominação. Justamente por isso, como ressaltava Bourdieu em sua fase mais militante, o Estado é um terreno em que os interesses dos grupos dominados têm melhor condição de se expressar que em outros campos, como o econômico, por exemplo. A retração do Estado em relação ao mercado é, assim, um retrocesso[50].

Há aqui uma marcante afinidade com o Poulantzas de *O Estado, o poder, o socialismo*, que, aliás, já foi assinalada por Alex Callinicos[51]. O Estado aparece como um espaço a ser disputado, sem que se negue seu caráter de peça--chave na manutenção das relações de dominação. Isso permite valorar as conquistas que os grupos dominados obtêm, sem as desdenhar como "concessões da classe dominante", cosméticas e desprovidas de importância, nem as aceitar como prova da neutralidade estatal. É o caso, por exemplo, dos mecanismos de bem-estar social, da legislação trabalhista, antirracista e de proteção às mulheres ou dos próprios direitos políticos que formam a democracia representativa.

É fato que a conquista do sufrágio universal não realizou a igualdade que a divisa "uma pessoa, um voto" prometia. Os processos de decisão são muito mais influenciados pelos grupos dominantes, cujos recursos garantem uma

---

[48]   Ibidem, p. 210.

[49]   Compare-se com a afirmação de Poulantzas: "A matriz temporal capitalista, esse tempo segmentado, serial e dividido, está já implicada na ossatura institucional própria do Estado e seus diversos aparelhos (Exército, escola, burocracia, prisões)". Nicos Poulantzas, *L'État, le pouvoir, le socialisme*, cit., p. 171.

[50]   Pierre Bourdieu, *Contre-feux* (Paris, Liber, 1988) [ed. bras.: *Contrafogos: táticas para enfrentar a invasão neoliberal*, v. 1, trad. Lucy Magalhães, Rio de Janeiro, Zahar, 1998].

[51]   Alex Callinicos, "Social Theory Put to the Test of Politics", cit., p. 93.

capacidade de pressão maior e mais efetiva. Mas os direitos democráticos reafirmam, de maneira normativa e simbólica, a igual consideração devida a todas as cidadãs e a todos os cidadãos. E seus efeitos concretos não são desprezíveis, obrigando que os interesses dos grupos sociais dominados sejam levados em consideração, ainda que seja para apaziguá-los. Em suma, a democracia concede mecanismos institucionais de pressão que não podem ser simplesmente ignorados.

Em outras palavras, os mecanismos democrático-representativos vigentes revelam tanto a força dos grupos dominados (que foram capazes de impor o processo eleitoral como forma quase universal de legitimação) quanto sua debilidade (pois o campo político permanece excludente e a seletividade das instituições enviesa os resultados em favor dos dominantes). São, assim, uma expressão clara da condensação material de determinada correlação de forças, como diria Poulantzas. E alterações na correlação de forças exigem novas formas institucionais.

Ainda que em estágio preliminar de elaboração, a triangulação aqui proposta entre as contribuições de Bourdieu, Offe e Poulantzas ajuda a pensar as restrições ao aprofundamento da democracia no atual quadro de instituições. Ela concorre, em particular, para evidenciar os limites tanto da mera incorporação de integrantes de grupos subalternos aos espaços decisórios já constituídos (a "política de presença" propugnada pelo movimento feminista a partir dos anos 1990) quanto da abertura de arenas marginais na estrutura do Estado, que seriam mais permeáveis às demandas dos grupos dominados (os novos espaços participativos, como conferências, conselhos de políticas públicas ou orçamentos abertos à manifestação popular, para citar exemplos em voga na ciência social brasileira).

Não se trata de negar a eventual importância desses mecanismos, e sim de entender que eles, por si sós, não são capazes de avançar além de certo ponto. A política de presença, que permite a incorporação nos espaços decisórios de novas "perspectivas sociais", nos termos de Iris Marion Young[52], tem aparecido como a solução para os problemas da democracia representativa, por evitar o monopólio das posições de poder por integrantes de um único grupo social. As novas arenas participativas, por sua vez, resolveriam o problema da impermeabilidade do sistema político às demandas dos grupos subalternos.

---

[52] Iris Marion Young, *Inclusion and Democracy* (Oxford, Oxford University Press, 2000).

A literatura inicial sobre os orçamentos participativos ilustrava, até de forma ingênua, a natureza das apostas nesses novos espaços. Ultrapassado esse entusiasmo inaugural, a esperança deslocou-se para conselhos e conferências de políticas públicas, em que os grupos populares se fariam ouvir por meio de representantes virtuosos[53].

São apostas excessivas naquilo que esperam da institucionalidade política – e, do outro lado da moeda, extremamente tímidas no reconhecimento de como os mesmos mecanismos de incorporação dos grupos subalternos funcionam como instrumentos de cooptação e de canalização das energias políticas em detrimento de outras formas de mobilização. São tímidas, também, na reflexão sobre o modo como a política é influenciada pelas desigualdades em outras esferas (em primeiro lugar, nas relações econômicas e no lar).

A incorporação à esfera política de grupos antes impedidos de chegar a ela é importante e necessária, mas não significa, em nenhuma medida, a superação do problema da desigualdade de poder. As desigualdades marcam a presença desses grupos e agem de forma permanente no sentido de orientar e limitar sua ação. Eles têm menor controle dos recursos materiais – a começar pelo tempo livre –, que são a base da ação política. São menos hábeis na produção do discurso adequado, até porque em geral são menos treinados para o debate, muitas vezes ocupando posições profissionais subalternas em que não participam da tomada das decisões. E têm maior dificuldade em fazer com que seus interesses transitem como interesses universais, pois mudanças na ordem social geram beneficiados e prejudicados, ao passo que a manutenção do *status quo* pode se apresentar como neutra.

As contribuições de Offe, Bourdieu e Poulantzas ajudam a entender como as estruturas políticas trabalham para neutralizar a eventual incorporação de representantes dos grupos subalternos. É necessário ter consciência da força e da resiliência dos mecanismos de reprodução da dominação social, a fim de que as estratégias transformadoras não se tornem autocomplacentes formas de ilusão consoladora.

Em primeiro lugar, é necessário voltar à conexão entre a política e as outras esferas da vida social. A dependência estrutural do Estado em relação ao capital ou os efeitos da dominação masculina, que retira das mulheres recursos necessários para a ação política (como o tempo livre), permanecem em ação,

---

[53] Ver o capítulo 8 deste volume.

mesmo quando medidas de inclusão são adotadas. A mudança institucional é relevante, mas não esgota, nem garante, a mudança social.

A presença das classes dominadas no Estado é assegurada *enquanto dominadas*; por isso, não se trata de ganhar "por dentro" o Estado[54]. Ao mesmo tempo, convém não ignorar o peso dos mecanismos de domesticação do conflito político, que estão permanentemente em ação no campo político. As instituições geram, pelo próprio funcionamento, distinção entre os interlocutores aceitos e a base que devem representar. Elas promovem um estímulo constante à cooptação das lideranças, dadas as recompensas simbólicas e materiais para aqueles que aceitam "jogar o jogo" da política normalizada. Mais de cem anos atrás, Robert Michels já indicava a tendência à "oligarquização" das organizações políticas revolucionárias[55] e, em que pesem as simplificações do autor, suas provocações permanecem válidas.

Há também o esforço permanente de "civilização" do conflito político. A ocupação dos espaços institucionais cobra seu preço na forma da exigência de adesão a determinadas pautas, cronogramas e formas de ação e de discurso. Em particular, bloqueiam as expressões mais disruptivas do conflito, canalizando-o para manifestações contidas em uma institucionalidade que, como se viu, é marcada por sua seletividade[56]. Tal normalização do conflito político teria, como principal mérito, o afastamento do risco da violência, entendida aqui, é claro, como a violência física aberta, sem levar em conta as formas de violência estrutural ou sistêmica (que, no entanto, geram efeitos igualmente materiais). Ela é feita, porém, à custa da redução da política à administração rotineira das coisas, mutilando-a de seu potencial mais criativo e transformador.

Nesse processo, retira-se dos grupos dominados a capacidade de adotar estratégias mais ofensivas de luta política, que em muitos casos se mostram mais eficazes. Falando da obtenção dos direitos civis pelos negros no Sul dos Estados Unidos, James Scott observa que "desordem maciça e violência obtiveram, em curto intervalo de tempo, o que décadas de organização pacífica e *lobby* falharam em alcançar"[57]. Não se trata de fazer uma apologia acrítica da violência dos dominados, mas de compreender que o simples descarte da

---

[54] Nicos Poulantzas, *L'État, le pouvoir, le socialisne*, cit., p. 210.

[55] Robert Michels, *Sociologia dos partidos políticos* (trad. Arthur Chaudon, Brasília, Editora UnB, 1982). A edição original é de 1911.

[56] Luis Felipe Miguel, *Consenso e conflito na democracia contemporânea*, cit., cap. 1.

[57] James C. Scott, *Two Cheers for Anarchism* (Princeton, Princeton University Press, 2012), p. 21-2.

pressão política extrainstitucional paralisa formas de promoção da mudança social – e também de colocar essa violência em perspectiva, contrastando-a com a violência estrutural ou sistêmica, que age cotidianamente contra os grupos subalternos e que a própria institucionalidade legitima e invisibiliza[58].

De maneira ainda mais crucial, os imperativos da eficácia política empurram os grupos contestatórios na direção da reprodução das mesmas estruturas hierárquicas e da mesma lógica política excludente do sistema político contra o qual se insurgem. Numa resposta a esses dilemas, seria necessário "mudar o mundo sem tomar o poder", para usar o lema de John Holloway[59]. No entanto, é questionável se esse purismo é a saída; afinal, o poder continuará a ser exercido[60]. O que essa posição tem de mais valioso é a percepção de que é necessário manter autonomia e distância em relação ao Estado. Algo que já estava presente na observação de Poulantzas de que, embora a luta de classes se dê também no Estado, é necessário construir redes à distância dos aparelhos estatais, com democracia de base e autogestão[61].

Trata-se de uma discussão particularmente importante no Brasil, em que a combinação entre a experimentação democrática posterior à Constituição de 1988 e a chegada ao governo do Partido dos Trabalhadores (PT), em 2003, deslocou fortemente o foco da mobilização política e das esperanças de transformação social para o interior do aparelho de Estado. Por um lado, muitas lideranças dos movimentos sociais passaram a ocupar posições no Poder Executivo. Por outro, multiplicaram-se as experiências de conferências inclusivas, que mobilizam milhares de pessoas na busca de influência sobre a formulação de políticas públicas. As mobilizações de rua iniciadas em junho de 2013 revelaram com clareza os limites dessa estratégia. Os grupos foram às ruas por não sentir que suas demandas estivessem sendo contempladas nos novos espaços "participativos". Porém, não indicaram a capacidade dos movimentos sociais brasileiros de estabelecer alguma outra, já que os protestos foram em parte ressignificados pela direita, em parte dissipados pela falta de direção política e organização. Em seguida, o golpe de 2016

---

[58] Ver o capítulo 4 deste volume.

[59] John Holloway, *Change the World Without Taking Power* (Londres, Pluto, 2010) [ed. bras.: *Mudar o mundo sem tomar o poder: o significado da revolução hoje*, trad. Emir Sader, São Paulo, Viramundo, 2003]. A edição original é de 2002.

[60] Ver o capítulo 7 deste volume.

[61] Nicos Poulantzas, *L'État, le pouvoir, le socialisme*, cit., p. 223.

mostrou que a presença dentro do Estado não garantia que houvesse força para resistir a retrocessos.

Das obras de Pierre Bourdieu, Claus Offe e Nicos Poulantzas certamente não brota nenhuma receita para suprir essa lacuna. Elas são necessárias, no entanto, para evitar a tentação de soluções aparentemente fáceis para os problemas da transformação social. O desafio se liga ao fato de que os mecanismos de reprodução da dominação têm, como uma de suas características mais marcantes, a capacidade de acomodar aquilo que parecia ser sua completa negação. O entendimento de seu funcionamento e, em particular, de como as instituições políticas trabalham no sentido de preservar as hierarquias e as exclusões mesmo quando são forçadas a indicar sua superação é crucial para a produção de formas de uma ação transformadora lúcida e efetiva.

3
HEGEMONIA E RESISTÊNCIA

Se a dominação molda o dia a dia das sociedades humanas, em grande medida é porque a ordem que ela gera é reproduzida pela ação dos dominados – que, como regra, cumprem os papéis deles exigidos. Por vezes, surgem manifestações de inconformidade, mas raramente elas tomam a forma de ameaças efetivas à continuidade da dominação ou exigem esforços extraordinários para serem contidas. Apesar de todas as patentes injustiças do mundo social, a paz civil tende a ser a regra, não a exceção.

Como essa aquiescência é produzida? O que ela indica, de fato: adesão à ordem vigente, cujas injustiças deixam de ser percebidas, ou mera acomodação a ela, baseada no sentimento de impotência para transformá-la? E até que ponto essa paz aparente é combinada a um movimento subterrâneo de insatisfação mal contida ou mesmo de resistência? Para a parte do pensamento social que ignora a dominação e vê a sociedade sob o signo da cooperação voluntária ou da organicidade, tais questões não se colocam. Mas diferentes vertentes da teoria social comprometida com a compreensão crítica do mundo lidam com elas e a eles dão diferentes respostas, algumas sublinhando mais a capacidade que a ordem tem de se impor às consciências dos que estão submetidos a seu arbítrio, outras destacando a incompletude dessa imposição.

Neste capítulo, ponho em diálogo, sobretudo, três dessas respostas – ainda que introduza algumas outras para iluminar aspectos da questão. Essas respostas concorrem entre si e, em determinados aspectos, são mesmo incompatíveis, mas, segundo julgo, contribuem, cada uma a seu modo, para iluminar o problema. Refiro-me às percepções associadas aos nomes de Antonio Gramsci, Pierre Bourdieu e James Scott. Apesar de suas diferenças, elas se situam no mesmo campo quanto a uma questão central, que é o entendimento de que a dominação não é externa aos agentes, mas formadora de quem eles são. Colocam-se em oposição, portanto, a compreensões informadas pelas teorias da escolha racional ou à visão da corrente neorrepublicana[1], para as quais a dominação é uma externalidade que impede quem a sofre de realizar suas preferências. Para Gramsci, Bourdieu ou Scott, ao contrário, a dominação incide sobre a formação das preferências, torna-se constitutiva da forma como os dominados (e também os dominadores) veem o mundo e a si mesmos – em suma, produz subjetividades.

Basta um pequeno esforço de desnaturalização do mundo social em que estamos imersos para que a questão da obediência se coloque como um problema a ser explicado. Afinal, como é possível que as maiorias obedeçam à minoria? A resposta não está na força, já que nenhuma autoridade sustentada permanentemente no uso ou na ameaça do uso da força consegue perdurar. É necessário entender quais mecanismos fazem com que, no funcionamento cotidiano das sociedades humanas, a servidão dos dominados se torne rotineira, automática, incontroversa e mesmo *voluntária*.

A fórmula "servidão voluntária" remete, é claro, à obra de Étienne de La Boétie[2]. Em meados do século XVI, confrontado com o Estado absolutista então vigente, ele apresentou um relato pioneiro sobre a introjeção das relações de dominação por aqueles que estão submetidos a elas[3]. No século seguinte, Thomas Hobbes faria da obediência o fruto de um cálculo racional, nascido da necessidade de superar as agruras do Estado de natureza. Ainda que a filosofia de Hobbes seja bem mais sofisticada que a de La Boétie, sua resposta é menos atraente que a do francês, que apresenta o poder político como fonte de perda de liberdade e de exploração.

O *Discurso* é surpreendente pela maneira como vira de pernas para o ar a reflexão sobre a obrigação política. Teóricos de diferentes matizes se esforçam para justificar o consentimento dos governados, entendido como condição necessária para a reprodução do mundo social. Trata-se de uma literatura marcada pelo esforço de legitimação da dominação[4]. A maneira como La Boétie a apresenta é diversa. Ele assume que a inclinação natural do homem – e o uso

---

[1] Ver o capítulo 1 deste volume.

[2] Étienne de La Boétie, *Discurso da servidão voluntária* (trad. Laymert Garcia dos Santos, São Paulo, Brasiliense, 1987). O original é de 1552.

[3] Uma discussão um pouco mais extensa da obra de La Boétie, da qual apresento aqui um resumo, está em Luis Felipe Miguel, *O nascimento da política moderna: de Maquiavel a Hobbes* (Brasília, Editora UnB, 2015), cap. 4.

[4] Ver Carole Pateman, *The Problem of Political Obligation: A Critique of Liberal Theory* (Berkeley, University of California Press, 1985). A edição original é de 1979.

do masculino, aqui, é indicador de sua adesão às visões estereotipadas vigentes em seu tempo – é preservar sua liberdade natural. Logo, a regra deveria ser a desobediência, não a obediência à autoridade de outro.

Para que a obediência se imponha, não é possível apelar ao uso da força. La Boétie constrói a imagem de um único governante, o tirano, reinando sobre uma multidão. Esse tirano evidentemente não é mais forte que o conjunto dos súditos; mesmo seus sequazes são, na verdade, súditos e também vítimas da tirania. A assimetria de força em favor dos governados é tão grande que leva o pensador francês a uma de suas conclusões centrais: para que a tirania termine, os súditos não precisam agir. Precisam apenas *deixar de agir*, isto é, parar de obedecer[5]. Se não param, é porque algo no poder os impele a continuar. Há, aqui, uma pioneira identificação do caráter produtivo do poder, que, mais que restringir, promove comportamentos daqueles que estão submetidos a ele.

La Boétie busca, então, respostas para a continuidade da obediência, quando o esforço é maior do que seria necessário para rompê-la. Afasta o costume, que nada diz sobre como a corrupção da liberdade surgiu, e se fixa em três explicações, até certo ponto contraditórias. Uma é a identificação de cada súdito com o tirano, uma projeção de si mesmo no exercício do poder. Na leitura feita por Claude Lefort, o tirano aparece como a imagem da completude e da indissociabilidade do corpo social: o poder unificado na pessoa do tirano reconstitui a unidade que a vivência social, marcada por diferenças e conflitos, não permite invocar. Os súditos são todos *uns*, isto é, singulares, enquanto o tirano é *Um*, ou seja, a totalidade[6]. A identificação com o poder é reforçada porque de fato a tirania acaba nunca sendo de um só. Ela gera uma estrutura piramidal de auxiliares, que agem como pequenos tiranos locais e se aproveitam da fatia de poder que exercem – e essa é a segunda explicação. Eu não apenas posso me projetar no lugar do tirano, como também, de forma mais factível, no lugar de algum de seus assessores.

Por fim, a terceira explicação é que a obediência traz vantagens aparentes. Segundo uma frase famosa, quando se estabelece a tirania, o povo sente que "não perdeu sua liberdade, e sim ganhou sua servidão"[7]. A liberdade pode ser

---

[5] Étienne de La Boétie, *Discurso da servidão voluntária*, cit., p. 15.

[6] Claude Lefort, "O nome de Um", em Étienne de La Boétie, *Discurso da servidão voluntária*, cit. A edição original é de 1976.

[7] Étienne de la Boétie, *Discurso da servidão voluntária*, cit., p. 20.

um fardo, com as responsabilidades que impõe, em particular a necessidade de tomar as próprias decisões e pensar com a própria cabeça. Desta maneira, a servidão parece ser a maneira de "libertar-se da liberdade".

O pequeno texto de La Boétie apresenta uma grande quantidade de contradições internas. Sua impactante observação de que basta parar de obedecer para superar a servidão, uma vez que o tirano é um só, não combina com a imagem de que há um grande número de asseclas a se beneficiar do regime. O apreço à comodidade da servidão está em dessintonia com o desejo de se colocar na posição do ditador. Mas o principal limite está em seu apego a explicações psicológicas anistóricas, de validade universal, que não põem em xeque sua própria produção. Ainda assim, o *Discurso da servidão voluntária* é um ponto de partida significativo, por desnaturalizar a obediência e apresentá-la como questão a ser desvendada.

No lugar da explicação psicológica privilegiada por La Boétie, a tradição marxista – e aqui dou um salto do século XVI para o século XIX – coloca a ideologia dominante. O conceito de ideologia está imerso em profunda polêmica[8] e se refere a pelo menos três planos analíticos diferentes. Seu sentido mais fraco indica um conjunto razoavelmente coerente e sólido de ideias e valores políticos. Nesse uso muito comum na linguagem corrente, "ideológico" aparece como antônimo de "oportunista". Embora tenha ganhado curso no marxismo, sobretudo a partir do uso que Lênin fazia da expressão "ideologia da classe operária" para identificar seu próprio programa, não é algo presente nos escritos de Marx.

O segundo plano analítico do conceito se refere à vinculação entre as ideias e a vivência dos seres humanos; segundo a citação famosa, "os homens [*sic*] são os produtores de suas representações, de suas ideias e assim por diante, mas os homens reais, ativos, tal como são condicionados por um determinado desenvolvimento de suas forças produtivas e pelo intercâmbio que a ele corresponde"[9]. Trata-se de um entendimento central na construção do materialismo histórico, que estabelece a primazia do mundo material. Estreitamente vinculado a ele, o terceiro plano é o mais importante para a discussão que travo aqui. "As ideias da classe dominante são, em cada época, as ideias dominantes, isto é, a classe

---

[8]   Ver Terry Eagleton, *Ideologia: uma introdução* (trad. Silvana Vieira e Luís Carlos Borges, São Paulo, Editora Unesp/Boitempo, 1997). A edição original é de 1991.

[9]   Karl Marx e Friedrich Engels, *A ideologia alemã* (trad. Rubens Enderle, Nélio Schneider e Luciano Martorano, São Paulo, Boitempo, 2007), p. 94. Os manuscritos são de 1845-1846.

que é a força material dominante é, ao mesmo tempo, sua força espiritual dominante", afirmavam Marx e Engels[10].

Há aqui uma vinculação clara entre dominação e disseminação de ideias, que será depois apropriada de diferentes maneiras. Uma delas entende que o predomínio das ideias da classe dominante significa que as classes dominadas estão constrangidas a ler o mundo a partir de experiências alheias às delas próprias, ampliando a dificuldade para significá-lo de maneira que corresponda a seus potenciais interesses. Outra, menos sutil, vê nesse predomínio uma forma de manipulação deliberadamente promovida pelos dominantes. É o caminho que leva à interpretação da ideologia como "falsa consciência", isto é, como uma espécie de véu que encobre a realidade e impede que os dominados a vejam com os próprios olhos.

O problema com a noção de "falsa consciência" é a pressuposição implícita de que, em oposição a ela, há uma "consciência verdadeira", objetivamente identificável. É um postulado que pode levar a posturas autoritárias, com o desprezo pelas experiências dos sujeitos e pelas leituras do mundo que delas emergem[11]. Por outro lado, também não é possível apenas aceitar a consciência que emerge da vivência no mundo social, abrindo mão tanto do entendimento de que as ideias dominantes têm maior capacidade de universalização como da crítica aos padrões de manipulação aos quais estamos submetidos. Trata-se, enfim, de permanecer numa "posição impossível", que reconhece que "nenhuma linha demarcatória clara separa a ideologia e a realidade", mas, ainda assim, sustenta "a tensão [entre ideológico e real] que mantém viva a *crítica* da ideologia"[12].

Aqui, a contribuição de Louis Althusser à teoria da ideologia torna-se relevante. Descartando qualquer ilusão de um mundo social que seja perfeitamente transparente para seus integrantes, ele apresenta a tese de que a ideologia é o meio no qual ocorre a história, o meio pelo qual as pessoas vivem subjetivamente no mundo social; em suma, "a ideologia representa a relação imaginária dos indivíduos com suas condições reais de existência"[13]. Sem ser

---

[10]   Ibidem, p. 47 (ênfases suprimidas).

[11]   Ver Luis Felipe Miguel, *Democracia e representação*, cit., p. 114-6.

[12]   Slavoj Žižek "O espectro da ideologia", em Slavoj Žižek (org.), *Um mapa da ideologia* (trad. Vera Ribeiro, Rio de Janeiro, Contraponto, 1996), p. 22. A edição original é de 1994.

[13]   Louis Althusser, "Idéologie et appareils idéologiques d'État", cit., p. 114. A discussão de Althusser se beneficia da ambiguidade da palavra francesa *rapport*, que significa tanto "relação" quanto "relato". A ideologia produz uma "relação imaginária" com as condições de existência na medida em que elabora um "relato imaginário" dessas condições.

a estratégia deliberada de seus beneficiários nem o fruto automático da alienação material que reina nas condições atuais da existência humana, a ideologia é uma espécie de mapa do mundo social, que o simplifica e o dota de sentido – e, portanto, será necessária em *qualquer* sociedade. A questão é reorganizar o mapa, de maneira a contribuir para ampliar, não para reduzir, a solidariedade e a liberdade.

Para Althusser, a ideologia não pode ser "falsa consciência" porque a consciência é exatamente o local em que ela não se expressa. Por um lado, ela está incorporada no inconsciente, uma percepção que ecoa no pensamento de Pierre Bourdieu, ainda que ele não o reconheça. Por outro, a ideologia possui uma existência material, dentro de determinados aparelhos sociais e em suas práticas[14]. O caráter *produtivo* da ideologia, isto é, sua capacidade de gerar práticas sociais que contribuem para a reprodução da ordem social, aparece em paralelo com o caráter igualmente produtivo do poder, enfatizado, na mesma época, nas obras de Michel Foucault[15]. Ambos indicam que a sustentação da dominação é dada não apenas, ou prioritariamente, de forma negativa, por sua capacidade repressiva, mas de forma positiva, pela produção de práticas sociais. Contrapõem-se à percepção subjacente à maior parte do pensamento liberal, de que existe um ser humano "natural" cujos impulsos são contidos, controlados ou domados (a opção depende do gosto do freguês) pelo poder.

O conceito de hegemonia de Gramsci tornou-se influente exatamente por indicar, com clareza absoluta, que a tarefa primordial dos detentores do poder é obter o *consentimento ativo dos dominados*. A palavra-chave é "ativo": não se trata da simples submissão passiva à ordem social imposta de cima, mas da incorporação, nas práticas dos agentes sociais, de todo um sistema de crenças e incentivos que garante a reprodução cotidiana das relações de dominação.

A "teoria ampliada do Estado" é formulada de maneira algo desorganizada nos *Cadernos do cárcere*, uma vez que o revolucionário sardo nunca teve condições de reunir suas anotações na obra que planejava[16]. Gramsci não ignora nem minimiza o componente coercivo do Estado, mas percebe que a classe

---

[14] Ibidem, p. 118.

[15] Michel Foucault, *Surveiller et punir: naissance de la prison* (Paris, Gallimard, 1975) [ed. bras.: *Vigiar e punir: o nascimento da prisão*, trad. Raquel Ramalhete, Petrópolis, Vozes, 1987].

[16] Antonio Gramsci, *Cadernos do cárcere*, v. 3, cit.

dominante precisa também exercer a direção moral da sociedade. Para isso, deve aparecer como portadora de interesses universais, que transcendem o conflito social. Precisa se apresentar como verbalizadora dos interesses da totalidade, não das partes. A hegemonia combina as capacidades de impor a dominação (ou coerção) e de exercer a direção da sociedade.

Um dos ganhos da compreensão de Gramsci é que, ao mesmo tempo que enfatiza o caráter *ativo* do consentimento dos dominados, ele indica que essa aceitação da ordem constituída precisa ser *ativamente* produzida. A dominação não é um estado "natural", ela precisa ser reafirmada a cada momento – reafirmada e reinventada, pois a sociedade está em constante movimento e porque tendências opostas surgem sem cessar. Gramsci entende que a dominação se estabelece anulando ou, ao menos, sobrepujando formas de resistência a ela que tendem a se expressar permanentemente.

Em comparação com outras explicações para a aceitação da ordem social, como a "legitimidade" de Weber ou a "cultura cívica" de Almond e Verba, a hegemonia gramsciana guarda esta vantagem: o reconhecimento de que a disseminação de padrões de comportamento político e de representações do mundo social não é algo "natural", mas objeto e efeito da luta política. Almond e Verba, por exemplo, são criticados por tratar a cultura política como uma variável independente[17], mas a crítica não faria sentido caso fosse dirigida a Gramsci. A hegemonia definitivamente *não* é uma variável independente, sendo produzida na disputa pela dominação na sociedade.

Daí se reconhece que o estabelecimento de dada hegemonia é sempre, por definição, instável. Na luta política, enfrentam-se projetos hegemônicos e contra-hegemônicos (para usar a expressão cunhada por Raymond Williams); logo, uma hegemonia nunca é "dada": mesmo que permaneça por longo tempo, ela precisa ser permanentemente mantida (contra adversários) e constantemente atualizada. Uma contribuição importante para o desenvolvimento do conceito foi dada tempos depois, com a percepção de que, sendo o poder exercido por um conjunto de frações de classe, a hegemonia estabelecida sobre a sociedade não é necessariamente a mesma que existe dentro do bloco no poder[18]. Em suma, os discursos de legitimação são variados e adaptáveis tanto

---

[17] Carole Pateman, "The Civic Culture: A Philosophic Critique", em *The Disorder of Women: Democracy, Feminism and Political Theory* (Stanford, Stanford University Press, 1989).

[18] Nicos Poulantzas, *Poder político e classes sociais*, cit.

às circunstâncias quanto aos públicos a que se destinam. O que garante a coesão social geral não é o mesmo que proporciona a acomodação entre os parceiros no exercício da dominação.

Fica claro que há um importante componente ideológico no aspecto de direção. Como diz um intérprete de Gramsci, a classe dirigente deve promover ativamente a identificação de todos os setores sociais com ela própria. Afinal, "o aspecto essencial da hegemonia da classe dirigente reside em seu monopólio intelectual, isto é: na atração que seus próprios representantes suscitam nas demais camadas de intelectuais"[19]. No entanto, a hegemonia não se resume a isso. Para tornar verossímil sua reivindicação de que é portadora dos interesses universais e para garantir seu poder de atração, a classe dirigente também precisa oferecer concessões materiais e institucionais – e a própria extensão da cidadania serve de exemplo.

Na leitura de Perry Anderson, o principal mecanismo de exercício da hegemonia nas sociedades capitalistas avançadas é o regime democrático representativo, que dissolve as diferenças sociais na igualdade política formal e "cuja própria existência priva a classe operária da ideia do socialismo como um tipo diferente de Estado"[20]. Sem necessariamente aceitar a hierarquização do historiador inglês, para quem o Estado representativo cumpre um papel mais eficaz no funcionamento da hegemonia que as próprias políticas compensatórias de bem-estar social, é preciso observar como conquistas dos grupos dominados – a cidadania política universal e as medidas de seguridade social são exemplos igualmente bons – acabam ressignificadas e ostentadas como demonstração da inexistência de dominação.

A teoria ampliada do Estado e a discussão sobre a produção da hegemonia permitem a Gramsci revalorizar o momento da política, aquele em que as contradições sociais se expressam e encontram soluções (sempre provisórias). É a política que permite escapar ao determinismo; embora a vontade política seja definida como "consciência operosa da necessidade histórica"[21], tal necessidade é sempre mediada pela construção da própria vontade coletiva. Na fórmula famosa, ele define: o "político em ato é um criador, um suscitador,

---

[19] Hugues Portelli, *Gramsci e o bloco histórico* (trad. Angelina Peralva, Rio de Janeiro, Paz e Terra, 1987), p. 65. A edição original é de 1972.

[20] Perry Anderson, "As antinomias de Gramsci", em *Afinidades seletivas* (trad. Juarez Guimarães e Felix Sanchez, São Paulo, Boitempo, 2002), p. 40 (ênfase suprimida). A edição original é de 1976.

[21] Antonio Gramsci, *Cadernos do cárcere*, v. 3, cit., p. 17.

mas não cria a partir do nada nem se move na vazia agitação de seus desejos e sonhos. Toma como base a realidade efetiva"[22].

O momento político, portanto, é também o do questionamento da hegemonia, por permitir que se aponte a possibilidade de construção de uma ordem diferente. Mas, quando ressalta as práticas contra-hegemônicas, Gramsci ressalta o papel de vanguardas envolvidas de forma ativa, direta e consciente na luta política. Cabe a elas impedir o que parece ser uma adesão robusta dos dominados aos valores hegemônicos. Há aqui uma aproximação possível com a obra de Pierre Bourdieu, embora os dois autores trabalhem com linguagens diversas e enquadramentos teóricos também diversos.

O "senso comum" aparece na leitura de Gramsci como o mecanismo de adequação do universo mental à realidade circundante. É algo que trabalha, portanto, no sentido da *justificação* e da *naturalização* das relações sociais, que se tornam inquestionadas e, no limite, inquestionáveis. Como a experiência vivida não pode ser simplesmente anulada, Gramsci identifica um "núcleo sadio do senso comum", que chama de "bom senso" e cujo desenvolvimento, imagina-se, tensionaria o senso comum[23]. No entanto, a pressão social difusa tende a limitar tal desenvolvimento; como no trecho do romance de Alessandro Manzoni citado nos *Cadernos*, o bom senso fica "escondido, por medo do senso comum"[24].

Bourdieu ilustra fenômeno similar ao discutir o que chama de "efeito de doxa". Definida como "experiência primeira do mundo social", a doxa é o mecanismo pelo qual "mundo real" e "mundo pensado" se sobrepõem[25]. Na medida em que as categorias que eu uso para me situar no mundo coincidem com minha experiência no mundo, sou levado a acreditar que tais categorias não são uma construção, mas a expressão imediata da natureza das coisas. Assim, por exemplo, numa sociedade em que os papéis estereotipados de gênero estejam bem sedimentados, as categorias do "feminino" e do "masculino"

---

[22] Ibidem, p. 35. Como muitos dos que conheceram a edição prévia de Gramsci em português, sinto nostalgia da tradução anterior, que falava não de "vazia agitação", mas do "vazio túrbido de seus desejos e sonhos". Antonio Gramsci, *Maquiavel, a política e o Estado moderno* (trad. Luiz Mário Gazzaneo, Rio de Janeiro, Civilização Brasileira, 1976), p. 43.

[23] Idem, *Cadernos do cárcere*, v. 1 (trad. Carlos Nelson Coutinho, Rio de Janeiro, Civilização Brasileira, 1999), p. 98. Os originais são de 1932-1935.

[24] Citado em ibidem, p. 200.

[25] Pierre Bourdieu, *La Distinction*, cit., p. 549.

encontrarão comprovação permanente na vivência cotidiana e transitarão não como construções historicamente situadas, mas como expressões da natureza real de mulheres e de homens. Ou, então, a separação entre o "político" e o "econômico", que organiza tanto o mundo social quanto a leitura corrente que dele se faz, sendo aceita como a expressão de relações de natureza diversa, mas que foi construída junto com as relações de produção capitalistas[26]. Ou, enfim – para não estender indefinidamente os exemplos –, o próprio mercado capitalista e o comportamento aquisitivo do *homo œconomicus* a ele associado, aceitos amplamente como derivados da própria natureza humana.

A adesão automática, impensada e mesmo inconsciente às formas de ver o mundo que o reproduzem em sua forma atual é, para Bourdieu, o mecanismo central da dominação. Trata-se da violência simbólica original, aquela que faz com que os dominados estejam condenados a ver o mundo por meio de lentes que são fornecidas pelos dominantes. É uma "submissão sem ato de submissão", uma "crença sem ato de fé", que opera de maneira inconsciente – e que, por isso, não poderia ser apreendida pela tradição marxista da ideologia como "falsa consciência" nem como "produto da universalização do interesse particular dos dominantes, que é imposto aos dominados"[27].

O uso da linguagem do "inconsciente" não significa uma adesão ao freudismo, do qual Bourdieu faz questão de marcar distância[28]. O inconsciente, para ele, "é a história – a história coletiva que produziu nossas categorias de pensamento e a história individual pela qual elas nos foram inculcadas"[29]. Com isso, fica claro que o inconsciente social que molda nossa visão do mundo, fruto da mesma história que produziu as estruturas sociais, serve objetivamente à dominação sem que precise ser imposto de forma deliberada pelos dominantes. Ele nasce da necessidade de "adequação ao mundo" para que nele nos situemos. A categoria bourdieusiana do *habitus*, entendido como "matriz de percepções, de apreciações e de ações"[30], apreende essa ideia.

---

[26] Ellen Meiksins Wood, *Democracy against Capitalism*, cit., cap. 1.

[27] Pierre Bourdieu, *Sur l'État*, cit., p. 269.

[28] Ver idem, *Esquisse d'une théorie de la pratique, précédé de trois études d'ethnologie kabyle* (Paris, Seuil, 2000) [ed. bras.: "Esboço de uma teoria da prática", trad. Miguel Serras Pereira, em Renato Ortiz (org.), *Pierre Bourdieu: sociologia*, São Paulo, Ática, 1994]. A edição original é de 1972.

[29] Idem, *Méditations pascaliennes*, cit., p. 21.

[30] Idem, *Esquisse d'une théorie de la pratique*, cit., p. 261 (ênfase suprimida).

Ao naturalizar as relações sociais vigentes, esse inconsciente social promove uma percepção da realidade marcada "pelo desconhecimento da verdade objetiva dessas relações [sociais] como relações de força"[31]. O trecho citado está numa discussão sobre o papel da instituição escolar na transformação da injustiça social em "meritocracia", mas é razoável extrapolá-lo para outras formas de reprodução das hierarquias sociais. Dessa forma, os dominados se mantêm em seus papéis e fornecem a sustentação crucial para a dominação. Bourdieu fala numa "cumplicidade" dos dominados com a dominação por meio da aceitação acrítica do quadro valorativo em que ela se estabelece, mas observa que essa cumplicidade é "também o efeito, incorporado, da dominação"[32]. Reside aí um dos principais pontos de crítica a sua teoria; o mecanismo da incorporação inconsciente das disposições para a reprodução da dominação, isto é, o mecanismo de produção do *habitus*, parece demasiado invulnerável, impermeável a qualquer oposição. Se, em Gramsci, o bom senso abre uma brecha para que o aprendizado permitido pela própria experiência conteste o senso comum apreendido, no sociólogo francês o círculo está fechado. De maneira geral, Bourdieu tende a enfatizar a eficácia dos mecanismos de dominação e a desprezar elementos de resistência.

Seu modelo se apoia, sobretudo, no par desconhecimento/reconhecimento. A aceitação da legitimidade da dominação, por parte dos dominados, passa pelo *reconhecimento* da superioridade natural do dominante, a quem se atribuem qualidades especiais. Esse é um elemento fundante e crucial da naturalização das relações de dominação, cujo reverso é a admissão de uma incapacidade, também "natural", pelos dominados, que introjetam as impossibilidades estruturais a sua ação e as leem como sinal de um déficit pessoal de capacidade. Tal reconhecimento só é possível na medida em que ocorre "o desconhecimento da violência que se exerce através dele"[33]. Em suma: a "excepcionalidade" dos dominantes, necessária para a legitimação de sua

---

[31] Pierre Bourdieu e Jean-Claude Passeron, *La Reproduction: élements pour une théorie du système d'enseignement* (Paris, Minuit, 1970), p. 19 [ed. bras.: *A reprodução: elementos para uma teoria do sistema de ensino*, trad. Reynaldo Bairão, Petrópolis, Vozes, 2008].

[32] Pierre Bourdieu, *La Noblesse d'État*, cit., p. 12. Loïc Wacquant usa essa passagem para, de maneira expressa, colocar Bourdieu contra a ideia de uma "servidão voluntária", no sentido de La Boétie. Não se trata de uma inclinação natural, mas de um produto social (da própria dominação). Loïc Wacquant, "Introduction", em Pierre Bourdieu, *Réponses: pour une anthropologie réflexive* (Paris, Seuil, 1992), p. 28.

[33] Pierre Bourdieu, *Coisas ditas*, cit., p. 194.

posição privilegiada, depende do ocultamento das condições estruturais da reprodução da dominação[34].

Até aqui, a discussão está centrada em entender como se reproduz a dominação. Os autores buscam explicar por que aqueles que estão submetidos à autoridade de outros não questionam de forma enfática e cotidiana tal autoridade, por que manifestam concordância com a ordem estabelecida, cumprem as obrigações que lhes são impostas e exigem que os que estão próximos também as cumpram. Trata-se, em suma, de compreender de que maneira a dominação é incorporada pelos dominados, em suas práticas e em suas consciências.

Mas a aquiescência dos dominados não conta toda a história – ela convive com gestos de rebeldia, de recusa. O caso mais evidente e mais extremo é a busca pela transformação revolucionária, que, no entanto, é um fenômeno relativamente raro. Ao lado dele, porém, há todo um gradiente de demonstrações de inconformidade com a ordem estabelecida, que podem ter baixa visibilidade e mesmo prescindir de construções discursivas mais elaboradas.

Um exemplo está na subordinação das mulheres. Em seu livro sobre a dominação masculina, Pierre Bourdieu observa como, muitas vezes, elas atuam como guardiãs da ordem patriarcal, buscando ativamente a "respeitabilidade" que é conferida às mais bem adaptadas e estigmatizando as desviantes[35]. De fato, no feminismo contemporâneo é importante a ideia de que a emancipação feminina depende de as mulheres superarem a visão de mundo e de si mesmas que a dominação masculina impõe a elas. Como escreveu Simone de Beauvoir, a mulher é constrangida a assumir seu corpo e sua relação com o mundo "através de consciências alheias"[36]. Isso não quer dizer, no entanto, que a vivência das mulheres na sociedade patriarcal não seja marcada por tensões, por gestos de insubordinação e mesmo por uma dissonância entre a aceitação ostensiva das hierarquias vigentes e práticas que representam desafios menos ou mais velados a elas.

A mesma mulher que professa lealdade à hierarquia imposta pela dominação masculina e obediência à autoridade do marido pode rir de suas falhas

---

[34] A teoria da dominação de Bourdieu recai, assim, em certa *personalização* das relações, por mais que sua base seja estrutural. Para uma discussão mais aprofundada do ponto, ver Luis Felipe Miguel, *Consenso e conflito na democracia contemporânea*, cit., cap. 5.

[35] Pierre Bourdieu, *La Domination masculine*, cit. Para uma crítica ao livro, ver Mariza Corrêa, "Bourdieu e o sexo da dominação", *Novos Estudos Cebrap*, n. 54, 1999.

[36] Simone de Beauvoir, *Le Deuxième sexe*, cit., v. II, p. 516.

junto às amigas, maquiar as contas domésticas para se permitir pequenos prazeres ou estabelecer uma cumplicidade sólida com as filhas e os filhos, cujo resultado líquido é neutralizar, num grande número de circunstâncias, o mando do chefe de família. Sem desafiar verbalmente a ordem patriarcal, as mulheres continuaram se engajando em práticas como sexo pré-marital, adultério ou aborto, que, no entanto, eram vedadas por inteiro. Elas mostram que há uma dissonância entre a aceitação manifesta à ordem patriarcal e as práticas efetivas, isto é, que a aquiescência está longe de ser tão plena quanto parece. Esse é um aspecto que leituras como a de Bourdieu têm dificuldade para incorporar.

Nas obras da fase final de sua carreira, o sociólogo francês esboça um caminho para a superação da dominação que passa pela identificação dos constrangimentos sociais incorporados em nossa ação: uma "socioanálise" que, como disse um comentarista, "trazendo à luz o inconsciente social inscrito nas instituições tanto quanto no mais profundo de nós, oferece-nos um meio de nos liberar desse inconsciente que conduz ou constrange nossas práticas"[37]. Isto é, a objetivação das condições sociais do agente levaria a uma consciência transcendente e não situada. De fato, Bourdieu caminhou para uma percepção quase messiânica do ofício do sociólogo; em seu diálogo radiofônico com o historiador Roger Chartier, ele diz que a sociologia "possui uma violência tal que fere; ela faz sofrer e, ao mesmo tempo, as pessoas se liberam desse sofrimento remetendo-o àquilo que aparentemente o causa"[38]. Não é uma boa solução; aceitá-la implicaria entender que a dominação se esgota na violência simbólica. No entanto, o constrangimento imposto pela dominação não é apenas simbólico, é também material; por isso, a crítica das categorias ideológicas pode ser um passo necessário, mas não basta para a produção da resistência.

O caminho apontado por Gramsci é mais elaborado, destacando o papel do intelectual coletivo, corporificado no partido revolucionário, na produção de uma nova cultura e na organização da ação política. A compreensão ampliada da intelectualidade, possibilitada pela noção de "intelectual orgânico", faz com que a experiência vivida da classe dominada ingresse na construção da

---

[37]   Loïc Wacquant, "Introduction", cit., p. 39-40.

[38]   Pierre Bourdieu e Roger Chartier, *Le Sociologue et l'historien* (Paris, Agone/Raisons d'Agir, 2010), p. 21-2 [ed. bras.: *O sociólogo e o historiador*, trad. Guilherme João de Freitas Teixeira, Belo Horizonte, Autêntica, 2011].

80 DOMINAÇÃO E RESISTÊNCIA

resistência e da transformação social, escapando da tentação algo elitista que o pensador sardo herda da tradição leninista. A mediação do partido, no entanto, nunca é descartada. É verdade que "todos os homens são intelectuais, mas nem todos têm na sociedade a função de intelectuais"[39]. No entanto, é no partido que a atividade de intelectual é exercida pela pessoa comum, ou seja, por quem não está na posição de intelectual tradicional; a tese é que "todos os membros de um partido devam ser considerados como intelectuais"[40].

Gramsci aponta para o entendimento de que a hegemonia produz, de forma incessante, o consentimento, até o momento em que a intervenção da vontade política – que hoje tomaria a forma do partido, o "moderno príncipe" – permite aos dominados ressignificar sua experiência e participar da construção de uma nova visão de mundo. Sua percepção não avança na identificação de um possível rio subterrâneo de inconformidade, que a obediência ostensiva à ordem instituída mascara. É aqui que a contribuição do cientista político estadunidense James Scott se torna relevante.

O autor, que define a si mesmo como "anarquista"[41], mantém um diálogo complexo com a tradição marxista. Uma influência importante (e assumida) é a obra de Edward Thompson, em particular na trilha aberta pela provocativa compreensão de que a luta de classes precede a constituição das classes[42]. O ponto é entender que a experiência vivida impõe embates e demonstra, em si mesma, a oposição entre os interesses conflitantes presentes nas relações sociais. Isso preexiste à construção de qualquer forma de consciência coletiva. Há "luta de classe sem classes" porque a eclosão de uma identidade coletiva, do entendimento de que há uma *classe* da qual se faz parte por determinada posição social, é fruto de embates que se dão concretamente em torno da partilha da riqueza produzida e do controle sobre o processo de trabalho.

Como observam outros dois cientistas sociais que influenciaram o trabalho de Scott, a privação e a opressão são vivenciadas em contextos concretos, não como resultados de processos abstratos: "Os trabalhadores vivenciam a fábrica, o ritmo crescente da linha de montagem, o capataz, os espiões e os guardas, o

---

[39] Antonio Gramsci, *Cadernos do cárcere*, v. 2 (trad. Carlos Nelson Coutinho, Rio de Janeiro, Civilização Brasileira, 2004), p. 18. Os manuscritos são de 1932-1935.

[40] Ibidem, p. 25.

[41] James C. Scott, *Two Cheers for Anarchism*, cit.

[42] E. P. Thompson, "Eighteenth-Century English Society: Class Struggle Without Class?", *Social History*, v. 3, n. 2, 1978.

proprietário e o contracheque. Eles não vivenciam o capitalismo monopolista"[43]. Ainda que exista necessidade de alguma mediação entre a experiência vivida e a formulação de uma visão de mundo mais ampla, a primeira não é negligenciada nem considerada desprovida de significado. O operário na fábrica pode não se ver em oposição ao burguês ou ao sistema capitalista, mas seus embates cotidianos o colocam nessa situação.

A tradição marxista, em particular de linhagem bolchevique, tende a trabalhar com uma distinção cortante entre a "luta econômica", própria dos sindicatos e, em última análise, incapaz de contestar a ordem, e a "luta política", fundada na consciência de classe, dirigida pelo partido e com horizonte revolucionário[44]. Embora se possa argumentar que a preocupação de Lênin era romper com a passividade da estratégia social-democrata russa da época, a distinção – que reforça a separação, no entanto contestada, entre economia e política – tende a relegar à irrelevância os conflitos que nascem diretamente da vivência operária, entendidos como, no máximo, etapas preliminares para o combate verdadeiro.

No entanto, como observou André Gorz, qualquer reivindicação proletária implica um questionamento da ordem capitalista, ainda que se resuma à luta por melhores salários (que nega objetivamente o direito do patrão à extração do mais-valor) ou por melhores condições de trabalho (que nega objetivamente o direito do patrão a controlar o processo produtivo)[45]. Em qualquer caso, há um desafio à lógica capitalista. Esse entendimento – de que não é necessária uma cosmovisão elaborada nem mesmo uma consciência da extensão das próprias reivindicações para que se possa detectar a presença do conflito social – é crucial para que James Scott identifique as formas do qual ele chama "resistência cotidiana"[46].

Essa resistência também remete ao caráter material da luta de classes e abrange qualquer ação destinada a recusar ou limitar as exigências das classes dominantes quanto ao controle do trabalho e de seus produtos ou quanto ao

---

[43]   Frances Fox Piven e Richard A. Cloward, *Poor People's Movements: Why They Success, How They Fail* (Nova York, Vintage, 1979), p. 20.

[44]   Ver Vladímir I. Lênin, *Que fazer?* (São Paulo, Hucitec, 1978). A edição original é de 1902.

[45]   André Gorz, *O socialismo difícil* (trad. Maria Helena Kühner, Rio de Janeiro, Zahar, 1968). A edição original é de 1967.

[46]   Posições como a de Gorz ou a do *operaismo* italiano tendem a sobrecarregar a reticência dos trabalhadores em aceitar a ordem burguesa com uma antecipação de uma plataforma socialista ou de uma oposição global ao capitalismo. Esse não é o caminho de Scott, mas não é possível detalhar as diferenças nos limites da presente discussão.

prestígio social[47]. Trata-se, então, de levar a sério a disjunção entre as manifestações de aceitação da ordem e as práticas que, mesmo sem uma elaboração consciente, demonstram uma recusa a ela. Por exemplo: o trabalhador pauperizado que furta bens de seu local de trabalho a fim de complementar sua renda está manifestando sua inconformidade com a apropriação da riqueza pelo capital, bem como relativizando a extensão em que deve vigorar o direito de propriedade. O trabalhador que se nega a aprender a operar adequadamente uma nova máquina, por "indolência" ou por "burrice", está negando o direito do burguês de determinar o processo de trabalho. O trabalhador que dissemina maledicências sobre os capatazes e sobre os patrões está subvertendo as hierarquias sociais estabelecidas e pondo em xeque o discurso legitimador da meritocracia.

O principal trabalho de Scott está baseado em pesquisa de campo entre camponeses pobres da Malásia. Entre as formas cotidianas de resistência que ele identificou estão "corpo mole, dissimulação, falsa concordância, furto, ignorância fingida, difamação, incêndio, sabotagem"[48]. A aparente paz que circunda a dominação social, dada a ausência de desafios abertos, convive com a pressão permanente de gestos que revelam uma subversão das regras e das hierarquias constituídas.

Scott enfatiza que, em contraste com as formas canônicas de ação coletiva dos dominados, a resistência cotidiana ou incidental não requer coordenação interpessoal e, muitas vezes, representa uma forma imediata de obtenção de um benefício, seja pelo acesso a um bem material, seja pela evasão de uma obrigação. Em especial, evita-se qualquer tipo de confrontação simbólica, não apenas porque os atos de resistência tendem a permanecer dissimulados, sem que seus autores sejam identificados, mas também – e sobretudo – porque eles não são acompanhados de um contradiscurso.

Para a invisibilidade da resistência cotidiana concorre, em primeiro lugar, seu caráter dissimulado. Mas colabora também a atenção enviesada dos pesquisadores da luta de classes, que "tem sido sistematicamente distorcida numa direção estadocêntrica". Assim, "uma rebelião pequena e fútil recebe uma atenção totalmente desproporcional a seu impacto nas relações de classe",

---

[47] James C. Scott, *Weapons of the Weak: Everyday Forms of Peasant Resistance* (New Haven, Yale University Press, 1985), p. 290.

[48] Ibidem, p. 29.

enquanto sabotagem ou caça ilegal, que podem ter impacto muito maior, não são sequer mencionadas[49].

A resistência cotidiana é frágil, de uma fragilidade que expõe, em si mesma, a assimetria de recursos de poder engendrada pela própria dominação. Afinal, "as armas do fraco são sempre fracas armas", como dizia Lucien Bianco[50]. Scott reconhece o fato, embora argumente que dele não deriva a conclusão de que são ações irrelevantes. Além do efeito imediato na sobrevivência e no bem-estar dos que as praticam, elas podem ter efeitos cumulativos no longo ou mesmo no curto prazo. A deserção de soldados é um exemplo típico de resistência incidental – em contraste com formas coletivas e organizadas de ação, como um motim de alistados contra seus superiores hierárquicos. Mas o acúmulo de deserções no Exército tsarista, durante a Primeira Guerra Mundial, teve consequências profundas, permitindo o desencadeamento da Revolução Russa[51]. De maneira mais geral, gestos de desobediência ou furtos continuados podem levar a concessões por parte dos poderosos. Afinal, eles também têm interesse em manter a ficção de que a ordem estabelecida é aceita e respeitada de maneira quase consensual.

O conflito aberto entre dominantes e dominados tende a ocorrer apenas de maneira eventual. Trata-se, em primeiro lugar, de um efeito da prudência, pode-se dizer mesmo do *instinto de sobrevivência*, das classes populares. Para as classes subordinadas, a atividade política aberta é "perigosa, quando não suicida"; pode ser considerada um luxo a que elas raras vezes podem se dar[52]. A história das rebeliões camponesas, para ficar com o exemplo ao qual Scott recorre, pela proximidade com seu objeto de estudo, é, via de regra, a história de seu esmagamento brutal. Ainda que elas deixem sementes, possam levar os dominantes a repensar a dureza das condições em que se reproduz a dominação e abram espaço para transformações em médio e longo prazo, incluindo aí acomodações um pouco menos desvantajosas, o resultado líquido para as pessoas que delas participam costuma ser a prisão, a tortura ou a morte. É mais que razoável que o dominado – que, no fim das contas, possui uma única vida para ser vivida – pense duas vezes antes de se levantar ostensivamente contra a dominação.

---

[49]   Idem, *Decoding Subaltern Politics: Ideology, Disguise, and Resistance in Agrarian Politics* (Londres, Routledge, 2013), p. 293.

[50]   Citado em Pierre Bourdieu, *Contre-feux*, cit., p. 38.

[51]   James C. Scott, *Weapons of the Weak*, cit., p. 293.

[52]   Ibidem, p. xv.

Uma percepção ainda mais radical aparece na obra da antropóloga feminista francesa Nicole-Claude Mathieu[53]. Ela vê o consentimento como a contraface da violência da dominação:

> Se insistimos em falar de "violência" e de "consentimento", será preciso estender – naquilo que diz respeito ao(à) oprimido(a) – o campo semântico da palavra violência e restringir aquele do consentimento, até o ponto em que só a palavra violência será enfim retida.[54]

Provocativamente, ela acrescenta que, melhor que falar em "consentimento", termo que transmite a ideia de um ato de vontade dos dominados e praticamente anula a responsabilidade dos opressores, seria falar em "colaboração", que sinaliza a presença da má-fé e indica a consciência de que se está contribuindo para a perpetuação de uma ordem injusta[55].

Por que as pessoas contribuiriam para a reprodução dessa ordem que as prejudica? A resposta, para Mathieu, passa pelas diferentes formas de violência. Tratando de maneira específica da dominação masculina, que é o tema que a mobiliza, a partir de sua manifestação em diferentes sociedades humanas, ela anota que violência física e constrangimento material e mental pesam mais que a eventual adesão, pelas mulheres, às representações que legitimam o poder dos homens[56]. Assim, quando as mulheres idosas transmitem a subordinação de gênero às mais novas, transmitem não uma aceitação, mas um conhecimento prático; é o ensino de um "método de adaptação pessoal", uma vez que a revolta pode levar ao ostracismo ou à morte[57].

Essas reflexões iluminam o fato de que a paz social imperante pode, muitas vezes, ser mais a paz de uma repressão (lembrada ou antecipada) que a paz do consenso[58]. Torna-se necessário, portanto, entender a vigência da hegemonia – se por "hegemonia" se denomina a adesão dos dominados à narrativa de justificação da ordem dominante – com um tanto de desconfiança. A aquiescência dos dominados, sua deferência ostensiva diante dos dominantes, pode ser mera

---

[53] Sou grato a Maíra Kubík Mano, que me chamou a atenção para Mathieu.

[54] Nicole-Claude Mathieu, *L'Anatomie politique: catégorisations et idéologies du sexe* (Donnemarie--Dontilly, iXe, 2013), p. 200. A edição original é de 1991.

[55] Ibidem, p. 208.

[56] Ibidem, p. 197.

[57] Ibidem, p. 174.

[58] James C. Scott, *Weapons of the Weak*, cit., p. 40.

fachada que esconde sentimentos de revolta e de injustiça. De certa maneira, o que Scott faz é recuperar o peso do *vivido*: a vivência numa sociedade iníqua gera experiências que contradizem o autodiscurso dominante, e essas vivências não são "neutralizadas" pela ideologia; pelo contrário, impõem tensões que geram fissuras na hegemonia.

É possível aqui contrapor Scott às observações já citadas de Althusser, para quem a ideologia produz uma "relação imaginária" dos indivíduos com as condições de existência e as relações de produção. De maneira congruente com sua epistemologia, na qual os esquemas mentais têm primazia absoluta sobre a empiria[59], a formulação sobre o efeito da ideologia indica que a experiência vivida é integralmente encoberta pelo significado que a relação imaginária lhe der, de maneira que seu potencial para produção da crítica e do inconformismo não tem como aflorar.

A percepção de Scott é mais complexa – e ganha complexidade de *Weapons of the Weak* [Armas dos fracos] (1985) até *Domination and the Arts of Resistance* [Dominação e as artes de resistência] (1990). Neste segundo livro, ele apresenta a ideia de que trabalhamos com dois tipos de discurso ou "transcrição" (*transcript*). A transcrição "pública" não se apresenta necessariamente no espaço público; segundo a definição de Scott, é aquela que ocorre quando há um encontro entre dominante e dominado. A aia que atende à patroa no quarto de dormir apresenta sua transcrição pública, isto é, encena a subserviência e a deferência que se esperam dela. No entanto, o registro "oculto" da aia – quando do ela está em meio a outros dominados como ela – provavelmente não é o mesmo. Ela pode se mostrar ácida em relação à patroa, satirizar seus defeitos, desprezar sua inaptidão para a vida prática, demonstrar repulsa por seus vícios.

Scott aproveita, assim, a percepção clássica de Goffman, de que as relações sociais são constituídas por sucessivas encenações do "eu" e de que essas encenações são sensíveis aos contextos em que ocorrem[60]. O que Althusser chama de "relação imaginária" é o que se expressa no comportamento estereotipado dos encontros entre dominantes e dominados, mas ela não esgota a percepção da realidade e as disposições para ação que nascem da experiência vivida.

Cabe observar que a distinção entre transcrições públicas e privadas também atinge os que ocupam as posições dominantes. Para estes, trata-se de encarnar,

---

[59] Louis Althusser, *Pour Marx*, cit.

[60] Erving Goffman, *The Presentation of Self in Everyday Life* (Nova York, Doubleday, 1959) [ed. bras.: *A representação do eu na vida cotidiana*, trad. Maria Célia Santos Raposo, Petrópolis, Vozes, 1985].

diante dos subordinados, a superioridade que legitima o poder e os valores de justiça, coragem, generosidade, premiação ao mérito ou qualquer outro que a ordem social afirma promover. Seja no comportamento de quem se beneficia, seja no de quem sofre com a organização do mundo social, a transcrição pública é como se fosse "o autorretrato das elites dominantes, tal como elas gostariam de ser vistas", desenhada para naturalizar seu poder e "esconder ou eufemizar" o lado sujo de seu exercício[61]. Por isso, ela também constrange os poderosos e pode, em determinadas ocasiões, ser mobilizada em favor dos oprimidos, que cobram coerência entre o discurso ostensivo e as ações de quem os domina. Em suma, por vezes a ideologia dominante, levada a sério, é usada pelos dominados que exigem que os valores proclamados da ordem social sejam postos em prática.

Cumpre observar ainda que não se trata de ver na transcrição oculta a verdade e na pública a hipocrisia. Da mesma forma como, na frente do dominante, eu tenho fortes incentivos para me mostrar submisso, diante de meus iguais sou levado a aparentar uma independência e uma altivez que talvez eu não seja capaz de sustentar. Aceitação e recusa das qualidades dos superiores e da justeza da ordem social podem conviver contraditoriamente, sendo acionadas em momentos diversos. Quando os escravos africanos no Brasil participavam do culto católico, por exigência de seus senhores, comportavam-se publicamente como cristãos devotos, ocultando a permanência de seus rituais originais, praticados nas senzalas. Isso não quer dizer que a adesão ao cristianismo fosse apenas uma pantomima e a religião africana constituísse a crença "autêntica" do escravo. Ao contrário, estabelecia-se uma ambiguidade, que está na raiz da construção do sincretismo religioso afro-brasileiro[62].

Portanto, a resistência cotidiana é entendida como aquela que não compromete a continuidade da transcrição pública no encontro com os dominantes. Ela é a expressão simultânea da fraqueza dos dominados, que não possuem recursos para o enfrentamento aberto da hierarquia social que os prejudica, e da incompletude de sua adesão à ordem imaginária que legitima o mundo existente.

Para os fins deste capítulo, é importante distinguir duas discussões que a obra de Scott suscita. A primeira discussão diz respeito à justeza de seu

---

[61] James C. Scott, *Domination and the Arts of Resistance: Hidden Transcripts* (New Haven, Yale University Press, 1990), p. 18.

[62] Devo esta observação a Andressa Marques.

questionamento em relação à hegemonia ou à ideologia. Creio que é possível aceitar seu diagnóstico de que a literatura centrada na ideia da dominação ideológica tende a tomar ao pé da letra as manifestações públicas dos integrantes dos grupos dominados, sem levar em conta quanto elas são motivadas não por aceitação, mas por temor à repressão, como também aponta Nicole-Claude Mathieu, e sem adicionar ao cenário as práticas cotidianas que desmentem a aceitação dos valores instituídos.

A segunda discussão é relativa às consequências dessa resistência. Críticos de Scott apontam que ele é excessivamente otimista, minimizando os efeitos acomodatícios que a resistência incidental pode ter[63]. É possível observar a apropriação quase seletiva que Scott faz de uma obra que o inspira, o clássico estudo do historiador estadunidense Eugene Genovese sobre a escravidão na América do Norte. A fina análise sobre as formas disfarçadas de resistência dos escravos mostra, no entanto, que a acomodação obtida pode ter favorecido a continuidade das relações escravagistas. Além disso, o treinamento nas soluções individuais, na ausência de confronto e no "jeitinho" pode ter contribuído para que, uma vez superada a escravidão, a população negra dos estados do Sul encontrasse dificuldade para alcançar formas mais coletivas e abertas de ação política[64].

Em suma, a resistência cotidiana não é apenas a alternativa que se abre na ausência de condições para uma ação mais ofensiva. Ela pode colaborar para que essa ação não venha a ocorrer e, assim, torna-se um paradoxal reforço à hegemonia vigente. Outro problema é que a ausência de um horizonte ideal alternativo pode torná-la conservadora ou mesmo reacionária. Por vezes, faz com que os dominados não almejem mais que a realização efetiva da ordem proclamada por seus superiores: o rei bom, o patrão justo, o patriarca benevolente. Em outras ocasiões, faz sonhar com uma ordem passada que é idealizada – e, aqui, vale a menção a mais uma obra que inspirou Scott, *Rebeldes primitivos*, de Eric Hobsbawm, que trata de "movimentos sociais arcaicos" cujo programa tem muitas vezes um caráter restaurador[65]. Canudos, no Brasil, serve de exemplo.

---

[63] Para uma ampla resenha, ver Karl Monsma, "James C. Scott e resistência cotidiana no campo: uma avaliação crítica", *BIB – Revista Brasileira de Informação Bibliográfica em Ciências Sociais*, n. 49, 2000.

[64] Eugene D. Genovese, *Roll, Jordan, Roll: The World the Slaves Made* (Nova York, Vintage, 1972).

[65] Eric J. Hobsbawm, *Rebeldes primitivos: estudo sobre formas arcaicas de movimentos sociais nos séculos XIX e XX* (trad. Nice Rissone, Rio de Janeiro, Zahar, 1970). A edição original é de 1965.

De fato, enquanto autores como Piven e Cloward buscam mostrar como da experiência diária nasce, ou pode nascer, uma ação coletiva[66], Scott parece despreocupado desse aspecto. Creio, no entanto, que tais problemas não invalidam sua contribuição para a questão crucial, que é a produção de uma estratégia política transformadora. Afinal, é muito diferente se tal estratégia é pensada a partir do pressuposto de que há uma hegemonia indiscutida ou, ao contrário, se são observadas as fissuras que a adesão à ordem possui na prática diária de quem se submete a ela. A perspectiva inspirada em Gramsci ou em Bourdieu ganha em complexidade quando é adicionada a ela a etnografia da resistência cotidiana – e esse ganho impacta a maneira de entender a própria luta política por transformação social.

Em suma, sem querer fundir de forma apressada perspectivas teóricas que se contrapõem, creio que é possível trilhar um caminho em que uma percepção mais focada na hegemonia se some a outra, sensível às formas cotidianas ou incidentais de resistência. De fato, a obra de James Scott contribui em dois aspectos cruciais. O primeiro é chamar novamente atenção para o papel da repressão na manutenção da paz social. Uma atenção unilateral às formas de produção do consentimento deixou em segundo plano o fato de que uma relativa ausência de recurso à violência aberta não significa necessariamente sua menor relevância – pode significar que a pedagogia da repressão foi bem-sucedida, moldando as práticas daqueles que estão sempre potencialmente submetidos a ela.

O segundo aspecto é entender que a hegemonia pode funcionar não produzindo a adesão à ordem social, mas restringindo as ações de inconformidade a um âmbito que não ameaça sua reprodução. Afinal, o resultado líquido da resistência cotidiana pode ser um novo tipo de acomodação à ordem. Para os dominadores, na qualidade de indivíduos, pode ser reconfortante encontrar a adesão e a subserviência daqueles que estão submetidos a eles, mas, para a reprodução das relações de dominação, as disposições subjetivas, na medida em que não se manifestem em atos, são praticamente irrelevantes. Thomas Hobbes já observava que a autoridade do soberano absoluto não tem como se estender às crenças e às convicções de seus súditos, apenas às ações deles. Se fica limitada a atos incidentais que não põem em xeque a continuidade da dominação, a resistência é acomodável.

---

[66] Frances Fox Piven e Richard A. Cloward, *Poor People's Movements*, cit., p. 20-1.

Assim, um dos problemas da abordagem de Scott seria o foco em hierarquias mais rígidas e personalizadas, em contraste com as formas impessoais, fluidas e adaptáveis pelas quais as estruturas de dominação se expressam. São formas muito menos vulneráveis às armas dos fracos, não sendo atingidas, em especial, pelo constrangimento provocado pelo divórcio entre o discurso justificador público e as práticas efetivas.

Um símile ilustra a situação: quem já esteve na posição de comprador de um bem ou contratante de um serviço, em contato com um "serviço de atendimento ao cliente" que é incapaz de processar as demandas mais óbvias, conhece a exasperação de lidar com um conjunto de regras abstratas, invulneráveis a qualquer pressão, sem que se possa estabelecer diálogo com algum ser humano capaz de mudá-las. Explodir com o operador com quem se fala ao telefone pode ser catártico, mas não resolve nada (e faz o ônus recair sobre um trabalhador sem nenhuma responsabilidade pela situação). Em seu estudo sobre a espera, Javier Auyero faz referência a situações similares, denominando "encobrimento" o movimento pelo qual as decisões são atribuídas a sistemas cujo controle está fora do alcance de qualquer pessoa[67]. Com isso, as demandas baseadas nas expectativas tácitas das relações interpessoais, tais como reciprocidade e respeito às promessas feitas, não conseguem se expressar.

Ainda com todos esses limites, o reconhecimento de que há uma fissura entre a aceitação ostensiva da ordem e as disposições efetivas dos agentes sociais é importante para a produção de estratégias políticas voltadas para a transformação do mundo social. É possível especular que é essa a fissura explorada por movimentos situados na extremidade direita do espectro político, sendo capazes de conciliar adesão e insatisfação no discurso de que é necessário radicalizar a ordem vigente, não superá-la[68].

O quadro talvez fique mais complexo com a reconfiguração das relações interpessoais que vem ocorrendo graças às novas tecnologias da comunicação.

---

[67] Javier Auyero, *Patients of the State: The Politics of Waiting in Argentina* (Durham, Duke University Press, 2012), p. 73.

[68] Para discussões sobre o pensamento e a estratégia da extrema direita contemporânea, ver Michael Löwy, "Dix thèses sur l'extrême droite en Europe", *Lignes*, n. 45, 2014 [ed. bras.: "Dez teses sobre a extrema direita na Europa", trad. Carlos Santos, disponível em <www.esquerda.net/artigo/dez-teses-sobre-extrema-direita-na-europa/32988>, acesso em 15 out. 2016]; Jean-Philippe Milet, "L'Extrême droite pour tous", *Lignes*, n. 45, 2014; Mark Rupert, "Hegemony and the Far-Right: Policing Dissent in Imperial America", em Richard Saull et al. (orgs.), *The Longue Durée of the Far-Right: An Internacional Historical Sociology* (Londres, Routledge, 2015).

A internet produz uma fluidez maior da fronteira entre público e privado – e também, embora a linha divisória não seja exatamente a mesma, entre transcrição pública e transcrição privada. Também facilita a eclosão de formas de articulação coletiva que, no entanto, em grande medida protegem o anonimato de seus participantes. Talvez, neste momento, novas pautas de mobilização sejam mais capazes de expressar a insatisfação com os padrões de dominação vigentes e de se conectar com a resistência cotidiana do que aquelas vinculadas diretamente ao conflito entre capital e trabalho. Penso nos novos movimentos de mulheres, de lésbicas, gays e travestis, das periferias, da juventude. Se é assim, cabe ao movimento operário repensar discursos e estratégias[69].

Uma atenção combinada às contribuições de Gramsci, Bourdieu e Scott permite entender melhor os padrões contraditórios de comportamento no mundo social. Ao contrário do que um entendimento cartesiano da ação humana diria, aquiescência e revolta não se excluem; pelo contrário, se combinam – e, aqui, vale recordar as advertências de Pierre Bourdieu sobre o risco de projetarmos a "razão raciocinante", acadêmica, nas práticas sociais marcadas por uma "razão razoável", fluida e adaptativa[70]. Os agentes no mundo social combinam crenças e disposições para ação que são incongruentes entre si, acionando-as alternadamente, conforme o espaço em que se movem e os interlocutores que encontram.

A possibilidade de produzir uma resistência coletiva e organizada, assim, está ligada à capacidade de, simultaneamente: desnaturalizar a ordem vigente, como aponta Bourdieu; construir um horizonte alternativo, como diz Gramsci; e mobilizar as tensões que já eclodem na vida cotidiana, mas cuja manifestação política é tênue, seguindo o caminho de Scott. Não há aqui nenhuma receita, muito longe disso. O que há é a reafirmação do entendimento de que, para transformar a realidade, é necessário partir de suas contradições, que se expressam, em primeiro lugar, nas práticas sociais.

---

[69] Ver o capítulo 7 deste volume.

[70] Pierre Bourdieu, *Méditations pascaliennes*, cit., p. 64.

4
VIOLÊNCIA E POLÍTICA

"Última razão dos reis", "parteira da história", a violência permanece sendo o coração oculto da política. No entanto, a relação entre uma e outra é pouco explorada na maior parte da reflexão acadêmica, permanecendo como um fato desagradável, sobre o qual é melhor não pensar. Há pouco espaço para que a violência, que é a expressão final do conflito, seja tematizada. Por mais que esteja presente, que faça parte dos embates cotidianos, a violência política é sempre marcada com os signos da excepcionalidade, do desvio. Portanto, não precisa ser incorporada nas matrizes que elaboramos para pensar a política e suas possibilidades.

Uma exceção, parcial, está nos estudos de relações internacionais e, em especial, nas reflexões sobre a guerra. Nesses casos, a teoria política se arrisca a quase oximoros, como a discussão sobre a "guerra justa" e o "uso da força com fins humanitários". É razoável pensar que isso ocorre porque, entre as nações, ainda vigoraria algo próximo ao estado de natureza, como postulam as correntes autodenominadas "realistas" das relações internacionais. A formação da comunidade política – em particular, da comunidade política democrática – resolveria o problema da violência, que, dessa forma, se tornaria um *não problema*[1].

É claro que a questão não é resolvida por meio dessa estratégia de avestruz. Ao arrepio das construções idealistas, a violência continua presente na política, de forma aberta ou velada, como acontecimento ou como ameaça. Eliminá-la de nossa reflexão é eliminar um componente central dos processos políticos, bloqueando o acesso a uma compreensão realista deles.

---

[1] Para uma ampla revisão da literatura que aponta a emergência da sociedade civil como a solução para o problema da violência, ver Luciana Ballestrin, *Com quantas armas se faz uma sociedade "civil"? Controles sobre armas de fogo na governança global, Brasil e Portugal (1995-2010)*, tese de doutorado em Ciência Política (Belo Horizonte, Universidade Federal de Minas Gerais, 2010), cap. 1.

92 DOMINAÇÃO E RESISTÊNCIA

Neste capítulo, desenvolvo a ideia de que a questão do uso da violência amplifica o drama maquiaveliano da política: a busca de *efetividade* na ação em tensão com a observância de *princípios normativos*. O banimento do recurso à violência representou um passo crucial na "civilização" da luta política; e a ideia de que os conflitos de interesses e a disputa pelo poder podem ser resolvidos por outros meios representa, em si mesma, um valor não negligenciável. No entanto, a afirmação desse valor não anula o fato de que a violência continua capaz de influenciar a interação entre os agentes políticos, de que a capacidade diferenciada de mobilizá-la ou de ameaçar convincentemente com seu uso é um recurso político de primeira grandeza nem de que o acesso ao exercício legítimo da violência é um dos bônus cruciais da conquista das posições de poder.

Entre as construções teóricas que trabalham a relação entre política e violência sob o signo de sua incompatibilidade, é central a de Hannah Arendt. É uma posição que aparece salpicada em muitos de seus escritos; e ela publicou um longo ensaio sobre o tema, depois incluído no volume *Crises da república*[2]. Mas "Da violência", em que pese sua erudição ostensiva, pouco mais é que um texto de conjuntura, voltado a exorcizar a tentação da ação violenta por parte dos dominados, que na época encontrava expressão teórica em Fanon (referendado por Sartre) e manifestação prática nos movimentos juvenis e pelos direitos dos negros. Pouco avança na discussão, para além da reafirmação da diferença entre poder e violência, baseada, sobretudo, na ideia de que a violência é "muda", ao passo que a política e o poder são, como quase todas as atividades especificamente humanas, mediados pelo uso da fala. Segundo a fórmula usada em obra anterior, "a violência, distinguindo-se do poder, é muda; a violência tem início onde termina a fala"[3].

Embora esteja presente ao longo de todo o pensamento de Arendt, essa ideia de uma distância entre violência e poder ou política encontra sua formulação mais elaborada em sua obra principal, aquela que certamente lhe garante uma posição entre os nomes centrais da teoria política do século XX: *A condição humana*. Sua distinção entre os três grandes tipos da atividade humana –

---

[2]   Hannah Arendt, "Da violência", em *Crises da república* (trad. José Volkmann, São Paulo, Perspectiva, 1973). A edição original é de 1970.

[3]   Idem, "Compreensão e política", em *A dignidade da política* (trad. Helena Martins et al., Rio de Janeiro, Relume Dumará, 1993), p. 40. A edição original é de 1953.

trabalho, obra e ação[4] – é o que fundamenta a total insolubilidade de política e violência.

No modelo arendtiano, quando mais fundamental o tipo de atividade, menor sua valoração. O trabalho, voltado a garantir a subsistência, essencial para a sobrevivência dos indivíduos e da espécie, não nos diferencia dos outros animais – na verdade, quando o realizamos, estamos na condição de *animal laborans*. Ele é cuidadosamente diferenciado da obra, que modifica o mundo e preserva o registro de nossa passagem pela Terra. É a oposição entre trabalho e obra que permite a Arendt, num só movimento, denunciar o capitalismo de sua época e refutar a ontologia histórica marxista. Sua crítica, no entanto, é nostálgica e regressista.

São questões de fundo. Mas, para a presente discussão, é mais importante sua caracterização do terceiro e mais elevado elemento da tríade, a ação, crucial para a delimitação da esfera da política:

> A ação, única atividade que ocorre diretamente entre os homens [*sic*], sem a mediação das coisas ou da matéria, corresponde à condição humana da pluralidade, ao fato de que os homens, e não o Homem, vivem na Terra e habitam o mundo. Embora todos os aspectos da condição humana tenham alguma relação com a política, essa pluralidade é especificamente *a* condição [...] de toda a vida política.[5]

Mais adiante, num trecho célebre, essa pluralidade é explicada como um efeito da dupla circunstância da vida dos homens (e das mulheres) na Terra, marcada simultaneamente por sua igualdade e dessemelhança:

> A pluralidade humana, condição básica da ação e do discurso, tem o duplo aspecto da igualdade e da distinção. Se não fossem iguais, os homens não poderiam compreender uns aos outros e os que vieram antes deles, nem fazer planos para o futuro, nem prever as necessidades daqueles que virão depois deles. Se não fossem distintos, sendo cada ser humano distinto de qualquer outro que é, foi ou será, não precisariam do discurso nem da ação para se fazerem compreender.[6]

---

[4]   No Brasil, circulou por muitos anos a tradução "labor, trabalho e ação", cujos inconvenientes eram notáveis. Para não introduzir ainda mais confusão, sigo aqui a opção da versão corrigida, ainda que, a meu ver, a versão ideal do primeiro termo da tríade arendtiana seja "labuta". Ver Hannah Arendt, *A condição humana* (trad. Roberto Raposo, Rio de Janeiro, Forense Universitária, 2010). A edição original é de 1958.

[5]   Ibidem, p. 8-9.

[6]   Ibidem, p. 219-20.

Os trechos assinalam a pluralidade humana como a condição da política, conforme a autora frisa, o que é uma formulação bastante sedutora. Mas realizam também dois outros movimentos. No primeiro deles, ao afastar a política da mediação do mundo material, isolando-a como uma relação que se dá "apenas" entre pessoas, contribui para produzir a visão de um mundo político que se conecta muito frouxamente com o social e o econômico. Afinal, os seres humanos que fazem a política não existem como abstrações, mas em suas condições materiais; e a efetividade de sua ação política é também condicionada pelos recursos que são capazes de manejar. O discurso da ausência de "mediação das coisas" se estabelece, na verdade, como a ponte para o isolamento normativo entre a política e as questões sociais. É um tema que Arendt desenvolve no próprio *A condição humana*, encarnado na denúncia da "fabricação" – quando a política, em vez de simplesmente celebrar a liberdade, aparece como um meio de encaminhar soluções aos problemas coletivos[7]. E que é central em sua invectiva contra a ação revolucionária, quando esta incide no "erro fatal" de tentar enfrentar os problemas sociais, em particular a miséria, uma "maldição" com a qual a humanidade, ao que parece, está fadada a conviver[8].

O segundo movimento é a equivalência entre a ação, em particular a ação política, e o discurso. Como a violência já fora antes definida como muda, seu afastamento da política está garantido. No entanto, nenhuma das duas premissas está isenta de questionamento. É razoável aceitar que a ação política é sempre enquadrada por discursos que dão sentido aos agentes e aos conflitos, mas isso, além de não a singularizar em meio a muitos outros tipos de atividade humana, não equivale a reduzi-la ao momento discursivo[9]. Por outro lado, algumas manifestações de violência podem ser bastante eloquentes, desde que compreendidas no contexto em que ocorrem – o que, aliás, é uma condição para o entendimento de *qualquer* discurso.

O que Arendt faz, assim, é reduzir a política às interações ocorridas no espaço idealizado de uma *polis* inspirada na Antiguidade. Essa abordagem congela a política e não permite apreender a dinâmica de *politização* de diferentes fenômenos sociais que escapam da política tal como institucionalizada em

---

[7] Ibidem, p. 274-87.

[8] Hannah Arendt, *Sobre a revolução* (trad. Denise Bottmann, São Paulo, Companhia das Letras, 2011), p. 154-5. A edição original é de 1963.

[9] Ver Luis Felipe Miguel, *Mito e discurso político* (Campinas, Editora Unicamp, 2000), cap. 2.

determinado momento. É essa dinâmica que marca a mobilização de interesses antes impedidos de se manifestar, sendo coextensiva, portanto, à busca de democratização da própria política.

A negação idealista da presença da violência na política, que Arendt eleva ao maior grau de sofisticação teórica e de brilho retórico, não resolve nenhum de nossos problemas. Na verdade, acaba por nos remeter a um faz de conta que impede uma crítica consequente da política real das sociedades humanas. É possível, por outro lado, dizer que a ordem política se constitui tendo como objetivo esconjurar a violência, como faz René Girard[10]. O fato de que a política busca prevenir a irrupção daquilo que está em seu substrato reforça a tensão, referida antes, entre a busca por efetividade e o respeito à norma.

Mesmo que a política tenha por fim impedir a eclosão da violência, nada garante que o objetivo seja alcançado. Basta lembrar que a ordem econômica visa a superar a escassez, mas a escassez continua presente, atuante e devendo ser levada em conta em nossa compreensão da economia. A política seria mais bem entendida, assim, como uma tentativa sempre renovada e sempre, ao menos em parte, frustrada de evitar que os conflitos se expressem em violência. No entanto, é exatamente por isso que aqueles que são capazes de demonstrar da maneira mais convincente a faculdade e a disposição de mobilizar a violência são também os que estão em condição de obter maiores vantagens das barganhas políticas.

Seja em Arendt, seja em Girard, o foco está na violência *aberta*, aquela que é reconhecida socialmente, de forma imediata, como tal. A violência estrutural ou sistêmica, vinculada às formas de dominação e opressão vigentes, é deixada de lado e não é marcada como um desvio em relação às maneiras consideradas aceitáveis do fazer político. Seus efeitos materiais, porém, são tão claros quanto os da violência aberta. O funcionamento combinado das estruturas do mercado e do Estado leva muitas pessoas a privações que anulam a possibilidade de exercício da autonomia individual, que as impedem de perseguir ou mesmo formular suas próprias concepções de bem, que por vezes as condenam à desnutrição, à doença e à morte. Tais privações estão na base de muitas das manifestações de violência aberta, na medida em que promovem a frustração e mesmo o desespero daqueles que a sofrem. Levam também, como reação a

---

[10] René Girard, *A violência e o sagrado* (trad. Martha Conceição Gambini, São Paulo, Editora Unesp, 1990). A edição original é de 1972.

tais ações, à violência aberta legitimada, advinda das forças repressivas que têm a obrigação de manter a ordem excludente.

Não se trata, porém, de ver apenas Estado e mercado gerando violência. É necessário entender que a violência sistêmica e estrutural é em si mesma *violência*, na medida em que impede formas de ação e acesso a bens e espaços por meio da coerção física ou da ameaça de seu uso. Seus efeitos são talvez menos espetaculares, mas certamente mais disseminados, profundos e duradouros, algo que é captado pela conhecida *boutade* brechtiana: "O que é um assalto a um banco comparado à fundação de um banco?"[11].

Na peça teatral, a frase é pronunciada pelo porta-voz dos artesãos e dos pequenos comerciantes, cujos negócios estavam sendo destruídos pela ação do capital financeiro. Combinados, as flutuações do mercado, a dependência em relação aos empréstimos bancários e o respeito conferido a contratos firmados por partes tão desiguais levavam à imposição de um resultado que os próprios pequeno-burgueses vivenciavam como inaceitável, mas ao qual não dispunham de recursos para resistir. Todo o aparato da lei e de sua proteção – o direito, a polícia, os tribunais – torna-se uma engrenagem de imposição dessa vontade alheia sobre os derrotados.

A violência estrutural é camuflada por sua conformidade às regras; é naturalizada por sua presença permanente na tessitura das relações sociais; é invisibilizada porque, ao contrário da violência aberta, não aparece como uma ruptura da normalidade. Em particular, a violência estrutural tem beneficiários, mas não tem necessariamente perpetradores particularizáveis.

Um exemplo concebido por Iris Marion Young ajuda a entender a impessoalidade da violência estrutural. Sua personagem é Sandy, mãe solteira de duas crianças. Obrigada a sair do apartamento em que mora para que sejam realizadas reformas necessárias no prédio, ela descobre que não tem condições financeiras para continuar residindo na mesma região. Caso more onde consegue pagar o aluguel, não será capaz de levar as filhas à escola e chegar ao emprego a tempo. A não ser que compre um carro, mas aí não poderá arcar nem mesmo com o aluguel mais barato. Espremida entre tantas dificuldades, ela acaba vivendo com sua família na rua[12].

---

[11] Bertolt Brecht, "A ópera de três vinténs", em *Teatro completo*, v. 3 (trad. Wolfgang Bader e Marcos Roma Santa, Rio de Janeiro, Paz e Terra, 1988), p. 103. A edição original é de 1928.

[12] Iris Marion Young, *Responsibility for Justice*, cit., cap. 2.

O senhorio, o empregador, o diretor da escola e a loja de automóveis usados podem ter sido compreensivos e mesmo solidários. O drama de Sandy não está relacionado a vantagens que uma ou outra pessoa busca extrair diretamente dela. Está ligado a vulnerabilidades que afetam os não proprietários, os assalariados e as mulheres; à forma como estão organizados o sistema de transportes, a oferta de moradia e educação, o cuidado com as crianças. Young usa o exemplo para discutir a injustiça como fenômeno estrutural, mas é igualmente razoável descrever como *violência* o processo que leva a uma opção impraticável entre moradia, emprego e escola, culminando na impossibilidade de manter um teto para a família.

Assim, não há como discutir a relação entre violência e política sem introduzir a violência estrutural, que, como será visto em seguida, muitas vezes está incorporada nas próprias instituições que deveriam prevenir a violência aberta. A desatenção à violência estrutural faz com que a *reação contra a opressão* transite simbolicamente como violenta, mas a própria opressão não[13].

A violência estrutural é um componente permanente da política, afirmação que pode ser entendida de três formas complementares. Em primeiro lugar, os constrangimentos que ela impõe afetam diferentemente cada grupo social, distribuindo de forma muito desigual os recursos necessários para a ação política. Em segundo lugar, é o poder político que mobiliza as forças da ordem, que simultaneamente buscam impedir a violência aberta e evitar a oposição à violência estrutural. Por fim, os mecanismos que geram tal violência são – a despeito do que gostaria Hannah Arendt – uma das questões centrais da luta política.

Essa relação íntima entre violência e política nasce da compreensão do caráter conflitivo da política. A política é uma atividade humana que se estabelece a partir dos conflitos entre pessoas que vivem em sociedade. Mas como compatibilizar o "reconhecimento da legitimidade do conflito", que, dizia Claude Lefort, é fundante da possibilidade da democracia, com a ilegitimidade da

---

[13] Esse é um dos limites da abordagem de Tilly, que opta por trabalhar apenas com a violência aberta afirmando que "espalhar o termo 'violência' sobre todas as relações interpessoais e ações solitárias que nós desaprovamos na verdade solapa o esforço de explicar a violência". Charles Tilly, *The Politics of Collective Violence* (Cambridge, Cambridge University Press, 2003), p. 4. A explicação desdenhosa sobre o que ele chama de "violência não violenta" já trai sua incompreensão de que não são comportamentos "desaprovados", mas padrões estruturais de assimetrias com efeitos materiais violentos nítidos. O outro limite é sua definição restrita de política como sendo apenas aquilo que diz respeito à relação com o governo (ibidem, p. 26).

98 DOMINAÇÃO E RESISTÊNCIA

violência? Afinal, a violência é o horizonte final do conflito. Se permitirmos que o conflito se manifeste livremente, ao fim acabaremos por chegar ao exercício da violência.

É possível observar "realisticamente" o papel desempenhado pela violência. Como disse Marx, de forma memorável, "a violência é a parteira de toda sociedade velha que está prenhe de uma sociedade nova"[14]. A frase indica que a violência não produz a transformação histórica, sendo antes um elemento secundário. A violência-parteira seria um sintoma do agravamento das contradições e também uma lembrança do fato de que os beneficiários de determinada ordem social não assistem passivamente à supressão de suas vantagens. As transformações históricas levam à violência aberta para sobrepujar a resistência dos privilegiados ou, ainda mais, das estruturas de dominação imperantes. Mas a violência não faz a história, apenas a acompanha.

Assim, Arendt está correta quando observa que, para Marx, o papel da violência era secundário, pois "o que traria o fim da velha sociedade não era a violência, mas as contradições inerentes a essa sociedade"[15]. Porém, em seu afã de deslegitimar os movimentos radicais que eclodiram no fim dos anos 1960 recorrendo ao que seria a própria inspiração deles, o marxismo, ela deixa de lembrar que, para Marx, a violência é congênita à dominação de classe – e a violência do opressor, bem como a reação a ela, atravessa as relações entre as classes. Em outro texto, aliás, com exagero na direção inversa, ela denunciou a "glorificação da violência por Marx", para quem "a ação violenta [é] a mais honrada de todas as formas de ação humana"[16].

Sem chegar à "glorificação", pensadores inconformistas deram maior ênfase à necessidade de quebrar a resistência dos opressores e, portanto, ao papel da violência dos oprimidos no desencadeamento das grandes mudanças históricas. Recuando um pouco, é possível chegar a Thomas Müntzer, no século XVI, dizendo aos camponeses revoltosos como o Senhor se alegrava ao ver "as velhas cabeças esmagadas com uma barra de ferro"[17], ou ao Terror jacobino, durante a Revolução Francesa.

---

[14] Karl Marx, *O capital*, Livro I, cit., p. 821.

[15] Hannah Arendt, "Da violência", cit., p. 100.

[16] Idem, *Entre o passado e o futuro* (trad. Mauro W. Barbosa de Almeida, São Paulo, Perspectiva, 1988), p. 50-1. A edição original é de 1961.

[17] Citado em Ernst Bloch, *Thomas Münzer, teólogo da revolução* (trad. Vamireh Chacon, Rio de Janeiro, Tempo Brasileiro, 1973), p. 25-6. A edição original é de 1921.

Mas os camponeses alemães da época, assim como o Terceiro Estado francês sob o absolutismo, viviam sob regimes em que o exercício do poder político assumia a forma da violência aberta. As declarações de Müntzer não são mais chocantes que as dos teólogos que apoiavam a repressão à rebelião camponesa: "Apunhale, bata, estrangule quem puder", escrevia Martinho Lutero aos senhores em luta contra os revoltosos[18]. Em especial, os dominados não tinham outra forma de expressão que não a violência. É mais complexa a situação quando nos defrontamos com a democracia liberal, a forma de organização política que se apresenta como a solução para o problema da violência e o meio de garantir atenção equânime a todas as demandas dos grupos sociais.

No fim do século XIX e no começo do século XX, a violência política no contexto de regimes formalmente democráticos foi tematizada sobretudo por autores vinculados ao marxismo, em particular em torno de dois eixos de polêmica. O primeiro dizia respeito à possibilidade de uma superação "pacífica" do capitalismo, por via eleitoral e parlamentar, tal como preconizado por líderes da social-democracia alemã – sobretudo Eduard Bernstein e, depois, Karl Kautsky[19]. Contra tal possibilidade, a esquerda marxista enfatizava não apenas os vieses das "democracias burguesas", que seriam mais propícias a conservar a dominação que a permitir sua superação[20], mas também o fato de que uma vitória eleitoral do partido proletário não evitaria uma guerra civil, pois a classe capitalista não aceitaria ser privada de seus privilégios[21].

Trótski escrevia, em resposta a Kautsky, para defender o governo revolucionário da Rússia, o que já nos situa no segundo eixo da polêmica: a legitimidade (ou não, e em que medida) do uso da violência para garantir o triunfo de uma revolução que já chegou ao poder. No caso da Revolução Russa, a dura

---

[18] Martinho Lutero, "Contra as hordas salteadoras e assassinas dos camponeses", em Luis Alberto de Boni (org.), *Escritos seletos de Martinho Lutero, Thomas Müntzer e João Calvino* (Petrópolis, Vozes, 2000), p. 172. O original é de 1525.

[19] Eduard Bernstein, *Socialismo evolucionário* (trad. Manuel Teles, Rio de Janeiro, Jorge Zahar, 1997) – a edição original é de 1899; Karl Kautsky, *Terrorism and Communism: A Contribution for the Natural History of Revolution* (em *Marxists.org*, 2002) – a edição original é de 1919.

[20] Ver Vladímir I. Lênin, *O Estado e a revolução* (trad. Edições Avante! e Paula Almeida, São Paulo, Boitempo, 2017). A edição original é de 1917.

[21] Leon Trótski, *Terrorismo y comunismo* (Madri, Fundación Frederico Engels, 2005), p. 69 [ed. bras.: *Terrorismo e comunismo: o anti-Kautsky*, trad. Lívio Xavier, Rio de Janeiro, Saga, 1969]. A edição original é de 1920.

guerra civil e o cerco das potências europeias pareciam justificar medidas extremas, sem as quais o governo operário dificilmente sobreviveria. Ao mesmo tempo, os bolcheviques, fascinados com o Terror revolucionário francês, tendiam a julgar que a transformação das velhas estruturas exigiria um recurso bastante livre à violência. E o apego à violência como forma de resolução dos conflitos, após a tomada do poder, contribuiu para o rápido desvanecimento das esperanças revolucionárias.

Nesse percurso, a obra de Georges Sorel, um marxista invulgar, é incontornável. Ele foi um autor inclassificável, que combinou o marxismo com a influência de Proudhon e de Nietzsche. Teórico do sindicalismo revolucionário, flertou também com a Action Française, grupo monarquista reacionário liderado por Charles Maurras: suas posições políticas ziguezaguearam da extrema esquerda à extrema direita, sem jamais passar pelo centro. Por isso, foi muitas vezes folclorizado e ao final, desprezado por todos. Em sua época, Lênin dizia que ele era "capaz de pensar unicamente o absurdo"[22]. A baixa sofisticação de seu pensamento é assinalada por Hannah Arendt[23]. Segundo François Furet, sua obra ilustra toda a malevolência do marxismo, caracterizando-se pelo "desprezo do direito como um disfarce formal da dominação burguesa, [e] a apologia da força como parteira da história"[24].

Furet trai uma leitura superficial e enviesada de Sorel. Longe de desprezar o direito, ele sempre esteve preocupado com os aspectos jurídicos do socialismo; e a violência que ele exalta é meticulosamente diferenciada da força bruta, o que é condizente com sua repulsa pelo jacobinismo e pelo Terror. Ao postular a greve geral como mito, defendia que ela tinha o mérito de tornar "a manutenção do socialismo compatível com o mínimo de brutalidade possível"[25].

Sorel é importante para a discussão menos por sua exaltação da violência proletária, que ele lê, em chave nietzschiana, como aquilo que resiste à domesticação imposta pelas instituições burguesas[26], e mais por sua valorização do

---

[22] Citado em Pierre Angel, *Essais sur Georges Sorel: vers un idéalisme constructif*, v. 1 (Paris, Marcel Rivière, 1936), p. 314.

[23] Hannah Arendt, "Da violência", cit., p. 101.

[24] François Furet, *Le Passé d'une illusion: essai sur l'idée communiste au XXe siècle* (Paris, Robert Laffont/Calmann-Lévy, 1995), p. 206 [ed. bras.: *O passado de uma ilusão: ensaios sobre a ideia comunista no século XX*, trad. Roberto Leal Ferreira, São Paulo, Siciliano, 1995].

[25] Georges Sorel, *Réflexions sur la violence* (Paris, Seuil, 1990), p. 186 [ed. bras.: *Reflexões sobre a violência*, trad. Paulo Neves, São Paulo, Martins Fontes, 1992]. A edição original é de 1908.

[26] Ver ibidem, p. 254.

que chamo aqui de "momento destrutivo" da política. O mito político revolucionário, do qual os dois exemplos centrais são a "revolução catastrófica" prevista por Marx e sua própria greve geral, promete um mundo novo que certamente não virá, já que qualquer antecipação do futuro está fadada ao fracasso. (Por isso, também, a menção de Furet à "parteira da história" está deslocada, uma vez que a metáfora marxiana da sociedade velha grávida da nova não casa com a reflexão soreliana.) Mas o mito é capaz de impulsionar a ação que promove a derrubada da ordem dominante. Essa derrubada, que abre caminho não para um projeto fechado, mas para a indeterminação do novo, é em si mesma valiosa.

A transformação do mundo não passaria por projetos prévios, mas seria empurrada pela dinâmica dos conflitos efetivos. Assim como a burguesia teria revolucionado o mundo sem qualquer plano para orientá-la, a classe operária não precisaria da planta baixa de uma nova sociedade para demolir a atual[27]. Uma ilustração eloquente da positividade do momento destrutivo da ação política, que faz lembrar a visão soreliana, aparece na obra fílmica de Quentin Tarantino, sobretudo em duas realizações recentes, *Bastardos inglórios* (2009) e *Django livre* (2012). A violência desenfreada contra os dominadores não apenas cumpre um papel catártico, mas também impede a reprodução de uma determinada ordem – e abre caminho para a reorganização das relações sociais[28].

O pensamento de Sorel é tingido por um forte irracionalismo, efeito da influência combinada de Nietzsche e Bergson. A razão bloqueia a ação, conduz à acomodação e à aceitação de barganhas com ganhos secundários. É um empecilho à manifestação da violência revolucionária necessária à demarcação da separação entre as classes[29] e à destruição da opressão existente.

Sorel identifica a *violência* como sendo sempre revolucionária e, por isso, diferente da *força* que impõe a manutenção da ordem[30], uma distinção retórica artificial que, curiosamente, lembra as manobras de Hannah Arendt para

---

[27] Idem, *Matériaux d'une théorie du prolétariat* (Paris, Slatkine, 1981), p. 65. A edição original é de 1914.

[28] Em entrevistas, Tarantino expressou sua admiração por John Brown, o abolicionista radical que foi enforcado em 1859 em razão de seu projeto de distribuir armas aos escravos do Sul dos Estados Unidos e, assim, proporcionar um levante sangrento contra o regime escravocrata. Ver a entrevista a Charlie Rose, concedida em 2009, disponível em <www.charlierose.com/view/interview/10567>, acesso em 22 set. 2013.

[29] Georges Sorel, *Réflexions sur la violence*, cit., p. 106.

[30] Ibidem, p. 169.

manter um conceito de política imaculado. Sem essa violência, a revolta dos oprimidos não tem como fazer frente aos mecanismos de apaziguamento e cooptação presentes na ordem instituída.

Frantz Fanon, que nos anos 1950 e 1960 emergiu como o profeta da violência libertadora dos colonizados, coincide no entendimento de que a desorganização de qualquer sociedade, "por primitiva que ela seja", exige disposição para a destruição de todos os obstáculos e, logo, para o exercício da violência[31]. Tal como em seu antecessor francês, na obra do revolucionário martinicano o foco está na destruição de uma ordem iníqua.

Seus escritos são marcados por uma consciência muito clara de que o colonialismo é uma relação de violência permanente, dos colonizadores sobre os colonizados. Tal violência inclui, inextricavelmente entrelaçadas, uma dimensão ideológica, pela qual o colonizado é levado a interiorizar o sentimento de sua própria inferioridade, e outra material, que consiste na despossessão, na agressão e na humilhação sistemáticas a que está condenado. A violência dos dominados é a reação a ambas as dimensões; em primeiro lugar, ela despe o povo de seu complexo de inferioridade, indica que o colonizador não é superior nem invulnerável. É por isso que "a violência desintoxica"[32]. Por causa disso, sua valorização da violência reativa dos oprimidos é bem mais ampla e menos cautelosa que a de Sorel.

A elaboração de Fanon, voltada às sociedades africanas sob o jugo do colonialismo europeu, foi facilmente transplantada para a situação de grupos dominados das próprias metrópoles – a começar pelos negros dos Estados Unidos. Não por acaso, Fanon foi uma das principais inspirações teóricas para o Partido dos Panteras Negras[33]. A política de autodefesa armada, voltada a impedir os abusos perpetrados por brancos e, em particular, por uma polícia abertamente racista, indicava a relação entre capacidade de resistência à opressão e possibilidade de uso da violência. No caso dos Panteras Negras, o discurso era contaminado também por uma ideologia de valorização da masculinidade, apresentada como naturalmente agressiva. Resistir contra o racismo e afirmar

---

[31] Frantz Fanon, *Les Damnés de la terre*, em *Œuvres* (Paris, La Découverte, 2011), p. 453 [ed. bras.: *Os condenados da terra*, trad. Enilce Albergaria Rocha e Lucy Magalhães, Juiz de Fora, Editora UFJF, 2005]. A edição original é de 1961.

[32] Ibidem, p. 496.

[33] Ver Joshua Bloom e Waldo E. Martin Jr., *Black against Empire: The History and Politics of the Black Panther Party* (Berkeley, The University of California Press, 2013).

a própria condição de *homem* aparecem como as duas faces da mesma moeda, o que é um tema dominante, por exemplo, na autobiografia de um dos principais líderes do partido, Huey Newton[34].

Ao lado de Fanon e dos Panteras Negras, os anos de 1950 a 1970 viram a irrupção de movimentos radicais de esquerda, com estratégia centrada no uso da violência. O rótulo de "terroristas" ou "guerrilheiros urbanos" engloba grupos muito diversificados entre si. De comum, tinham a sensação de que o sistema político era impermeável a demandas que partissem dos grupos dominados. Portanto, apenas ações disruptivas seriam capazes de dar voz a tais demandas e promover as transformações necessárias. Em grande parte dos casos, a opção inicial pelo uso limitado da violência, voltado exclusivamente à propriedade e evitando danos a pessoas, foi suplantada por uma escalada de brutalidade desencadeada pelo confronto com as forças de segurança.

Movimentos independentistas, como a Frente de Libertação Nacional (FLN) argelina, a Organização para a Liberação da Palestina (OLP) ou o Exército Republicano Irlandês (IRA) partiam do entendimento de que apenas a ampliação dos custos do colonialismo poderia afastar seus opressores. Nos países da América do Sul, a ascensão das ditaduras de segurança nacional justificaria tal sentimento, embora grupos como os Tupamaros uruguaios tenham iniciado suas ações desde antes, movidos pela ideia de que era necessário romper com o jogo fechado de elites que caracterizava a política local[35]. Nos países centrais, o clima ideologicamente repressivo e o fechamento das opções políticas, próprios do auge da Guerra Fria, jogaram muitos jovens radicalizados na luta armada.

Sempre denunciada pela esquerda tradicional, a participação dos organismos de segurança da Organização do Tratado do Atlântico Norte (Otan) no estímulo e na sustentação a vários desses grupos no interior de seus países-membros está hoje comprovada[36]. Tampouco é possível eliminar da equação a mistura entre radicalização política e consumo de drogas alucinógenas, central na emergência de grupos como o Exército Simbionês de Libertação, que teve seu momento de glória ao sequestrar e "converter" a milionária herdeira Patricia

---

[34] Huey P. Newton, *Revolutionary Suicide* (Nova York, Penguin, 2009). A edição original é de 1973.

[35] Ver Lawrence Weschler, *A Miracle, a Universe: Settling Accounts with Tortures* (Chicago, The University of Chicago Press, 1990).

[36] Daniele Ganser, *NATO's Secret Armies: Operation Gladio and Terrorism in Western Europe* (Nova York, Frank Cass, 2005).

Hearst[37], ou mesmo a principal organização terrorista estadunidense juvenil da época, o Weather Underground.

O ponto de partida para a radicalização de boa parte da juventude dos Estados Unidos, porém, foi a impermeabilidade do sistema político, que se recusava a ouvi-la. É emblemática a marcha de 500 mil opositores da Guerra do Vietnã a Washington, em 15 de novembro de 1969 – quando eles chegaram à frente da Casa Branca, o presidente Richard Nixon se fez filmar assistindo a um jogo de futebol americano universitário na televisão para demonstrar a completa desimportância que atribuía à manifestação. O choque de ver como as instituições ignoravam suas demandas, mesmo quando expressas com tamanha força, foi crucial para a radicalização do movimento juvenil, o que levou à formação do Weather Underground e de outros grupos armados[38].

O mesmo sentimento de impotência grassava na Europa ocidental, sobretudo após o refluxo dos movimentos iniciados em maio de 1968, alimentando o terrorismo juvenil. É significativo que, em 1971, um em cada quatro alemães-ocidentais com menos de 30 anos expressasse simpatia pela Facção do Exército Vermelho, organização que ficou conhecida como "bando Baader-Meinhof"[39]. No epicentro do confronto entre o comunismo e o "mundo livre", com uma elite política engessada, influência avassaladora dos Estados Unidos, crescente repressão policial e uma mídia retrógrada, a Alemanha Federal era a melhor ilustração do conformismo repressivo que, segundo vinham denunciando os teóricos da contracultura, envenenava a alma das democracias liberais.

Uma defesa circunstanciada do uso da violência política aparece nos escritos de Ulrike Meinhof, que foi uma pensadora radical algo mais sofisticada que a estratégia do grupo de que fez parte – a Facção do Exército Vermelho – permitiria supor. Seu escrito mais célebre é certamente o que codifica a distinção entre protestar e resistir: "Protesto é quando eu digo que eu não gosto disso.

---

[37] Não custa lembrar que o nome da organização remetia à proposta de uma "simbiose" completa entre a humanidade e o universo ou que seu símbolo, uma cobra de múltiplas cabeças, foi recortado de uma caixa de cereais. Sobre o Exército Simbionês de Libertação e o sequestro de Hearst, ver William Graebner, *Patty's Got a Gun: Patricia Hearst in 1970s America* (Chicago, The University of Chicago Press, 2008).

[38] Todd Gitlin, *The Sixties: Years of Hope, Days of Rage* (Nova York, Bantam, 1993); Jeremy Varon, *Bringing the War Home: The Weather Underground, the Red Army Faction, and Revolutionary Violence in the Sixties and Seventies* (Berkeley, University of California Press, 2004).

[39] Stefan Aust, *Baader-Meinhof: The Inside History of the RAF* (Oxford, Oxford University Press, 2008), p. 119. A edição original é de 1985.

Resistência é quando eu coloco um fim naquilo de que eu não gosto. Protesto é quando eu digo que me recuso a continuar com isso. Resistência é quando eu garanto que todo mundo também pare com isso"[40]. O protesto, fica claro em seguida, é "verbal", ao passo que a resistência é "física".

Quando seu futuro parceiro, Andreas Baader, foi preso pelo incêndio com motivação política de uma loja em Frankfurt, ela analisou o caso, concluindo: "Os aspectos progressistas de pôr fogo numa loja de departamentos não residem na destruição de produtos, mas no ato criminoso, em violar a lei"[41]. Assim, a violência dos oprimidos transita como demonstração de uma inconformidade que não tem como se expressar de outra forma, pois, quando se expressa de modo "aceitável", endossa exatamente as estruturas que precisaria combater.

Cabe perguntar em que o "ato criminoso progressista" resulta. De acordo com a célebre fórmula de Carlos Marighella, a guerrilha urbana tinha por objetivo "transformar a situação política em situação militar"[42]. O revolucionário baiano imaginava expor o caráter opressivo da dominação ampliando os custos de sua reprodução, uma estratégia que fracassou. No caso de Meinhof, tal meta se combina com outra, que faz lembrar Fanon: a violência revolucionária marca a ruptura subjetiva com a aceitação da ordem e indica o compromisso radical com a mudança. Ladislau Dowbor, então dirigente da Vanguarda Popular Revolucionária brasileira, via na luta armada uma forma imediatamente inteligível de expor o conflito social: "Nós não professamos teorias que as massas não entendem. Em vez disso, nossos ataques contra o inimigo visível são compreendidos imediatamente"[43].

De outra maneira, a mesma compreensão aparece nos escritos de Slavoj Žižek, para quem a violência é a única forma de romper a inércia e a acomodação promovidas pelas sociedades "democráticas" de consumo atuais. Ele

---

[40] Ulrike Meinhof, "From Protest to Resistance", em Karin Bauer (org.), *Everybody Talks About the Weather… We Don't: The Writings of Ulrike Meinhof* (Nova York, Seven Stories, 2008), p. 239. O texto original é de 1968.

[41] Idem, "Setting Fire to Department Stores", em Karin Bauer (org.), *Everybody Talks About the Weather*, cit., p. 246.

[42] Carlos Marighella, "Chamamento ao povo brasileiro" (disponível em *Marxists.org*, 2004). O texto original é de 1968.

[43] Citado em André Gorz, "Ação armada: onde? Quando? Por quê? Uma crítica", em Josué Pereira da Silva e Iram Jácome Rodrigues (orgs.), *André Gorz e seus críticos* (São Paulo, Annablume, 2006), p. 19. O texto original é de 1972.

observa como a anatemização da violência é uma manobra ideológica que separa a violência subjetiva da violência estrutural[44]. Se a violência transita como uma perturbação da normalidade, a violência cotidiana de que é tecida essa própria normalidade não aparece como tal[45]. Em vez de reproduzirmos o discurso humanitário que prega o fim da violência, devemos buscar entender o encadeamento complexo entre as diversas formas de violência[46].

Dessa constatação, o filósofo esloveno passa à exaltação da violência que expressaria a inconformidade com a dominação. Assim, o lamento pelas vítimas dos atentados de 11 de Setembro poderia ser respondido com as palavras de Robespierre: "Deixem de sacudir diante de meu rosto o manto ensanguentado do tirano"[47]. Ele chega, enfim, a uma definição de "violência" (dos dominados) como "o distúrbio radical das relações sociais básicas", para, bem a seu estilo, produzir um arremate chocante: "Por muito disparatado ou de mau gosto que pareça, [devemos concluir que] o problema dos monstros históricos que assassinaram milhões de pessoas é que não foram suficientemente violentos"[48].

A formulação de Žižek, deliberadamente exagerada, destinada a *épater le bourgeois*, é útil para iluminar os problemas da posição com que ele se alinha. O passo que leva da denúncia da violência estrutural à absolvição da violência dos dominados não é simples. É necessária uma crença fanática na correção da própria posição para que manifestações de violência aberta possam ser aceitas com tamanha leviandade. Sobretudo quando – como nos exemplos de Žižek – o caráter da violência dos dominados não é reativo, de resistência imediata, e sim ofensivo.

Se é possível aceitar Che Guevara quando diz que o ódio é um "fator de luta" e que "um povo sem ódio não pode triunfar sobre um inimigo brutal", é difícil subscrever a noção de que esse ódio leva o revolucionário "para além das

---

[44] Slavoj Žižek, *Sobre la violencia: seis reflexiones marginales* (Barcelona, Paidós, 2009), p. 244 [ed. bras.: *Violência: seis reflexões laterais*, trad. Miguel Serras Pereira, São Paulo, Boitempo, 2014]. A edição original é de 2008.

[45] Ibidem, p. 10.

[46] Ibidem, p. 22. Žižek trabalha com uma categorização tríplice, distinguindo "violência subjetiva" (que corresponde, em linhas gerais, ao que estou chamando de violência aberta), "violência sistêmica" (similar à violência estrutural) e "violência simbólica", encarnada na linguagem. Julgo que a inclusão desta última categoria enfraquece a discussão, ao estender em demasia o conceito de violência, que passa a englobar qualquer forma de opressão e/ou discriminação.

[47] Ibidem, p. 12.

[48] Ibidem, p. 256.

limitações naturais do ser humano e o converte em uma efetiva, violenta, seletiva e fria máquina de matar"[49]. São formulações pouco atraentes porque tentam negar o valor da anulação da violência aberta como *avanço civilizatório*. E também porque a admissibilidade do apelo à violência aberta tende a favorecer a perpetuação da dominação, não sua superação. Os grupos em posição de desvantagem tendem a controlar também menos recursos para o exercício da violência. O reclamo moral por redução do uso da violência trabalha, na maior parte das vezes, a seu favor.

A relação entre violência e política nos conduz a dilemas exatamente porque a "civilização do conflito" é um valor do qual dificilmente podemos abrir mão. Também porque, como o Maquiavel dos *Discorsi* já indicava, entre meios e fins não há uma cesura absoluta: como esperar que a prática continuada do mal leve ao bem, como esperar que a predisposição para praticar o mal esteja presente naqueles que almejam o bem[50]? O vocabulário do "bem" e do "mal", que o florentino utiliza, não nos seduz mais, mas é possível colocar o problema em outros termos: o apelo à violência aberta como resposta à violência estrutural dificilmente contribui para a construção de um mundo social futuro em que todas as formas de violência estejam minimizadas. A experiência das revoluções vitoriosas revela como, uma vez que a força se mostrou efetiva para promover uma transformação, é difícil abrir mão dela como meio privilegiado de manter uma nova ordem.

Em contrapartida, recusar a compreensão da opressão e da dominação como formas ativas de violência também nos leva somente à acomodação fácil com as assimetrias vigentes. O recurso dos dominados à violência aberta se apresenta como um problema a ser enfrentado – e não como um caso a ser submetido a uma percepção normativa já pronta – exatamente porque esses grupos sofrem de maneira sistemática com essas formas invisibilizadas de violência.

O Maquiavel de *O príncipe* é aquele que coloca, com maior nitidez, a violência como elemento central da vida dos Estados. E o Maquiavel dos *Discorsi* é o que indica, com absoluta clareza, o caminho mais apontado para a superação da violência aberta: a institucionalização do conflito. Devemos produzir instituições que canalizem o conflito, simultaneamente permitindo sua expressão e, na medida do possível, impedindo sua manifestação violenta.

---

[49] Ernesto Che Guevara, "Crear dos, tres... muchos Vietnam: mensaje a los pueblos del mundo a través de la Tricontinental" (em *Marxists.org*, 2013). O texto original é de 1967.

[50] Maquiavel, *Discursos sobre a primeira década de Tito Lívio*, cit., p. 75.

A ideia de institucionalização do conflito é importante, sobretudo, para as visões da política que negam o horizonte do consenso. É necessário garantir que a expressão dos interesses em conflito não ponha em risco a continuidade dos laços sociais. Assim, ainda que a competição permanente marque a política, há uma adesão geral às "regras do jogo"[51], isto é, uma aceitação unânime das instituições e dos procedimentos que permitem a solução (sempre provisória) das diferenças. As instituições, assim, enquadram e limitam a manifestação do conflito. Não devem ser imutáveis, mas se espera que as mudanças também sejam processadas por elas.

Essa ideia de institucionalização está presente mesmo em concepções que se apresentam como mais radicais, a exemplo da de Chantal Mouffe, em que a redução liberal do conflito à mera concorrência é questionada. Mouffe anota que o antagonismo não pode ser eliminado, mas apenas "sublimado" – em seguida, porém, indica ser "necessário consenso a respeito das instituições" e dos "valores ético-políticos" de base, ainda que, por permanecerem discordâncias sobre o sentido desses valores e as vias de implementá-lo, o arranjo seja batizado com o nome de "consenso conflituoso"[52]. Uma estratégia de "engajamento agonístico com as instituições" seria a única alternativa factível para a transformação social, em vez de formas de ação antissistêmica cuja "recusa a participar das eleições" impediria que influenciassem efetivamente o curso das ações[53].

É notável que mesmo a autora que se apresenta como a voz da democracia radical na teoria política abrace de tal a maneira o receituário da institucionalização do conflito e de sua resolução provisória por meio do processo eleitoral. No entanto, como visto no capítulo 2, instituições em geral – e eleições em particular – não são canais neutros pelos quais o conflito se expressa. Elas são *seletivas*, mais permeáveis a determinados tipos de interesse, favorecendo de maneira objetiva a continuidade da dominação. A institucionalização, assim, muitas vezes se revela como mecanismo de cooptação, deixando o conflito real exilado e impedido de se expressar. Ao exigir o respeito a rituais e prazos embutido no próprio funcionamento das instituições, anula o sentimento de

---

[51] Norberto Bobbio, *O futuro da democracia: uma defesa das regras do jogo* (trad. Marco Aurélio Nogueira, Rio de Janeiro, Paz e Terra, 1986). A edição original é de 1984.

[52] Chantal Mouffe, *Agonistics: Thinking the World Politically* (Londres, Verso, 2013), p. 8.

[53] Ibidem, p. 75-6.

urgência que está associado à força moral de muitos reclamos por justiça[54]. Descartar a pressão extrainstitucional é abandonar estratégias que, por vezes, se mostram muito eficazes em promover mudança social[55].

O que se está tentando indicar aqui é que as instituições não podem ser simplesmente aceitas como meios de superação da expressão violenta do conflito porque elas não são externas a esse conflito. Elas nascem do conflito e agem sobre o conflito, via de regra privilegiando, com seus vieses, os interesses dominantes e contribuindo para anular, marginalizar ou moderar as reivindicações de mudança. Elas reforçam as interdições e as assimetrias que definem a violência estrutural.

O caráter violento da lei e do aparelho estatal, que boa parte do debate acadêmico recupera de maneira esquemática e abstrata, é percebido diretamente pelos mais pobres, pelos moradores das periferias e pelos negros. O Estado, diante desses grupos, manifesta-se, sobretudo, por meio de seu aparelho coercitivo – que pode faltar quando se trata de protegê-los, mas está sempre presente quando é para reprimi-los. Cumpre lembrar que o respeito à lei, que inclui a aceitação da distribuição assimétrica de vantagens, impõe custos mais elevados para aqueles que se encontram em situação de maior precariedade. Isso reforça a identificação estereotipada dos "criminosos", alimentando o viés discriminatório da polícia. No caso do Brasil, o cotidiano de violência dos grupos subalternos, produzido em grande medida pelos agentes da lei, já foi amplamente estudado[56]. Mas o foco desproporcional da repressão, por parte do Estado (polícias, tribunais, prisões), de minorias, imigrantes, pobres e jovens é percebido em todo canto – nos Estados Unidos, na Inglaterra, na França, no Canadá e mesmo na insuspeita Noruega[57].

Em suma, a violência organizada do Estado, que é produzida e sancionada institucionalmente, age no sentido de reprimir formas cotidianas de conflito,

---

[54] Ver Iris Marion Young, "Activist Challenges to Deliberative Democracy", *Political Theory*, v. 29, n. 5.

[55] Há um tanto de simplificação, mas também alguma razoabilidade nas palavras de Ginsberg, para quem a violência "é o grande motor da mudança política", uma vez que "mecanismos desenhados para desencorajar a violência popular, incluindo reforma política e modos pacíficos de participação política, são geralmente táticas desenhadas para delimitar a mudança". Benjamin Ginsberg, *The Value of Violence* (Nova York, Prometheus, 2013), p. 12.

[56] Maria Helena Moreira Alves e Philip Evanson, *Vivendo no fogo cruzado: moradores de favela, traficantes de droga e violência policial no Rio de Janeiro* (São Paulo, Editora Unesp, 2013).

[57] O assassinato de Eugene Obiora, norueguês de origem nigeriana, pela polícia em Trondheim, em 2006, causou comoção no país.

produzidas pela concentração de poder político e econômico. A lei codifica e limita, mas também avaliza e estimula essa violência. E, muitas vezes, a ativação de vieses que estão na base das hierarquias sociais legitimadas, mas foram eliminados das normas oficiais, como o preconceito racial e de classe, permite que a violência do Estado ocorra às margens da própria lei.

Assim, não há como discutir a relação entre violência e política focando apenas a violência aberta. Isso é deixar de fora metade da história. A violência estrutural é tão discricionária, tão física, tão material e tão prenhe de consequências quanto a violência aberta – ou ainda mais. Fazem parte dela, de maneira central, os mecanismos ideológicos que a invisibilizam. Da violência policial e da violência produzida pelas desigualdades estruturais, nós nos lembramos só de vez em quando e, muitas vezes, encontramos motivos para desculpá-las ou naturalizá-las. No entanto, elas estão em funcionamento todos os dias, 24 horas por dia, incidindo sobre os grupos em posição social subalterna. São centrais à operação das formas de dominação *política*, em qualquer sociedade.

Creio que não seja difícil sustentar tal posição, que se ampara num entendimento da violência – definida como um constrangimento físico exercido com a intenção de submeter um agente à vontade de outro – amplamente aceito, seja na discussão teórica, seja na linguagem corrente. O outro passo, indicado também neste capítulo, é resistir à tentação de esvaziar a política de seu elemento conflitivo, colocando no lugar a relação interpessoal desinteressada ou a busca do consenso. O conflito nasce da dinâmica social, e substituí-lo pelo consenso implica simplesmente retirar de nossa visão não apenas uma parte, mas a quase totalidade da política real. Se o conflito é recolocado no centro de nossa compreensão da política, então a violência necessariamente precisa ser levada em conta. E qualquer desenho consequente da situação exige que incluamos a violência estrutural e sistêmica na equação. Sem isso, apenas contribuímos para naturalizar ou invisibilizar os padrões de dominação e opressão vigentes.

Mas alcançar um entendimento mais realista da presença da violência na política é mais fácil que adotar uma posição normativa clara. Se recusamos – como inalcançável ou como indesejável – a utopia de um mundo perfeitamente reconciliado consigo mesmo e em que todas as contradições estarão superadas, somos levados a concluir que manifestações de violência estrutural continuarão existindo. As instituições e as práticas sociais continuarão regulando o acesso a bens simbólicos e materiais, ou seja, vedando o acesso de alguns que eventualmente desejariam obtê-los. O que é necessário investigar, então, é quanto a "estrutura básica" dessa sociedade é justa, logo, quanto dessa violência estrutural seria justificável. Afastadas as ilusões relativas a um padrão universal, silogístico, de justiça, o que se tem é uma situação em que o debate sobre concepções de justiça encapsula as reações relativas à violência estrutural.

E como enfrentar a questão relativa às reações violentas (abertas) à violência (estrutural) de uma sociedade injusta? Não é razoável apenas *inverter a positividade* e passar a glorificar automaticamente a violência dos dominados (por ser "dos dominados"), da mesma forma como ela é, em geral, automaticamente condenada (por ser "violência"). É uma posição que associa, de maneira ingênua, insustentável e com potenciais consequências nefastas, a condição dominada de um grupo (ou de um indivíduo) com alguma posição de pureza moral, que lhe franquearia o direito absoluto de agir como melhor lhe conviesse.

Também é insuficiente absolver apenas os atos com *caráter reativo*, como as respostas à repressão policial, posição que acaba por obscurecer a violência estrutural. Se ela entra no raciocínio, toda a violência dos dominados pode contar como reativa, e recaímos na posição anterior. A *diferenciação entre violência contra o patrimônio e contra a pessoa*, posição capaz de angariar simpatias, tem problemas um pouco mais complexos. Por um lado, a reflexão sobre a violência estrutural contribui para esmaecer a fronteira entre bens materiais e pessoa: a negação sistemática ou a retirada do acesso a determinadas riquezas está na raiz do dano causado às pessoas. A violência sobre os dominados não discrimina entre patrimônio e pessoa, e a autorrestrição na resposta significa, também, colocar-se de partida numa posição de inferioridade.

Por outro lado, é difícil negar legitimidade a certas ações de grupos dominados, em situação de desespero, que envolvem violência cometida contra pessoas. Penso em rebeliões escravas, no sequestro de funcionários governamentais por tribos indígenas, em guerras de libertação nacional, na resistência contra regimes policiais. A questão passa a ser, então, entender o peso diferenciado de ações contra patrimônio e ações contra pessoas, aceitando que medidas extremas precisam de justificativas mais fortes para ser legitimadas.

Há, por fim, um elemento crucial vinculado às consequências: o resultado líquido da violência dos dominados é, muitas vezes, a ampliação da repressão sobre eles. Justamente por isso, como indicou James Scott, sua ação política costuma ser camuflada por manifestações ostensivas de aquiescência à ordem instituída e deferência aos superiores sociais[58]. Se não é possível adotar uma visão cínica e pragmática, em que o mérito da ação seja medido exclusivamente pelos fins que alcança, abdicando da pretensão de fazer uma crítica normativa da política (o "maquiavelismo" no sentido pejorativo da palavra), muito menos o é prescindir da dimensão consequencialista, festejando a violência dos dominados apenas pelo elemento de inconformismo que se identifica nela (a postura que só é factível a partir do lugar protegido do intelectual "radical"). Algumas formas de violência aberta dos dominados são provavelmente aceitáveis segundo determinado quadro normativo. Aquelas que não contribuem para reduzir a dominação, nem no curto nem no longo prazos, certamente não estão entre elas[59].

A posição de quem condena toda forma de violência é cômoda – é uma posição que ou está cega à violência estrutural ou não se preocupa em indicar como combatê-la. Para uma compreensão mais matizada e complexa da dinâmica que inter-relaciona dominação, violência e política, não há posição confortável. O dilema que caracteriza a relação entre política e violência precisa ser mantido *como dilema*. Não existe uma posição normativa absoluta, muito menos uma solução prática. Devemos lidar com essa tensão, reencenando-a permanentemente, mantendo a sensibilidade para as diferentes facetas que se recombinam nas conjunturas particulares, sem a congelar em "soluções" que se mostram ilusórias.

---

[58] Ver o capítulo 3 deste volume.

[59] É claro que esse critério é um guia muito frágil para a ação, uma vez que as consequências da ação não são transparentes para quem a inicia – e essa indeterminação é, aliás, uma das características da própria política. Meu ponto aqui é apenas me contrapor à ideia de que a violência dos dominados seria um fim em si mesmo.

5
A AÇÃO SOCIAL AUTÔNOMA

Explicada de maneira esquemática, toda ação política é fruto do encontro entre determinada situação social e material, de um lado, e as disposições e a compreensão daquela situação pelos agentes, do outro. O bolchevismo apreendia o modelo ao falar de "condições objetivas" e "condições subjetivas" para a revolução, as primeiras indicando o estágio de evolução do capitalismo e as segundas, o grau de amadurecimento do sujeito coletivo "classe operária". Mas, mesmo para ações mais comezinhas e no plano individual, como a decisão de voto, o engajamento em algum tipo de mobilização ou até a manifestação de simpatia por uma causa, esse encontro é essencial para explicar o comportamento político.

Parte da explicação, assim, reside nas disposições dos agentes. Mas elas também precisam ser explicadas. Estão ligadas à avaliação das próprias possibilidades de ação, à noção da identidade individual e dos pertencimentos de grupo e, de forma mais geral, às preferências do agente. Torna-se crucial a questão da *formação das preferências*, que, no entanto, tende a ser ignorada por grande parte da ciência política, o que é um efeito combinado das influências do liberalismo, do utilitarismo e, por fim, dos modelos da economia neoclássica. As preferências são entendidas como "dados" prévios à política, a ser aceitos como tal, sem questionamento. Elas são vistas como produzidas na esfera privada e, ademais, como derivações de tendências pretensamente naturais (a "maximização da própria utilidade"). A política seria um espaço apenas de agregação dessas preferências prévias. Além disso, os modelos dominantes da ciência política preferem lidar com as escolhas, que tratam como *proxies* infalíveis das preferências. A relação entre preferência e escolha é aceita como autoevidente e não problemática. E o processo de produção das preferências está fora do alcance da reflexão teórica. Esse descuido em relação a tais processos leva, na maior parte da teoria política liberal, a discussão sobre as restrições à autonomia dos agentes a se concentrar no problema do *paternalismo*. No entanto, a autonomia é constrangida, sobretudo, pelas relações de *dominação*, que operam tanto sobre as possibilidades de comportamento efetivo quanto sobre os processos de formação das preferências.

A ideia de um indivíduo autônomo, capaz de decidir sua vida por conta própria, é central para o pensamento liberal. Ao utilizar a expressão "pensamento liberal", estou unificando, sob um rótulo abrangente e em favor da simplicidade de exposição, uma multiplicidade de posições, com profundo debate interno sobre inúmeras questões, inclusive a que me mobiliza neste capítulo. Mas é inegável que o tronco central do liberalismo clássico, formado dos séculos XVII a XIX, pressupõe a agência individual autônoma. De Locke, Smith e Constant a Stuart Mill e Tocqueville, há uma percepção constante nessa direção. No século XX, o debate se expande. A vertente ultraliberal, de Hayek a Nozick, permanece vinculada a uma visão bastante plana da autonomia individual, que, no entanto, é desafiada por compreensões mais sofisticadas.

Tais compreensões podem ser agrupadas nas duas tendências identificadas por Martha Nussbaum. De um lado, o liberalismo "perfeccionista" de Isaiah Berlin ou Joseph Raz, que apresenta a ampliação da autonomia individual como sua missão. Do outro, um liberalismo "político", que se coloca contra a tradição dominante da corrente ao rejeitar a centralidade do valor da autonomia. Tal valor não se acomodaria a algumas opções individuais (por exemplo, seguir uma religião autoritária) e, portanto, violaria a noção de neutralidade em relação às diferentes concepções de bem, que passa a ocupar a posição central nessa compreensão do liberalismo. Segundo Nussbaum, essa seria a posição de John Rawls e dela própria[1]. Mas há uma contradição, que ela mesma assinala: a opção por qualquer modo de vida é legítima, desde que seja fruto da *livre escolha* do indivíduo. O fiel da religião autoritária de Nussbaum é, assim, também um agente autônomo, que decide abdicar de sua autonomia; não está longe da ideia de liberdade para vender a si mesmo como escravo, de que falava Nozick[2]. Se a adesão a tal seita é a única opção que possui, a legitimidade de sua escolha fica invalidada.

Assim, o liberalismo – seja ele ultra, perfeccionista ou político – tende a gravitar em torno das noções de autonomia individual e de pluralismo de

---

[1]   Martha C. Nussbaum, "Perfectionist Liberalism and Political Liberalism", *Philosophy & Public Affairs*, v. 39, n. 1, 2011.

[2]   Robert Nozick, *Anarchy, State, and Utopia*, cit., p. 331.

alternativas, com suas eventuais divergências dizendo respeito muito mais a como os dois termos da equação se combinam. Em suas franjas mais igualitárias, como em Rawls, Barry ou Dworkin, emerge uma preocupação com as condições efetivas de escolha, que se radicaliza na defesa da renda básica universal por Philippe Van Parijs[3]. Mas tal ampliação do elenco de alternativas exequíveis, graças à melhoria das condições materiais, aparece sempre em primeiro lugar como a ampliação da possibilidade de consecução de preferências preexistentes.

O sujeito autônomo é aquele que determina seu comportamento, que assume a responsabilidade moral por suas escolhas e que, nessas escolhas, se guia por critérios que ele mesmo produz ou aos quais adere voluntariamente[4]. Na definição, é importante levar em conta os dois passos: as escolhas e aquilo que as informa. A redução da autonomia à possibilidade de livre escolha, como por vezes ocorre – numa longa linhagem que vai de Hayek e Nozick a Sunstein –, impede o aprofundamento da discussão[5].

Mas escolhas são fruto da interação de preferências com contextos e, por si sós, pouco dizem das motivações dos agentes. Por exemplo, diante da opção entre A e B, eu escolho A não porque prefira A – posso ser indiferente ou mesmo preferir B –, mas porque, no contexto em que minha decisão é tomada, a escolha de A projeta diante dos outros (ou de mim mesmo) determinada imagem. Assim, o que eu prefiro não é A nem B, mas essa imagem; e a escolha, em si mesma, não revela minha preferência, a menos que outros elementos sejam acrescentados ao cenário.

É possível, então, entender *preferência* como a predileção por alguma situação ou algum estado que leva ao *interesse* em determinadas medidas e a

---

[3] Phillipe Van Parijs, "Why Surfers Should Be Fed: The Liberal Case for an Unconditional Basic Income", *Philosophy and Public Affairs*, v. 20, n. 2, 1991; e "Basic Income Capitalism", *Ethics*, v. 102, n. 3, 1992.

[4] Para uma breve discussão sobre o conceito de autonomia, ver Flávia Biroli, *Autonomia e desigualdades de gênero: contribuições do feminismo para a crítica democrática* (Niterói, Eduff, 2013), cap. 1.

[5] F. A. Hayek, *O caminho da servidão* (trad. Anna Maria Capovilla, José Ítalo Stelle e Liane de Morais Ribeiro, Rio de Janeiro, Instituto Liberal, 1990) – a edição original é de 1944; Robert Nozick, *Anarchy, State, and Utopia*, cit.; Cass R. Sunstein, *Why Nudge? The Politics of Libertarian Paternalism* (New Haven, Yale University Press, 2014), cap. 4. Cabe anotar que a posição de Sunstein nesse livro representa um recuo em relação à afirmação radical, anterior, da necessidade de produção autônoma de preferências – ver também *Free Markets and Social Justice* (Oxford, Oxford University Press, 1997). As divergências entre as duas obras ficarão claras no decorrer da discussão.

escolhas em situações concretas[6]. Minha preferência por tempo livre me leva a ter interesse na redução da jornada de trabalho e, assim, orienta escolhas políticas. O interesse se estabelece como o móvel privilegiado do conflito político porque organiza as escolhas e porque as desavenças se ligam a medidas que podem ou não ser efetivadas, não a predileções abstratas[7]. No restante desta discussão, vou opor a escolha, como momento mais imediato e contextual, ao polo preferência/interesse, revelador de motivações mais profundas.

O exercício da autonomia requer um espaço de liberdade pessoal e justifica a necessidade da vigência dos direitos e das garantias liberais. Mas exige também que haja um espectro minimamente robusto de escolhas à disposição dos agentes. Em situações de privação material ou de expectativas sociais opressoras, a autonomia está limitada, mesmo que tecnicamente os agentes tenham liberdade diante das escolhas que lhes são oferecidas. Como dizem as críticas socialista e feminista, trabalhadores que "escolhem" vender sua força de trabalho numa sociedade capitalista ou mulheres que "escolhem" o casamento numa sociedade marcada pela dominação masculina não estão agindo de maneira efetivamente autônoma.

A própria literatura da escolha racional, em seus ramos mais interessantes, vai além das simples escolhas e trabalha com a relação cruzada entre preferências e circunstâncias. Jon Elster, em particular, analisou como as circunstâncias alteram nossas preferências e como as preferências também são capazes de nos fazer agir para alterar as circunstâncias. O primeiro caso é emblematizado pela fábula da raposa e das uvas: ao perceber que não conseguia alcançar os frutos, a raposa modificou sua preferência, desprezando-os porque estariam verdes[8]. O segundo caso é ilustrado na *Odisseia*, quando Ulisses, para ouvir o canto das

---

[6] Não julgo que seja particularmente útil a distinção adicional, proposta por Jon Elster, entre preferências e motivações, tampouco sua busca pelos "mecanismos geradores" de ambas, que seriam um dia decifrados pela neurobiologia e que, por enquanto, se resumiriam a dois principais: a busca pela consonância cognitiva e o amor-próprio. É um tipo de raciocínio especulativo, fortemente abstrato e generalizante, curioso em si mesmo, mas que obscurece os determinantes concretos da produção das preferências (ou das motivações) dos agentes situados social e historicamente. Ver Jon Elster, *Le Désintéressement* (Paris, Seuil, 2009).

[7] Ver Cass R. Sunstein, *Free Markets and Social Justice*, cit.; Miguel, *Democracia e representação*, cit.

[8] Jon Elster, *Sour Grapes* (Cambridge, Cambridge University Press, 1983). Bourdieu distingue entre "gostos de luxo (ou de liberdade)" e "gostos de necessidade". Os primeiros são próprios dos indivíduos cujas condições de vida se caracterizam pela distância da necessidade. Os segundos exprimem o ajustamento às necessidades – são os gostos da raposa. Em vez de focar a opção individual particular, como fazem a fábula e Elster, ele dirige sua atenção às condições sociais. Ver Pierre Bourdieu, *La Distinction*, cit., p. 198.

sereias sem se afogar, ordena que os marujos o amarrem no mastro. Ele reduziu as alternativas para poder efetivar sua preferência[9].

Podemos dizer que tais críticas se endereçam às *restrições externas* ao exercício da autonomia. A modificação das preferências (ou das circunstâncias) toma a feição de uma decisão, consciente ou não, que revela a metapreferência de reduzir a frustração ou de controlar as consequências de médio e longo prazos das ações. No entanto, é possível avançar em outro nível de questionamento – como, aliás, o marxismo e o feminismo fazem. Torna-se necessário investigar até que ponto as preferências que governam as escolhas dos agentes são, elas mesmas, produzidas de forma autônoma.

Para parte do pensamento liberal, sobretudo o mais influenciado pelas doutrinas utilitaristas, tal questão não se coloca[10]. O utilitarismo pressupõe um interesse universal e espontâneo (a maximização da utilidade), que é comum e uniforme em todos os indivíduos e que, portanto, não é objeto de investigação. Mas é possível deixar a produção das preferências numa caixa-preta, inacessível ao escrutínio dos outros, mesmo sem admitir tal pressuposto. Como dizia Robert Dahl, seria necessário postular, como uma "premissa metodológica", que as pessoas têm um "entendimento esclarecido de seus próprios interesses"[11]. Trata-se de uma "regra de prudência" que visa a evitar o *paternalismo*, a noção de que alguém, com discernimento superior, pode nos tutelar com vistas (pretensamente) a nosso próprio bem. A adesão à divisa utilitarista (cada um é o melhor juiz dos próprios interesses) prescinde, assim, de uma adesão completa à visão antropológica do utilitarismo.

O autoritarismo paternalista pode ser detectado em muitas das justificações para regimes ditatoriais. O "autoritarismo instrumental" que caracterizou boa

---

[9]   Jon Elster, *Ulises y las sirenas: estudios sobre racionalidad e irracionalidad* (Cidade do México, Fondo de Cultura Económica, 1989) – a edição original é de 1979 [ed. bras.: *Ulisses liberto: estudos sobre racionalidade, pré-compromisso e restrições*, trad. Cláudia Sant'Ana Martins, São Paulo, Editora Unesp, 2009 – a edição original é de 2000].

[10]   Uma vertente alternativa, a partir de Kant, mas também de Rousseau, vê a liberdade de fazer o que se bem entende como uma falsa liberdade – uma escravidão diante dos estímulos exteriores. A verdadeira autonomia seria a obediência a normas de conduta autoimpostas. É uma evolução da concepção clássica de que o agente verdadeiramente livre segue a razão, não as paixões. Vou me referir apenas *en passant* a tal concepção.

[11]   Robert A. Dahl, *Democracy and Its Critics* (New Haven, Yale University Press, 1989), p. 182 [ed. bras.: *A democracia e seus críticos*, trad. Patrícia de Freitas Ribeiro, São Paulo, WMF Martins Fontes, 2012].

parte do pensamento político brasileiro do século XX[12] é um exemplo: a imaturidade do povo brasileiro exigia soluções autoritárias que o protegessem de si mesmo e que propiciassem sua evolução até um momento indeterminado em que seria capaz de se autogovernar. Outro exemplo são as justificativas para o colonialismo europeu, em discursos que incluem tanto o "fardo do homem branco" de Kipling quanto os "povos-criança" de Taine ou Stuart Mill. Por outro lado, em nossas ações cotidianas, muitas vezes a posição de princípio antipaternalista encontra seus limites, na medida em que justificamos ações que impeçam determinadas pessoas de pôr em risco sua integridade física (viciados em drogas, suicidas etc.).

O componente autoritário do paternalismo fica evidente numa defesa contemporânea de sua aplicação estendida, feita pela filósofa estadunidense Sarah Conly. A autonomia, diz ela, leva a escolhas piores: "A verdade é que nós não raciocinamos muito bem, e em muitos casos não há justificativa para nos deixar lutar com nossas próprias inaptidões e sofrer as consequências"[13]. Um tipo de paternalismo coercitivo garantiria que as pessoas fariam o que é melhor para elas, mesmo contra sua vontade. No entanto, aquilo que é "o melhor" não é posto em questão – ou seja, a formação das preferências continua não sendo levada em conta. Apenas se substitui o subjetivismo extremo da defesa liberal da autonomia por um objetivismo também extremo, em que certo e errado são definidos de antemão, em geral por meio do apelo a um vago consenso social. Mas, quando a autora sustenta que o cigarro deve ser proibido e as bebidas alcoólicas não, baseando-se em que "eu penso que os benefícios do álcool sobrepujam seus riscos"[14], fica evidente que a autonomia decisória se impõe como valor exatamente porque os parâmetros de apreciação não são objetivos nem aceitos de forma unânime.

Passando para um maior grau de abstração filosófica, o antipaternalismo assume a forma da neutralidade em relação às diferentes concepções do bem. A partir pelo menos da teoria da justiça de Rawls, a aceitação dessa neutralidade é praticamente uma linha divisória que separa o liberalismo de seus críticos. Mas há um passo importante, que vai da afirmação da neutralidade

---

[12] Ver Wanderley Guilherme dos Santos, *Ordem burguesa e liberalismo político* (São Paulo, Duas Cidades, 1978).

[13] Sarah Conly, *Against Autonomy: Justifying Coercive Paternalism* (Cambridge, Cambridge University Press, 2013), p. 1.

[14] Ibidem, p. 149.

estatal (o Estado não pode privilegiar a realização de uma concepção do bem em relação a outras) à noção de que o processo de produção dessas concepções, pelos indivíduos, está além de nosso escrutínio crítico. A primeira afirmação (a neutralidade do Estado) merece atenção, ainda que possa ser questionada. A segunda é que vai ao encontro da despreocupação com a formação das preferências, retirando de nosso campo de visão um elemento crucial da vida política.

Uma das principais frentes de críticas a Rawls dirigiu-se exatamente a sua noção de indivíduo "desencaixado" do ambiente social em que vive[15]. Em que pesem as diferenças entre si, os chamados "comunitaristas" compartilham a repulsa à concepção rawlsiana do *self*, que ignoraria o caráter constitutivo dos laços associativos – mesmo aqueles mais simpáticos à plataforma liberal insistem nesse ponto[16]. Suas objeções, porém, com frequência se ligam à defesa da vinculação a uma "ordem maior", necessária para dotar de sentido a vida de cada pessoa e ameaçada pelo individualismo hoje dominante[17]. Criticando o valor da autonomia liberal, por assumir que ele introduz a ideia de que devemos pairar num vácuo societário, tais autores têm como ambição limitar o horizonte normativo da autonomia, não aprofundar o entendimento dos obstáculos a sua efetivação.

Há também correntes feministas de corte "maternalista" ou então neodurkheimiano que denunciam o "mito da autonomia" e pedem que enfatizemos nossa "interdependência"[18]. Essas críticas denotam uma confusão entre autonomia e egoísmo, ausência de ligações com outras pessoas, ausência de socialização; e também falta de espaço para entender a complexa relação entre autonomia pessoal e autonomia coletiva.

É possível apagar a ideia de autonomia individual, como faz o Rousseau do *Contrato*[19]. Como a vontade geral emana (também) de mim, ao me curvar a ela eu me curvo a mim mesmo e sou mais livre nessa obediência que na

---

[15] Michael J. Sandel, *Liberalism and the Limits of Justice*, cit.

[16] Michael Walzer, "The Communitarian Critique of Liberalism", *Political Theory*, v. 18, n. 1, 1990.

[17] Charles Taylor, *The Ethics of Authenticity*, cit.

[18] Martha Albertson Fineman, *The Autonomy Myth: A Theory of Dependency* (Nova York, The New Press, 2005).

[19] Jean-Jacques Rousseau, *Du Contract social*, em *Œuvres complètes*, t. III (Paris, Gallimard, 1964) [ed. bras.: *Do contrato social*, trad. Lourdes Santos Machado, São Paulo, Abril Cultural, 1973]. A edição original é de 1762.

liberdade – já que, como Rousseau diz em "A profissão de fé do vigário saboiano", nisso antecipando Kant, fazer a cada momento o que quero é entregar-me às tentações e, assim, tornar-me escravo delas[20]. No outro polo, é possível apagar a ideia de autonomia coletiva, abraçando radicalmente a noção de que temos uns com os outros relações exclusivamente instrumentais e de que as regras de convívio são apenas arranjos racionais para preservar, com segurança, a esfera de autonomia privada, uma longa tradição que vai de Hobbes a Nozick (e além).

É mais interessante, porém, preservar os dois valores e a tensão entre eles – que é a tensão entre democracia e liberalismo. Não podemos abrir mão nem de uma nem de outro, mas também estamos escolados demais para aceitar a ilusão de que eles vão necessariamente se harmonizar. É preciso que as pessoas produzam juntas, da forma mais igualitária, as regras que regem a vida social. E é preciso que cada um tenha condições de decidir sobre a própria vida. As fronteiras entre uma coisa e outra não são e não serão claras; conciliá-las é uma tarefa sempre presente e nunca concluída.

De fato, os indivíduos, por mais autônomos que possam ser concebidos, não estabelecem suas preferências num vácuo afetivo. Se o critério de autonomia é que as preferências não sofram nenhuma influência, brotando de um *eu* essencial, então nenhuma autonomia é possível, até porque tal *eu* não existe. Como mostrou Pierre Bourdieu, em obra já clássica, as opções pessoais são efeitos de matrizes de disposições socialmente disseminadas e só são compreensíveis dentro das relações objetivas entre diferentes posições no mundo social. Mas não se trata de denunciar distorções na manifestação de um pretenso *eu* autêntico, ponto fixo que deveria dotar de sentido todas as múltiplas escolhas individuais e que, quando não se manifesta plenamente, é por obra de uma intervenção indevida. Tal ponto não existe de fato. A questão é entender o processo de constituição social das individualidades[21].

O que está em jogo, portanto, é entender que há constrangimentos e incentivos incidindo assimetricamente sobre os integrantes dos diferentes grupos sociais, gerando diferentes formas de ajuste das preferências. Assim, não são apenas as restrições externas à autonomia que espelham a desigualdade social,

---

[20] Idem, *Emílio ou Da educação* (Rio de Janeiro, Bertrand Brasil, 1992). A edição original é de 1762.

[21] Pierre Bourdieu, *La Distinction*, cit.

mas também os processos de produção das preferências. Se nenhuma preferência brota no vazio dos laços sociais, algumas são menos livremente projetadas que outras.

Descartada a ideia de uma sociedade de indivíduos atomizados e reconhecida a inevitabilidade da influência do ambiente social, o sentido normativo da autonomia precisa ser redefinido. É possível dizer que a autonomia exige o preenchimento de três condições: 1) acesso a uma pluralidade de informações e visões de mundo; 2) ausência de custos excessivos e desproporcionais vinculados à adoção de preferências diferentes; e, como corolário, 3) a capacidade de escrutínio crítico sobre as próprias preferências. Não tenho como deixar de herdar valores e visões de mundo do ambiente em que nasci e cresci. Mas posso ter as ferramentas para lê-los de forma mais crítica e, portanto, modificar-me enquanto modifico minha adesão a eles – ou posso não ter essas ferramentas.

Tudo isso torna bastante complexa a tarefa de incluir os processos de formação de preferências em nossa reflexão sobre o agir autônomo. Para tratar um pouco dessas complexidades (e acrescentar outras), introduzo um caso concreto. Pensemos em Lionel Messi, jogador de futebol argentino, goleador do Futbol Club Barcelona. Até que ponto a trajetória de Messi pode ser vista como fruto de preferências autônomas? Seria possível que, em vez de futebolista milionário, ele optasse por ser um monge budista? Um neurocirurgião? Um cobrador de ônibus? Ou um acadêmico de ciência política?

Numa narrativa convencional, as escolhas de Messi são derivadas de seu talento. Segundo as biografias disponíveis, ele se destacava como jogador desde os 5 anos de idade[22]. O talento certamente estimula muitas opções. *Preferimos* exercer atividades em que temos desempenho bom ou pelo menos razoável, em vez daquelas em que fracassamos impiedosamente. É possível interpretar tal tendência como uma proteção contra a frustração. Mas o "talento" não é um dom natural, e sim uma competência produzida e valorizada socialmente. Se o esporte chamado futebol não tivesse sido criado no século XIX, Messi não teria talento. Se o futebol não fosse um esporte popular na Argentina, Messi não teria talento. Se não fosse um esporte institucionalizado,

---

[22] Os dados aqui apresentados foram extraídos das seguintes páginas da internet: <http://en.wikipedia.org/wiki/Lionel_Messi>; <http://es.wikipedia.org/wiki/Lionel_Messi>; e <www.biografiasyvidas.com/biografia/m/messi.htm>. Acesso em 15 jun. 2014.

Messi não teria talento. Ele poderia ser muito bom no jogo das bolas de gude, mas isso não seria reconhecido como um "talento" relevante para suas escolhas de vida.

Podemos acrescentar agora um elemento adicional, de extrema importância: Messi nasceu em uma família de poucos recursos. É fácil entender, com isso, que o futebol era a grande esperança de mobilidade social para ele e para a família. Um Messi igualmente talentoso, em outro ambiente social, teria pais que hesitariam em abandonar as próprias carreiras e profissões para acompanhar o filho e apostar no futuro dele como futebolista. O próprio garoto teria, como horizontes alternativos ao futebol, carreiras como engenheiro, médico, economista. Se subíssemos ainda mais na pirâmide social, ele talvez optasse pela posição de *playboy* herdeiro, mais tarde capitão de indústria, em vez de goleador. Mas não, a família Messi era relativamente pobre. Por isso, quando ele tinha 13 anos, a família aceitou a proposta do Barcelona e se mudou para a Espanha. Lá, o adolescente Lionel foi bombardeado com hormônios de crescimento, já que ele era baixo para os padrões do futebol moderno e recebera o diagnóstico de um problema que reduzia sua estatura. Imagino que o tratamento tenha contado com a anuência dele. Mas será que, nessas circunstâncias, o garoto teria condições de dizer: "Não, eu prefiro ser baixinho. Não quero ser jogador de futebol, quero ser jóquei"? Ele teria condições de *preferir* isso[23]?

A produção das preferências é influenciada por "disposições ou talentos naturais", circunstâncias socioeconômicas, pressão do ambiente e o peso de investimentos prévios, sem falar no valor atribuído à fama e à riqueza. É difícil estabelecer o espaço de autonomia individual nesse processo. Mas é pouco razoável entender o paternalismo como principal obstáculo a ela.

A fonte do rechaço liberal ao paternalismo é indicada sempre – e por bons motivos – como sendo John Stuart Mill. Em *Sobre a liberdade*, ele argumenta que as pessoas devem ter liberdade para definir seu próprio comportamento, mesmo quando, no olhar de outros, estiverem prejudicando a si mesmas. Sustentam tal posição argumentos relacionados à incerteza quanto à verdade, ao

---

[23] As mesmas questões poderiam ser aplicadas a Lucien Fleurier, protagonista de uma novela de Sartre. Ele aparece como encarnação da *mauvaise foi*, mas sua trajetória pode ser interpretada, sem recurso ao existencialismo sartriano, como exemplo da produção social dos valores e das preferências. Ver Jean-Paul Sartre, "L'Enfance d'un chef", em *Le Mur* (Paris, Gallimard, 1972) [ed. bras.: *O muro*, trad. H. Alcântara Silveira, Rio de Janeiro, Nova Fronteira, 1982]. A edição original é de 1939.

caráter educativo do erro e ao privilégio epistêmico do indivíduo, o único capaz de aferir de forma segura o próprio bem-estar[24].

O veto ao paternalismo impede o recurso à coerção física, à mentira e à manipulação no sentido de modificar comportamentos e/ou preferências dos agentes. Em versões ainda mais exigentes, mesmo a tentativa de persuasão com base na apresentação de informações verídicas e argumentos racionais pode ser objetada, se ela incluir uma ausência ou uma diminuição do respeito à autonomia pessoal de quem é alvo[25].

Há duas exceções principais à aplicação da regra. A primeira é que ela só se aplica aos adultos, já que as crianças seriam, por definição, incapazes de exercer a autonomia. O *paternalismo*, enquanto tal, consiste exatamente na ação dos pais para tomar as decisões em nome dos filhos e, assim, protegê-los da própria racionalidade deficiente. A posição antipaternalista engloba, dessa forma, a noção de que é necessário presumir que todos os adultos são mais ou menos equivalentes no uso da razão. No próprio Stuart Mill, a defesa do colonialismo, em contradição gritante com sua doutrina da liberdade individual, vinculava--se à descrição dos povos não europeus como insuficientemente preparados para o pensamento racional[26]. Seriam, em suma, "povos-criança", como definiu, quase na mesma época, Hippolyte Taine[27].

Essa primeira exceção é considerada banal pelo próprio Stuart Mill e pela maior parte da literatura. A segunda, ao contrário, é muito discutida: há direito de intervir na decisão individual quando ela causa dano a outras pessoas. No entanto, tal dano deve ser definido com clareza: não é admissível restringir a liberdade de alguém por estar dilapidando os próprios talentos, potencialmente úteis a outros, ou dando maus exemplos. Além disso, o dano deve ser material; um dos principais esforços de Stuart Mill em *Sobre a liberdade* é impugnar o argumento da angústia moral, segundo o qual opiniões consideradas ofensivas estariam proibidas de ser expressas para impedir o sofrimento de quem delas discorda. Caso contrário, os dogmas religiosos, por exemplo,

---

[24] John Stuart Mill, *Sobre a liberdade* (trad. Alberto de Rocha Barros, Petrópolis, Vozes, 1991). A edição original é de 1859.

[25] George Tsai, "Rational Persuasion as Paternalism", *Philosophy & Public Affairs*, v. 24, n. 1, 2014.

[26] John Stuart Mill, *O governo representativo* (trad. E. Jacy Ribeiro, São Paulo, Ibrasa, 1995), p. 53. A edição original é de 1861.

[27] Hippolyte Taine, "Note sur l'acquisition du langage chez les enfants et dans l'espèce humaine", *Revue Philosophique de la France et de l'Étranger*, Paris, v. 1, 1876.

seriam intocáveis. A noção contemporânea de *discurso de ódio*, como limite válido – talvez o único – à liberdade de expressão, esforça-se exatamente por mostrar a vinculação entre a fala e o dano material que ela incita[28].

Os estudos sobre o paternalismo vão diferenciar as maneiras como ele se apresenta – se é dirigido aos fins ou aos meios, por exemplo. Aqui, é mais importante distinguir os agentes envolvidos nessa relação. Há, como visto, um paternalismo considerado *legítimo*, quando seu alvo são pessoas desprovidas da capacidade de tomar as próprias decisões. É o caso de crianças, mas também de adultos com determinados problemas psiquiátricos ou sob efeito de drogas. Ainda assim, restam questões de difícil solução. As fronteiras nem sempre são claras: a tutela sobre as mulheres ou sobre povos ditos "primitivos" apoiava-se exatamente na presunção de sua racionalidade limitada. Hoje, grupos de pessoas com autismo reivindicam o direito de expressar seus próprios interesses, recusando a ideia de que pais e familiares seriam mais capazes de protegê-los[29].

Além disso, as decisões tomadas de forma paternalista estendem-se para muito além da infância, moldando o comportamento ulterior dos indivíduos e, assim, incidindo sobre as decisões que tomarão quando já estiverem credenciados à autonomia. É fácil consentir na necessidade que crianças têm de educação, alimentação saudável e proteção contra riscos, três campos em que o paternalismo se exerce. Mas o que dizer, por exemplo, da vinculação a uma crença religiosa? Em sua defesa do ateísmo, o cientista Richard Dawkins marca como absurdo que crianças sejam rotuladas pelo pertencimento religioso dos pais[30]. Trata-se, no entanto, de uma consequência previsível do paternalismo estendido presente na doutrina do pátrio poder (e da correspondente negligência em relação aos direitos das crianças).

São mais controversas as expressões de paternalismo que incidem sobre adultos que se presume que devam agir de forma autônoma. É possível

---

[28] Mas as reações ao atentado contra o jornal humorístico francês *Charlie Hebdo*, em janeiro de 2015, mostram como o debate sobre o argumento da angústia moral não está terminado. Líderes muçulmanos e de outras religiões, como o papa Bergoglio, além de intelectuais laicos ligados a vertentes do chamado "multiculturalismo", manifestaram a opinião de que, por mais que os assassinatos fossem condenáveis, as charges "ofensivas" ao profeta Maomé tinham ido longe demais.

[29] Francisco Ortega, "O sujeito cerebral e o movimento da neurodiversidade", *Mana*, v. 14, n. 2, 2008; e "Deficiência, autismo e neurodiversidade", *Ciência & Saúde Coletiva*, v. 14, n. 1, 2009.

[30] Richard Dawkins, *Deus, um delírio* (trad. Fernanda Ravagnani, São Paulo, Companhia das Letras, 2007), p. 429-33. A edição original é de 2006.

distingui-los de acordo com o agente do paternalismo. Há uma forma de paternalismo identificada em relações interpessoais horizontais – por exemplo, entre amigos. Se alguém extravia um maço de cigarros a fim de impedir um amigo de fumar, está cerceando sua autonomia decisória com o objetivo de protegê-lo dos danos que esse hábito pode causar. Ainda que situações desse tipo sejam discutidas com frequência na literatura e, por vezes, apresentadas como ilustrações da negação do reconhecimento do outro como sujeito moral, também é possível pensar que elas são próprias de relações em que há afeto e cuidado mútuo envolvidos, em que o bem-estar alheio é incorporado na compreensão do próprio bem-estar. Preocupações legítimas com a manifestação de assimetrias e formas de opressão em relacionamentos aparentemente horizontais não justificam a adesão a um ideal de atomismo e indiferença, que é para onde aponta a exigência de "paternalismo zero".

Uma segunda forma de paternalismo envolve agentes que estão em posições diversas em determinada hierarquia, como patrão e empregados. Há uma diferença significativa entre a situação relatada antes, do amigo antitabagista, e outra, em que uma empresa decide confiscar e inutilizar os maços de cigarro de seus funcionários. Mesmo que a motivação seja genuinamente altruísta, há uma violação da esfera pactuada de exercício da autoridade, cuja delimitação é crucial para os trabalhadores. Além disso, há a impossibilidade de reciprocidade, que marca uma distinção crucial com a relação entre amigos.

Uma ordem diferente de questões se coloca a partir de outra relação assimétrica, aquela entre um agente dotado de conhecimentos específicos e seus clientes. O principal exemplo é o do médico, mas também é possível pensar em advogados, publicitários ou administradores de empresas, entre outros. Na relação com o paciente, o médico encarna um sistema perito, isto é, um dos "sistemas de excelência técnica ou *expertise* profissional que organizam grandes áreas dos ambientes material e social em que nós vivemos hoje"[31]. É uma relação de confiança, uma vez que a assimetria de saberes torna implausível que o paciente seja capaz de avaliar a correção das prescrições do médico. Ao manipular as informações que fornece, com o objetivo de forçar o paciente a tomar as decisões "certas" sobre o tratamento, o médico manifesta menosprezo pela capacidade cognitiva daquele e nega a ele a possibilidade de ação autônoma.

---

[31] Anthony Giddens, *The Consequences of Modernity* (Stanford, Stanford University Press, 1990), p. 27 [ed. bras.: *As consequências da modernidade*, trad. Raul Fiker, São Paulo, Editora Unesp, 1991].

Até porque a avaliação de riscos e benefícios do profissional não é necessariamente a mesma que a do doente.

Mas a forma mais relevante de paternalismo, discutida pela literatura, é o paternalismo público, aquele patrocinado pelo Estado[32]. Na percepção liberal, o Estado deve garantir o usufruto das liberdades individuais pelos cidadãos e manter a neutralidade em relação às diferentes visões de mundo que eles abraçam. No entanto, muitas políticas públicas visam a impedir decisões individuais erradas ou, ao menos, direcioná-las para o lado considerado correto – numa longa lista que inclui a obrigatoriedade do uso de cinto de segurança em automóveis (ou capacetes em motocicletas), planos previdenciários compulsórios ou a introdução de alertas nas embalagens de produtos danosos à saúde, como cigarros.

Para liberais extremados, como Robert Nozick, são medidas que ferem a autonomia decisória individual[33]. Mesmo os proponentes das medidas buscam, muitas vezes, argumentos não paternalistas para defendê-las – por exemplo, a economia nos gastos com saúde pública, com a redução de acidentes ou do câncer pulmonar. No caso da previdência compulsória, Elizabeth Anderson criou um engenhoso argumento para justificá-la com base não no paternalismo, mas no dever social de estender a todos os cidadãos as condições para uma vida digna[34]. Embora o ponto central de Anderson no artigo seja correto – criticar a ênfase dworkiniana na responsabilidade individual –, o pavor a qualquer vinculação com uma postura paternalista leva a manobras retóricas pouco aceitáveis. A *imposição* do direito a vida digna na velhice a pessoas que, por miopia (deflação do peso concedido a seu bem-estar futuro), fraqueza da vontade ou penúria (impossibilidade de arcar com despesas além das imediatas), não buscam sustentá-la na juventude tem, sim, um inegável componente paternalista.

Talvez seja mais razoável (e honesto) entender que as diferentes liberdades têm significados diferentes e o cerceamento de algumas – como a liberdade de dirigir sem cinto de segurança – não leva à "infantilização" denunciada pelos

---

[32] Na verdade, as igrejas também poderiam ser listadas entre as fontes de paternalismo público, mas em geral não o são. A ideia é que o pertencimento religioso é *voluntário*, o que afastaria boa parte dos problemas vinculados ao paternalismo estatal. No entanto, uma análise mais sensível aos processos de produção das preferências põe em xeque o caráter voluntário da adesão às religiões.

[33] Robert Nozick, *Anarchy, States, and Utopia*, cit.

[34] Elizabeth S. Anderson, "What Is the Point of Equality?", *Ethics*, v. 109, n. 2, 1999, p. 319.

antipaternalistas[35]. E, no caso da previdência, introduzir um componente de *solidariedade* social, que pode justificar, em determinados casos, a introdução de barreiras paternalistas contra déficits de racionalidade, como a miopia e a fraqueza da vontade.

Em sua controversa defesa de algumas formas de paternalismo público, Cass R. Sunstein se debruça sobre a questão da "arquitetura da escolha"[36]. Sua opção é por formas de paternalismo suave (*soft*), que não retiram a possibilidade de decisão individual, mas salientam informações relevantes em detrimento de outras e reduzem ou ampliam custos das diferentes alternativas. Em abordagem anterior do problema, ele questionava as próprias preferências expressas pelos indivíduos, "produto da informação disponível, padrões de consumo vigentes, pressões ou normas sociais e regras governamentais", concluindo que "a interferência governamental sobre as escolhas ou os desejos existentes pode ser justificada pelos problemas nas origens desses desejos"[37]. A opção pelo paternalismo suave é bem mais moderada e não questiona o grau de autonomia na formação das preferências expressas.

Um exemplo de paternalismo suave está na determinação de qual opção será considerada padrão, portanto beneficiada pela inércia que é própria de tantas tomadas de decisão. A redação original da Lei n. 9.434, de 1997, que regulamenta a doação de órgãos no Brasil, operava nesse sentido, indicando que, "salvo manifestação de vontade em contrário, [...] presume-se autorizada a doação de tecidos, órgãos ou partes do corpo humano, para finalidade de transplantes ou terapêutica *post mortem*"[38]. O ônus da escolha passaria para os não doadores. Uma campanha de atemorização da população, baseada na ideia de que haveria um estímulo à negligência médica para favorecer o tráfico de órgãos, levou à alteração da lei, em 2001. O exemplo não é particularmente paternalista – a medida visava a incentivar um comportamento que beneficiaria terceiros –, mas mostra como a alteração da opção-padrão pode gerar, por si só, mudanças significativas nos resultados.

---

[35] Peter de Marneffe, "Avoiding Paternalism", *Philosophy & Public Affairs*, v. 34, n. 1, 2006, p. 68. A hierarquização das liberdades, aliás, é mobilizada, em polêmica contra os libertarianos, pelo próprio Ronald Dworkin. Ver, dele, *Uma questão de princípio* (trad. Luís Carlos Borges, São Paulo, Martins Fontes, 2005), p. 282. A edição original é de 1985.

[36] Cass R. Sunstein, *Why Nudge?*, cit.

[37] Idem, *Free Markets and Social Justice*, cit., p. 19.

[38] Disponível em <www.planalto.gov.br/ccivil_03/leis/l9434.htm>, acesso em 16 jun. 2014.

O argumento de Sunstein é que *não há escolha* sem que haja uma arquitetura própria. Algumas opções aparecem antes de outras, algumas informações obtêm mais destaque. Há uma série de mecanismos psicológicos mediante os quais esses elementos condicionam escolhas que não passam necessariamente por um crivo racional. A alternativa, assim, não é entre uma escolha inteiramente livre de constrangimentos e outra, direcionada. É entre duas escolhas direcionadas diferentemente. O paternalismo governamental suave é justificado, se visa a favorecer opções que contribuem para a saúde pública ou a proteção do meio ambiente, já que não limitaria a liberdade individual – ou, pelo menos, não mais do que ela estaria restrita em qualquer outra condição de escolha.

Dois exemplos, utilizados pelo próprio Sunstein, ajudam a entender a situação. Um é a exibição obrigatória de informações sobre o consumo de combustível nos veículos à venda, chamando a atenção dos potenciais compradores e estimulando que esse critério seja considerado em suas decisões. Outro é a proposta (derrotada) do então prefeito de Nova York, Michael Bloomberg, de proibir a venda de refrigerantes em frascos superiores a 16 onças (um pouco menos de meio litro), como forma de combater a obesidade. Nos dois casos, a liberdade de escolha não é violada. Os consumidores podem comprar carros que gastam muito combustível, a despeito dos avisos governamentais – da mesma forma como os alertas nas embalagens de cigarros visam a inibir o consumo sem proibi-lo. E, embora não pudessem comprar copos ou garrafas enormes, poderiam tomar grandes quantidades de refrigerantes, bastando para isso comprar mais de uma unidade. São as formas de paternalismo que, na visão de Sunstein, não feririam a autonomia individual.

Os dois exemplos ilustram com clareza os limites da posição de Sunstein e, em particular, de sua compreensão da autonomia individual. No caso do consumo de combustível, a noção de que a busca por automóveis menos econômicos deve ser preservada como uma opção individual pode ser desafiada. De fato, uma interpretação restritiva do princípio milliano do dano definido não permite contestar a opção do consumidor, já que é improvável traçar o caminho que ligue o desperdício de um automóvel específico ao prejuízo a um indivíduo específico. No entanto, as questões da proteção do meio ambiente e da preservação dos recursos energéticos repercutem na vida de todos, o que justificaria uma intervenção para desestimular a compra ou mesmo banir veículos gastadores e poluentes. É algo que foge ao âmbito das discussões sobre paternalismo, pertencendo ao terreno do exercício da autonomia coletiva em questões de interesse comum.

A situação que envolve o refrigerante é ainda mais relevante para a discussão. Embora o argumento da inevitabilidade da arquitetura da escolha seja um passo na direção correta, Sunstein não avança suficientemente. Afinal, por que uma campanha contra a obesidade é paternalista, mas a propaganda que fomenta o consumo de refrigerantes aparece como parte da ordem natural? Ao que parece, iniciativas que visam a influenciar as pessoas em seu próprio benefício são vetadas, mas outras que pretendem induzi-las a adotar comportamentos que as prejudicam para favorecer a terceiros (a indústria do refrigerante, no caso) não seriam problemáticas. O subtexto, que está presente em muito da percepção liberal, ecoando assim suas origens em John Locke e Adam Smith, é que *a autonomia se realiza nas relações de mercado*. Elas aparecem como inerentemente justas, já que todos têm condição de perseguir os próprios interesses e, por isso, como princípio, devemos assumir que regulá-las implica introduzir vieses danosos. Tal conclusão é desafiada, porém, quando se introduz na narrativa o problema da formação das preferências e, com ele, o das relações sociais de dominação.

Levada ao excesso, como visto, a negação do paternalismo conduz a uma visão atomista da sociedade, negando os laços de afeição, solidariedade e preocupação mútua presentes no mundo social. Sem tal exagero, porém, o antipaternalismo toca em questões relevantes. O respeito à autonomia decisória dos indivíduos é uma condição de igualdade, necessária à efetivação de uma sociedade democrática. Muitas vezes, é invocado para proteger aqueles em condição mais frágil e para fazer que a expressão de seus interesses seja considerada: as mulheres, os mais jovens, os integrantes de culturas minoritárias, os menos escolarizados, os trabalhadores. De maneira geral, todos aqueles que possuem menor domínio das ferramentas discursivas legítimas e que, por isso, são estigmatizados como dotados de menor capacidade cognitiva.

Não se trata, portanto, de negar relevância ao problema do paternalismo, mas de indicar que, ao estabelecê-lo como "o" problema a ser enfrentado para garantir a agência autônoma, o pensamento liberal desloca a discussão de maneira a deixar de fora o principal. O obstáculo mais importante à ação autônoma e à formação autônoma de preferências não é o paternalismo, mas a dominação. Essa é a categoria central para a produção de uma reflexão crítica sobre o mundo social. Indivíduos e grupos têm dificuldade de formular e expressar autonomamente suas preferências quando estão sujeitos a relações de dominação.

A limitação que as relações de dominação impõem à autonomia não é apenas externa, vinculada ao controle de recursos e à amplitude do cardápio de escolhas factíveis, mas também – e mesmo sobretudo – interna. Como fenômeno estrutural, a dominação se liga à imposição de representações do mundo e valores que favorecem sua própria reprodução. Uma versão particularmente forte dessa percepção se encontra na sociologia de Pierre Bourdieu. A característica central da dominação é o fato de que "o dominado tende a assumir sobre si mesmo o ponto de vista dominante"[39]. Não se trataria, como na noção marxista de ideologia, de uma "falsa consciência", mas da "submissão dóxica" às estruturas de uma ordem social que produzem simultaneamente o mundo social objetivado nas práticas e nas instituições e as estruturas mentais subjetivas[40].

É possível questionar a narrativa bourdieusiana, observando que a adesão dos dominados às representações dominantes é bem mais nuançada do que parece à primeira vista[41]. Mesmo assim, é inegável que há uma pressão permanente para a acomodação com os pressupostos das instituições vigentes, algo que, na linguagem de Bourdieu, assume a forma da exigência de conformação às regras de cada campo social, destruindo as possibilidades de expressão e de ação próprias dos dominados[42]. De fato, a teoria de Bourdieu é útil, sobretudo, para pôr em xeque a dicotomia entre limitações externas e preferências internas, iluminando a profunda interconexão entre o mundo social e as estruturas mentais.

Na teoria política contemporânea, muitas das principais contribuições para a discussão do problema vêm do feminismo. Ao analisar o problema da posição das mulheres em sociedades marcadas pela dominação masculina, o feminismo põe em questão as preferências expressas. Uma mulher pode manifestar aceitação de sua posição de inferioridade no casamento, dos padrões dominantes de beleza, do uso de vestimentas impostas por líderes religiosos ou mesmo da mutilação genital. A expressão dessas preferências deve ser considerada sincera em circunstâncias nas quais a dissidência é punida com a estigmatização? E, mesmo que o seja, deve ser aceita sem que se investiguem as condições em que as preferências foram produzidas e formuladas?

---

[39] Pierre Bourdieu, *La Domination masculine*, cit., p. 130.
[40] Idem, *Raisons pratiques*, cit., p. 126.
[41] Ver o capítulo 3 deste volume.
[42] Ver idem, *La Distinction*, cit., p. 538.

O que está em questão, no exemplo, é a dominação – não o paternalismo –, pois são preferências induzidas que mantêm e reproduzem relações que garantem vantagens simbólicas e materiais aos homens como grupo. O que está em questão não é impedir que preferências sejam desconsideradas (por alguém que adota uma posição paternalista e indica alternativas que seriam superiores), e sim tematizar as condições de formulação das preferências por diferentes indivíduos e grupos, mostrando como relações de dominação enviesam sistematicamente esse processo. Dito de outra forma, não é possível tratar da circulação das preferências sem analisar também sua produção.

Em particular: 1) há o efeito da privação material, que reduz o horizonte de possibilidades e ambições; 2) há a dificuldade de acesso às ferramentas cognitivas e à informação necessárias para pensar a própria posição no mundo; 3) há a imposição de visões de mundo dos grupos que controlam os instrumentos de difusão das representações do mundo social; e 4) há os custos diferenciados para a adoção de determinadas preferências, de acordo com a posição estrutural dos sujeitos.

O ponto 1 recai na discussão sobre "preferências adaptativas"[43], que a fábula da raposa e das uvas ilustra. Não se trata apenas de saber que eu não terei acesso a algo que eu quero, mas de deixar de querer aquilo a que eu não tenho acesso, seja por ação de mecanismos de redução da frustração, seja pelo estreitamento de horizontes gerado por condições de vida adversas. A privação material impõe a necessidade da própria subsistência como imperativo primordial e gera a impressão de que determinados espaços sociais estão vedados de antemão. Melhorias na situação levam à modificação das ambições (o que é captado pela ideia da espiral ascendente das expectativas, segundo a qual uma evolução nas condições de vida faz ampliar as exigências dos mais desfavorecidos) e, além disso, medidas específicas podem se contrapor à tendência. Por exemplo, um dos efeitos esperados de políticas afirmativas, como cotas em universidades, é precisamente ampliar o horizonte de ambições dos integrantes de grupos em posição subalterna, contrapondo-se à tendência à adaptação a um universo reduzido de possibilidades objetivas[44].

---

[43] Jack Knights e James Johnson, "What Sort of Political Equality Does Deliberative Democracy Require?", em James Bohman e William Rehg (orgs.), *Deliberative Democracy: Essays on Reason and Politics* (Cambridge, The MIT Press, 1997).

[44] Antes das políticas de cotas, financiamento e expansão do sistema universitário, o ensino superior estava fora das expectativas das populações das periferias brasileiras. O protagonista da canção "Vida

O ponto 2 é uma condição de possibilidade da formação de preferências consequentes, uma vez que, sem um mínimo de informações adequadas, não é possível se posicionar em relação ao mundo. Mas não se trata apenas de "informação", no sentido factual, avançando para o ponto 3. As representações do mundo social carregam valores, critérios de apreciação, mecanismos explicativos. Famílias, escolas, igrejas e mídia estão entre os sistemas que disseminam tais representações, com diferentes graus de abrangência. O controle concentrado da capacidade de disseminação de tais visões do mundo está na raiz daquilo que Iris Marion Young chamava de "imperialismo cultural". A experiência e a cultura do grupo dominante são universalizadas, e os dominados são, ao mesmo tempo e paradoxalmente, marcados por estereótipos e tornados invisíveis[45]. São subtraídas ferramentas necessárias à tematização da própria experiência e, portanto, à produção de preferências condizentes com ela.

O ponto 4, por fim, ilustra que as pressões sociais não são uniformemente decididas, mas incidem diferentemente de acordo com a posição na estrutura social. Assim, por exemplo, dados a divisão sexual do trabalho e o peso simbólico do matrimônio, numa sociedade estruturada pela dominação masculina o custo da preferência por sair de um casamento insatisfatório ou mesmo violento costuma ser muito maior para as mulheres que para os homens. É a "vulnerabilidade diferenciada" de que falava Susan Okin[46]. Por outro lado, a família, como rede de apoios e solidariedades, ainda que tingida por padrões de opressão interna, tende a ser mais crucial para mulheres negras e trabalhadoras que para profissionais brancas, que podem esperar sucesso e independência no mercado de trabalho[47].

É necessário discutir o problema escapando das armadilhas tanto do objetivismo (as preferências reais são identificáveis por um observador externo) quanto do subjetivismo (as preferências reais são aquelas expressas pelos indivíduos). O objetivismo carrega um risco autoritário (presente, por exemplo, na noção de interesse objetivo na tradição marxista, com sua distinção arbitrária entre "classe em si" e "classe para si" e a identificação de uma consciência

---

bandida", de Rappin' Hood (incluída no álbum *Sujeito homem*, de 2001), sonhava "ter estudo, colegial completo". Universidade, nem no sonho. É um exemplo das preferências adaptativas.

[45] Iris Marion Young, *Justice and the Politics of Difference*, cit., p. 58-9.

[46] Susan Moller Okin, *Justice, Gender, and the Family* (Nova York, Basic Books, 1989).

[47] Bell Hooks, *Feminist Theory: From Margin to Center* (Cambridge, South End, 2000), p. 38. A edição original é de 1984.

"verdadeira", oposta a outras, "falsas"). O subjetivismo pode conduzir ao conformismo, em que a adequação ao que está dado é presumida e falta atenção aos elementos de controle e de manipulação. A solução é carregada de ambiguidades; exige a capacidade de questionar as preferências subjetivas sem postular a existência de preferências objetivas. Para tanto, as preferências devem ser investigadas não como pontos fixos, mas como processos – e é relevante entender se existem custos excessivos para a adoção de preferências alternativas, se há mesmo a possibilidade de considerá-las e se os sujeitos são capazes de refletir sobre si mesmos, suas escolhas e suas circunstâncias.

Ao mesmo tempo, é necessário evitar as ilusões paralelas do atomismo (os indivíduos deveriam ser capazes de produzir suas preferências no vácuo das pressões sociais) e do comunitarismo (a socialização é a fonte incontestável do sentido). É mais produtivo manter a relação entre indivíduo e comunidade como uma tensão que não se resolve nem na teoria nem na prática social, exigindo permanente negociação.

As visões comunitaristas, como observado antes, dizem que não há como ter preferências efetivas fora do horizonte dos valores normativos compartilhados. Mas há graus de distanciamento reflexivo, de capacidade de escrutínio crítico sobre as próprias pressões – e essa possibilidade deve ser valorizada como condição para uma agência mais autônoma. Até porque a "comunidade" também inclui relações de dominação em seu interior, quase sempre em prejuízo das mulheres e dos mais jovens.

Foi o que Susan Okin ressaltou num texto que causou polêmica, desafiando a visão multiculturalista da proteção aos modos de vida minoritários em nome do ideal, liberal, da autonomia individual. Muito da polêmica deriva do fato de que a proteção às culturas minoritárias exige um relativo isolamento diante das influências externas, limitando a exposição a alternativas que fomentam a capacidade de leitura crítica da própria posição[48]. O caso das comunidades *amish* nos Estados Unidos, sempre lembrado nessa discussão, é um exemplo extremo.

Não é possível pensar num distanciamento completo em relação ao quadro de valores e visões de mundo que informa nossas decisões, como no ideal de uma

---

[48] Susan Moller Okin et al., *Is Multiculturalism Bad for Women?* (Princeton, Princeton University Press, 1999). Ver também Anne Phillips, *Multiculturalism Without Culture* (Princeton, Princeton University Press, 2007).

"objetivação" emancipadora, a "socioanálise" apresentada por Pierre Bourdieu, que nos liberaria de nosso inconsciente social[49]. Mas é possível, sim, vislumbrar condições de ampliação da capacidade crítica pela redução das vulnerabilidades e ampliação do acesso a informações e visões de mundo alternativas.

O que está em questão, porém, não é só, nem mesmo principalmente, a autonomia ou a capacidade de produção autônoma de preferências como um atributo de tal ou qual indivíduo. Para uma crítica consequente dos processos sociais de formação das preferências, é preciso focar os mecanismos que induzem sistematicamente a opção por determinados tipos de preferência. Trata-se de dar atenção, mais uma vez, à atuação dos aparelhos ideológicos (isto é, formas institucionalizadas de disseminação de valores e de visões de mundo). Dois exemplos são a publicidade comercial (que dissemina a preferência pelo consumo conspícuo, favorece um etos aquisitivo etc.) e a religião (que determina as fronteiras da norma e do desvio)[50].

Mais que tal ou qual constrangimento individual, o problema é a capacidade diferenciada que os diversos grupos têm de influenciar essas estruturas. A capacidade de influenciar preferências alheias não é "inocente"; essa influência se faz em favor dos próprios interesses. Trata-se de algo crucial para a reprodução dos padrões sociais de dominação. Após indicar o controle dos meios de coerção física e dos meios de produção da riqueza como as bases do poder em qualquer sociedade, Piven e Cloward acrescentam que "essas fontes de poder são protegidas e ampliadas pelo uso desse poder não apenas para controlar as ações de homens e mulheres, mas também para controlar suas crenças"[51].

Publicidade comercial e religião servem, de novo, como exemplos. Anda bem desgastado o discurso crítico à "sociedade de consumo" e às formas de cooptação e acomodação que ela enseja. Mas ele continua merecedor de atenção. A ideia de que o consumo é o caminho para a autorrealização, com o

---

[49] Ver Pierre Bourdieu e Roger Chartier, *Le Sociologue et l'historien*, cit. Para uma crítica, Luis Felipe Miguel, *Consenso e conflito na democracia contemporânea*, cit., cap. 5.

[50] Ganha relevância aqui a questão do controle da mídia. Os meios de comunicação de massa são os principais difusores das representações do mundo nas sociedades contemporâneas, com forte influência, portanto, sobre as mentalidades e a produção das preferências. A ausência de uma pluralidade de valores e perspectivas no discurso da mídia compromete o acesso à diversidade de "possíveis" que, segundo tento demonstrar, é condição para a efetiva ação autônoma.

[51] Frances Fox Piven e Richard A. Cloward, *Poor People's Movements*, cit., p. 1.

consequente insulamento na vida privada, contribui de forma crucial para a reprodução da ordem capitalista[52]. Já a religião, historicamente, se caracteriza como uma forma de controle sobre as mulheres, que contribui de maneira decisiva para reproduzir a dominação masculina, e uma forma de acomodação dos oprimidos, contribuindo para sua subserviência.

O problema, assim, é que alguns têm alto poder de influenciar as preferências alheias e outros estão apenas submetidos a essas influências, graças ao controle diferenciado sobre recursos materiais e simbólicos. Por isso, indicar o paternalismo como o principal adversário a ser enfrentado é formular o problema de uma maneira que impede sua solução. O antipaternalismo tende a assumir as preferências expressas pelos indivíduos como não problemáticas, exceto quando há coerção aberta. No entanto, as condições para a produção razoavelmente autônoma das preferências são – como visto – bastante mais exigentes. Elas falham quando há, por exemplo, uma condição de privação material, a ausência de informação plural, um baixo desenvolvimento de ferramentas cognitivas ou custos materiais e/ou simbólicos elevados em caso de mudança nas preferências expressas. O debate na literatura feminista sobre o estatuto da adesão "espontânea" de mulheres a ditames sexistas de base religiosa, como no *affaire du foulard* francês ou mesmo a mutilação genital feminina[53], é revelador da complexidade da questão.

Um antipaternalismo consequente deve ser entendido como a busca pela ampliação das condições de produção autônoma de preferências individuais e também coletivas, não como aceitação acrítica da expressão atual delas. Mais importante que isso, porém, é observar que a distinção paternalismo/antipaternalismo está longe de esgotar o problema. Não apenas as preferências são *sempre* socialmente produzidas, como o são em ambientes em que alguns grupos têm maior capacidade de transmitir suas visões de mundo e de impor seus valores; em que existem padrões estruturados de silenciamento. Ou seja, a questão central não é o paternalismo, mas a dominação. Múltiplos mecanismos nas relações de dominação submetem a formação das preferências dos dominados a pressões e constrangimentos por parte dos dominantes. E o que se efetiva não é uma relação paternal (que pretensamente ocorreria em favor do bem-estar do tutelado), mas a busca da redução dos custos da dominação.

---

[52] André Gorz, *Métamorphoses du travail*, cit.

[53] Ver Martha C. Nussbaum, *Sex and Social Justice* (Oxford, Oxford University Press, 1999), cap. 4.

A ideia de autonomia é central porque implica tanto a capacidade de que os indivíduos produzam, coletivamente, os próprios interesses quanto a de que renegociem suas identidades e seus pertencimentos de grupo. "Autonomia" não significa que o *self* paira acima e além das relações sociais que o constituem. Mas também não é uma ilusão, uma vez que não seríamos mais que um produto de nosso pertencimento comunitário – o "quem sou eu?" descartando o "que objetivos eu escolho?", como no relato de Sandel[54]. Autonomia significa que, embora sejamos seres sociais, somos capazes de desenvolver competências que nos permitem avaliar criticamente as tradições e os valores que herdamos[55]. Entendida como um bem social, necessário à democracia, estabelece a necessidade de universalização dos recursos materiais, informacionais e cognitivos que permitem seu desenvolvimento.

É razoável ver nas relações paternalistas uma forma de dominação. Quem exerce o paternalismo nega ao outro a possibilidade da autodeterminação. Mas ele é uma expressão muito específica, que não compreende todo o amplo espectro das formas de dominação social. Como disse Edward Thompson, o paternalismo envolve "implicações de calor humano e relações próximas que subentendem noções de valor. Confunde o real com o ideal"[56]. O historiador se referia a um problema diferente, recusando a caracterização da relação entre a *gentry* e os trabalhadores pobres na Inglaterra do século XVIII como "paternalista", mas sua observação cabe aqui. Quando afastamos a presunção de que há, por parte de quem exerce a influência, uma preocupação genuína com o objeto da ação, os limites da abordagem centrada no paternalismo se evidenciam.

É mais útil construir o problema como relativo aos obstáculos que a dominação apresenta à autonomia dos agentes – e aí o paternalismo entra como um caso – em vez do contrário. Para tanto, é necessário entender a formação das preferências não só, nem mesmo prioritariamente, no âmbito dos indivíduos, mas no da sociedade, isto é, levando em conta as estruturas (e que grupos as controlam). É possível voltar, aqui, aos exemplos da raposa com as uvas e de Ulisses amarrado no mastro, mobilizados por Jon Elster para ilustrar

---

[54] Michael J. Sandel, *Liberalism and the Limites of Justice*, cit.

[55] Linda Barclay, "Autonomy and the Social Self", em Catriona Mackenzie e Natalie Stoljar (orgs.), *Relational Autonomy: Feminist Perspectives on Autonomy, Agency, and the Social Self* (Oxford, Oxford University Press, 2000).

[56] E. P. Thompson, *Costumes em comum: estudos sobre a cultura popular tradicional* (trad. Rosaura Eichenberg, São Paulo, Companhia das Letras, 1998), p. 32. A edição original é de 1991.

a inter-relação entre preferências e circunstâncias. A preocupação de Elster, já sabemos, é com a ação individual, com os problemas relacionados à mudança das preferências pessoais no tempo e com os mecanismos de produção de "pré-compromissos" e de restrições autoimpostas[57]. Mas, se pensarmos no mundo social de forma mais ampla, observaremos que há muitas raposas e poucos Ulisses. Para a maior parte das pessoas, coloca-se como imperativo reduzir suas ambições, adequar-se a um horizonte limitado de possibilidades e adaptar suas preferências diante de circunstâncias que elas não controlam. E alguns poucos têm a possibilidade de alterar as circunstâncias, não só as suas, como as dos outros.

O que gera essa possibilidade é o controle diferenciado de recursos materiais e simbólicos, estabelecendo assimetrias na influência sobre mercados e Estado e no acesso às posições de autoridade e aos espaços de difusão das representações do mundo social. A desigualdade no acesso à autonomia individual e na participação na autonomia coletiva pode, assim, ser considerada a desigualdade política central, que condensa todas as outras.

---

[57] Jon Elster, *Ulisses liberto*, cit.

6
CLASSE E GÊNERO

. . . .

No feminismo ocidental da chamada "segunda onda", aquele que emerge nos anos 1960 e 1970, uma preocupação difundida era definir sua relação com duas correntes teóricas: a psicanálise e o marxismo. O pensamento de Freud podia ser aproveitado, a despeito de sua evidente misoginia, como abrindo caminhos para entender a construção da sexualidade feminina numa sociedade marcada pela dominação masculina[1]. Ou, ao contrário, era denunciado como base de uma contrarrevolução sexual, contribuindo para emparedar as mulheres na imagem convencional da feminilidade e nos papéis subalternos que dela derivam – os psicanalistas sendo "os mastins da ordem patriarcal", como depois escreveu Christine Delphy[2]. Esta última é a posição externada com clareza e veemência num dos livros fundadores da própria "segunda onda", *A mística feminina*, de Betty Friedan[3].

Já o marxismo sempre professou seu compromisso com a igualdade entre os sexos. No entanto, ao estabelecer a centralidade absoluta da diferença de classes como fonte última de todas as formas de opressão social, permitia que se negasse relevância às demandas feministas ou mesmo, na pior das hipóteses, que elas fossem consideradas um tipo de diversionismo nefasto. Ainda que a contribuição do marxismo clássico à discussão da submissão feminina não possa ser negligenciada[4], pensadoras e ativistas identificadas com ele e que depois se tornaram ícones feministas, como Clara Zetkin ou Aleksandra Kollontai, recusavam esse rótulo, julgando-o burguês. No Brasil, no fim dos anos

---

[1] Juliet Mitchell, *Psychoanalysis and Feminism: Freud, Reich, Laing, and Women* (Nova York, Pantheon, 1974).

[2] Christine Delphy, "Critique de la raison naturelle", em *L'Enemmi principal*, v. 2 (Paris, Syllepse, 2013), p. 20. A edição original é de 2001.

[3] Betty Friedan, *The Feminine Mystique* (Nova York, Norton, 2001). A edição original é de 1963.

[4] Ver Joana El-Jaick Andrade, "A social-democracia clássica e a emancipação feminina", *Revista Brasileira de Ciência Política*, n. 2, 2009.

140 DOMINAÇÃO E RESISTÊNCIA

1960, uma autora marxista como Heleieth Saffioti ainda externava tal posição. No livro *A mulher na sociedade de classes*, que teve tanta repercussão na reflexão feminista internacional da época, ela escrevia: "Se esta obra não se dirige apenas às mulheres, não assume, de outra parte, a defesa dos elementos do sexo feminino. Não é, portanto, feminista"[5]. E um motivo central é a afirmação da superioridade explicativa da classe em relação ao sexo. Os problemas das mulheres, afirmava ela, "são problemas de classes sociais manifestando-se diferentemente nas categorias de sexo"[6].

A questão que então se impôs a boa parte do feminismo dos anos 1960 e 1970 era como produzir uma análise que levasse em conta tanto classe quanto sexo ou gênero; dito de outra forma, que fosse capaz de compreender a sociedade como sendo, a um só tempo, capitalista e patriarcal. Autoras com pegada teórica mais forte e compromisso com um ideal feminista socialista buscaram construir modelos que fossem sensíveis às questões de gênero dentro do enquadramento marxista, que estabelecessem capitalismo e patriarcado como mecanismos de dominação que operam de forma cruzada na mesma sociedade (as chamadas "teorias de sistemas duais") ou mesmo que entendessem a esfera doméstica como dotada de um modo de produção próprio, funcionando em paralelo com a economia capitalista. Mas mesmo aquelas com foco de análise mais circunscrito ou voltadas a pesquisas empíricas, tivessem ou não uma inclinação pró-socialista, tendiam a incorporar a variável "classe", com destaque, em suas reflexões.

O feminismo brasileiro das décadas de 1960 a 1980 serve de exemplo. Uma abordagem feminista emergiu no interior do pensamento marxista, como é o caso de Heleieth Saffioti, já mencionada, ou de Heloneida Studart, cujo *best--seller Mulher, objeto de cama e mesa*, com cerca de 300 mil exemplares vendidos desde 1974, cumpriu papel importante oferecendo um primeiro contato com discussões feministas para gerações de leitoras e leitores[7]. Mesmo um importante estudo sobre a sexualidade das mulheres apresentava o subtítulo "corpo

---

[5] Heleieth Saffioti, *A mulher na sociedade de classes: mito e realidade* (São Paulo, Expressão Popular, 2013), p. 34. A edição original é de 1969.

[6] Ibidem, p. 106. Para uma discussão da evolução de Saffioti em sua relação com o feminismo, ver Céli Regina Jardim Pinto, "O feminismo bem-comportado de Heleieth Saffioti (presença do marxismo)", *Revista Estudos Feministas*, v. 22, n. 1, 2014.

[7] Sobre a trajetória de Studart, ver Cecília Cunha, "Uma escritora feminista: fragmentos de uma vida", *Revista Estudos Feministas*, v. 16, n. 1, 2008.

e classe social no Brasil" e, de fato, organizava a discussão de acordo com esse recorte, separando os dados relativos às burguesas, às operárias e às camponesas[8]. E uma das áreas centrais de pesquisa sobre gênero foi a sociologia do trabalho. Textos fundadores, como aqueles de Elizabeth Sousa-Lobo postumamente reunidos em livro[9], ajudavam a definir uma compreensão do mundo social em que a divisão sexual do trabalho, logo a relação entre gênero e classe, ocupava uma posição de destaque. Ou seja: a reflexão feminista que emergiu no Brasil na segunda metade do século XX, assim como a então produzida na Europa e na América do Norte, esteve preocupada centralmente com a relação entre gênero e classe social.

A partir da última década do século passado, a centralidade dessa relação começou a refluir. É possível ver, neste movimento, o efeito de transformações internas ao pensamento feminista, em particular a influência crescente do pós-estruturalismo e da teoria *queer*, mas também um reflexo da derrocada do socialismo real, com o paulatino abandono da esperança em uma sociedade pós-capitalista, e da concomitante retração do marxismo nas ciências sociais de maneira geral. O fato é que, ao mesmo tempo que a reflexão feminista procurou se tornar mais sensível às múltiplas diferenças e aos diversos padrões de opressão social, a desigualdade de classe e a exploração capitalista passaram ao segundo plano. O feminismo marxista é colocado, cada vez mais, como uma corrente à parte – é mais uma vertente secundária do marxismo que um braço do feminismo teórico. Seu diálogo com outras perspectivas teóricas feministas é, em geral, escasso, com prejuízos de lado a lado.

No caso brasileiro, consolidou-se a visão de que, nos anos 1970 e 1980, as organizações da esquerda anatematizavam o feminismo como um "desvio pequeno-burguês" que comprometia a luta contra a ditadura militar e pelo socialismo[10]. Tal leitura reflete a frustração com o marxismo ortodoxo, mas é parcial, ao deixar de lado o esforço que muitas feministas revolucionárias fizeram, no interior dessas organizações, para reposicionar a opressão das mulheres em suas plataformas políticas – enfrentando, é verdade, a oposição de

---

[8] Rose Marie Muraro, *Sexualidade da mulher brasileira: corpo e classe social no Brasil* (Petrópolis, Vozes, 1983).

[9] Elizabeth Souza-Lobo, *A classe operária tem dois sexos: trabalho, dominação e resistência* (São Paulo, Brasiliense, 1991).

[10] Céli Regina Jardim Pinto, *Uma história do feminismo no Brasil* (São Paulo, Fundação Perseu Abramo, 2003), p. 45.

muitos dirigentes homens, ciosos de seus privilégios e pouco sensíveis à temática. Ignora também o papel de militantes comunistas, como Zuleika Alambert ou a própria Heloneida Studart, na difusão de uma consciência feminista no Brasil, ainda durante a ditadura. No limite, é uma leitura que pressupõe que o feminismo precisava se "emancipar" do socialismo[11], ao passo que essas pioneiras queriam afirmar um compromisso duplo, em que gênero e classe estivessem presentes.

De maneira apenas ilustrativa, é possível observar que os dois periódicos feministas brasileiros na base Scielo – *Revista Estudos Feministas* e *Cadernos Pagu* – publicaram, em 2014, 71 artigos com resumos. Uma busca nesses resumos e nas palavras-chave que os acompanham indica a presença do conceito de classe social em apenas dois deles. Referências ao capitalismo se limitam a duas menções à modernidade ou à modernização capitalistas e a uma inclusão de "capital" como palavra-chave de um texto. Ou então é possível observar que, entre todos os textos postados no blog *Blogueiras feministas* entre seu início, em 2010, até o fim de 2014, apenas 6,7% estejam classificados na categoria "Trabalho e economia", muito abaixo de questões como mídia, violência, relacionamentos, diversidade ou política[12].

Não se trata de negar *a priori* relevância a outras temáticas que surgem vinculadas ao feminismo e aos estudos de gênero, mas de reivindicar a continuidade da importância da relação entre classe e gênero para explicar o mundo social e, dentro dele, a posição das mulheres. O declínio da esperança no socialismo pode gerar desânimo em quem empreende a crítica da ordem capitalista, mas é necessário recusar a conclusão de que nada resulta desse esforço "além de um ataque agudo de depressão", como disse certa vez Anne Phillips[13]. Talvez não resulte a planta baixa de uma sociedade renovada, mas certamente permite uma compreensão mais clara e mais completa do mundo com o qual temos que lidar e das formas de dominação que enfrentamos.

Do outro lado, "gênero" nunca se estabeleceu como um conceito nativo no pensamento marxista, sendo quase sempre encaixado em análises que, a rigor, dele prescindiriam. Um exemplo ilustrativo é a série de coletâneas *Riqueza e*

---

[11] Algo que é explícito, por exemplo, em Margareth Rago, "Os feminismos no Brasil: dos 'anos de chumbo' à era global", *Labrys*, n. 3, 2003.

[12] A coleta dos dados foi feita por Illyusha Khristhie Lima Bites Montezuma, a quem agradeço.

[13] Anne Phillips, *Which Equalities Matter?*, cit., p. 17.

miséria do trabalho no Brasil, organizada por Ricardo Antunes[14]. Os três volumes reúnem mais de noventa artigos que tratam das transformações gerais do trabalho no mundo capitalista e discutem, em detalhe, setores produtivos brasileiros. À parte um texto que discute a feminização do *telemarketing* e um sobre músicos de orquestras, ambos no primeiro volume, "gênero" aparece, no máximo, como uma categoria lateral[15]. E o que é mais relevante: o trabalho doméstico não remunerado não é levado em conta, em *nenhum* artigo, como variável relevante, seja para explicar as posições de mulheres e de homens nas relações de trabalho, seja como componente invisibilizado dos processos de exploração.

São apenas ilustrações – seria necessário um trabalho de fôlego para entender a presença da classe no feminismo e do gênero no marxismo contemporâneos. Mas elas reforçam a impressão de que existe, já faz algumas décadas, um refluxo da preocupação com o impacto cruzado dessas duas clivagens. Creio que tal refluxo prejudica não só nossa capacidade de entender a complexidade do mundo social, mas também a de compreender as maneiras pelas quais gênero e classe impregnam as estruturas da sociedade e impactam a vida das pessoas[16].

Trabalho neste capítulo com o entendimento de que o conceito de capitalismo é relativamente pouco polêmico. Ainda que a datação histórica do capitalismo, seus padrões evolutivos e sua convivência com outras formações sociais sejam objeto de controvérsia, a caracterização geral do modo de produção capitalista é consensual. Ela inclui a separação entre trabalhadores e instrumentos de trabalho, a propriedade privada dos meios de produção, o controle privado do investimento, a apropriação privada da riqueza, o assalariamento de uma mão de obra formalmente livre e a produção de bens voltada precipuamente para a troca mercantil.

---

[14] Ricardo Antunes (org.), *Riqueza e miséria do trabalho no Brasil* (São Paulo, Boitempo, 2006); *Riqueza e miséria do trabalho no Brasil II* (São Paulo, Boitempo, 2013); *Riqueza e miséria do trabalho no Brasil III* (São Paulo, Boitempo, 2014).

[15] Claudia Mazzei Nogueira, "A feminização do trabalho no mundo do *telemarketing*", e Liliana Rolfen Petrilli Segnini, "Acordes dissonantes: assalariamento e relações de gênero em orquestras", ambos em Ricardo Antunes (org.), *Riqueza e miséria do trabalho no Brasil*, cit.

[16] Nos últimos anos, emergiram correntes no feminismo teórico anglo-saxão que buscam reverter essa ausência da classe – e que, por sua centralidade na divisão internacional do trabalho intelectual, têm impacto em todo o mundo. O debate ganhou maior visibilidade a partir da polêmica denúncia que Nancy Fraser fez às políticas de identidade, com chamamento à retomada da discussão a partir do eixo de classe. Nancy Fraser, "The End of Progressive Neoliberalism", *Dissent, on-line*, 2 jan. 2017, disponível em: <www.dissentmagazine.org/online_articles/progressive-neoliberalism-reactionary-populism-nancy-fraser>, acesso em 18 fev. 2017.

Para seus defensores, é o predomínio do mercado – apresentado como espaço do exercício da autonomia individual e das interações humanas não coercitivas – que concentra as virtudes da sociedade capitalista. Por sua vez, seus críticos observam como a autonomia da maior parte dos indivíduos é limitada pelas condições materiais de suas vidas. O assalariamento aparece, então, não como uma opção livremente elegida, mas como uma necessidade que obriga os não proprietários a se submeter ao arbítrio de outrem. O trabalho é "alienado", isto é, despido de seu significado intrínseco, e produz uma riqueza que é apropriada por outros. O capitalismo se caracteriza pela "exploração do homem pelo homem", expressão que também indica a adesão acrítica, por parte dos pensadores socialistas iniciais, à ideia de que o gênero masculino expressa o humano universal.

Mas indica também a incorporação ambígua das mulheres no modo de produção capitalista. Por um lado, os impedimentos legais a que as mulheres controlassem a propriedade impedia que elas exercessem plenamente o papel de burguesas – seu pertencimento de classe era derivado daquele de maridos ou pais. Na classe trabalhadora, a situação era mais complexa. Por motivos que incluíam necessidades tanto tecnológicas quanto de maior controle sobre a força de trabalho, o capitalismo transferiu a maior parte da produção das unidades domésticas para as manufaturas[17]. Nem por isso as mulheres ficaram de fora do trabalho assalariado. Mas, dada a imposição do modelo da família burguesa, tal situação, por mais corriqueira que fosse, era percebida como uma anomalia. Para a burguesia, o trabalho das mulheres operárias era mais um indício da inferioridade moral das "classes baixas". Mesmo para os operários (de ambos os sexos), a "respeitabilidade" da organização doméstica burguesa e pequeno-burguesa aparecia, muitas vezes, como um ideal a ser alcançado.

Em suma, as mulheres foram incorporadas de forma marginal à produção capitalista. Formavam o último estoque do exército industrial de reserva, chamadas a assumir postos de trabalho em momentos de escassez de braços (como durante as guerras) e sempre as primeiras a ser dispensadas. Seus salários eram, e continuam sendo, inferiores, bem como seu *status* profissional. Os arranjos familiares, as convenções morais dominantes e o funcionamento do mercado

---

[17] Stephen Marglin, "Origens e funções do parcelamento de tarefas (para que servem os patrões?)", em André Gorz (org.), *Crítica da divisão do trabalho* (trad. Estela dos Santos Abreu, São Paulo, Martins Fontes, 1989). A edição original é de 1973.

de trabalho agiam em conjunto para que sua posição na estrutura de classes assumisse características diferentes daquelas dos homens. Correspondendo a isso, a reflexão sobre a ordem capitalista e as classes sociais no marxismo, mas não só nele, sempre pressupôs que era o universo dos homens que determinava a compreensão de toda a sociedade, uma percepção que o feminismo logo denunciaria como parcial e insuficiente.

O conceito de patriarcado, por sua vez, está envolvido em maior polêmica. O discurso feminista corrente tende a usá-lo de forma despreocupada, servindo quase como um sinônimo de dominação masculina. Kate Millett dizia que o fato de viver sob o patriarcado "é evidente quando se lembra que Forças Armadas, indústria, tecnologia, universidades, ciência, cargos políticos e finança – em suma, cada caminho para o poder dentro da sociedade, incluindo a força coercitiva da polícia – está inteiramente em mãos masculinas"[18]. Seria patriarcal, assim, qualquer sociedade estruturada pela dominação dos homens sobre as mulheres.

No entanto, "patriarcado" é um termo com trajetória própria na história das ideias sociais, e torná-lo coextensivo à dominação masculina não é isento de consequências. No que se refere à ordem política geral, o patriarcado remete a uma doutrina absolutista específica, associada em particular ao livro póstumo de Robert Filmer[19]. Ele vê o poder monárquico como uma derivação direta do poder paterno, transmitido por direito de progenitura a partir de Adão. Trata-se de uma percepção que toma como base o modelo da família patriarcal, entendida como aquela em que a autoridade do pai e marido é total e que é composta não apenas por um núcleo consanguíneo direto, mas incorpora mais de uma geração e também um contingente de agregados e serviçais[20].

Mas tais descrições não são condizentes nem com a organização política nem com a organização familiar atuais, o que leva muitas feministas a preferir entender o patriarcado como apenas uma manifestação histórica e datada da

---

[18] Kate Millett, *Sexual Politics* (Urbana, University of Illinois Press, 2000), p. 25. A edição original é de 1969.

[19] Robert Filmer, *Patriarcha: The Natural Power of Kings Defended against the Unnatural Liberty of the People*, em *Patriarcha and Other Writings* (Cambridge, Cambridge University Press, 1991). A edição original é de 1680.

[20] A relação entre a família patriarcal brasileira, tal como descrita no pensamento social nativo, e as questões de gênero é discutida por Neuma Aguiar, "Patriarcado, sociedade e patrimonialismo", *Sociedade e Estado*, v. 15, n. 2, 2000.

146 DOMINAÇÃO E RESISTÊNCIA

dominação masculina. Jean Bethke Elshtain julga que a vida em uma "sociedade capitalista avançada e pluralista está tão distante dos contornos do caso paradigmático [o patriarcado de Filmer] que rotular ambos como 'patriarcal' é embaralhar e distorcer a realidade"[21], assim como colocar sob a mesma categoria a família nuclear atual, em que há formalmente maior equilíbrio de direitos entre marido e mulher, e a estrutura familiar própria do patriarcado propriamente dito. O recurso ao patriarcado como categoria explicativa invocaria uma essência trans-histórica e invariável, permanecendo numa generalização insensível às diferenças nos arranjos sociais específicos e, com frequência, insinuando que a dominação masculina está ancorada na reprodução biológica – que é, afinal, o fato invariante das sociedades humanas[22].

Nem mesmo as evidências de Millett, citadas antes, descrevem com exatidão a situação atual. Não é verdade que os recursos de poder estão *inteiramente* em mãos masculinas. Há mulheres, mesmo que poucas, ocupando posições de poder na política, na economia ou na ciência. O problema é ilustrativo da dificuldade geral com o conceito de patriarcado, que estimula uma percepção personalizada da hierarquia entre os gêneros. No entanto, muitas vezes padrões impessoais de atribuições de vantagens e de desvantagens estão operando, na forma de predisposições socialmente difundidas. Uma eventual paridade de mulheres e homens nos espaços de poder, por exemplo, não significaria necessariamente a superação da dominação masculina. As estruturas dessa dominação podem continuar atribuindo ônus diferenciados de acordo com sexo ou gênero, mesmo que as vias de acesso às posições privilegiadas estejam franqueadas àquelas que têm como pagar o preço.

Em suma, as relações de subordinação direta de uma mulher particular a um homem particular, próprias do patriarcado histórico, foram em grande medida substituídas por essas estruturas impessoais de atribuição de vantagens e oportunidades, que operam em prejuízo do gênero feminino[23]. Também os

---

[21] Jean Bethke Elshrain, *Public Man, Private Woman: Women in Social and Political Thought* (Princeton, Princeton University Press, 1993), p. 215. A edição original é de 1981.

[22] Ver Michèle Barrett, *Women's Oppression Today: The Marxist/Feminist Encounter* (Londres, Verso, 1988), p. 12-4. A edição original é de 1980. Essa crítica está presente também em Joan Scott, *Gender and the Politics of History* (Nova York, Columbia University Press, 1999), p. 34 – a edição original é de 1989; e Gayle Rubin, "The Traffic of Women: Notes on the 'Political Economy' of Sex", em Linda Nicholson (org.), *The Second Wave: a Reader in Feminist Theory* (Nova York, Routledge, 1997), p. 33 – o texto original é de 1975.

[23] Susan Moller Okin, *Justice, Gender, and the Family*, cit., p. 138-9.

arranjos matrimoniais contemporâneos se adéquam mal ao modelo patriarcal, de autoridade absoluta do homem. São antes uma "parceria desigual", marcada pela maior vulnerabilidade das mulheres[24]. Ou seja, na família como na sociedade mais ampla, as instituições patriarcais sofreram transformações, mas a dominação masculina – uma categoria mais abrangente e menos específica – permanece.

Para outras autoras, porém, patriarcado é o conceito capaz de "capturar a profundidade, penetração ampla (*pervasiveness*) e interconectividade dos diferentes aspectos da subordinação das mulheres"[25]. Ainda que marcando a distinção entre o patriarcado moderno e suas formas anteriores, Carole Pateman faz uma defesa enfática da manutenção do conceito: "Se o problema não tem nome, o patriarcado pode facilmente deslizar de novo para a obscuridade, sob as categorias convencionais da análise política"[26]. Há uma diferença entre sua justificativa, ancorada numa conveniência política, e posições como a de Silvia Walby, também citada, que apostam de forma mais franca no potencial analítico e explicativo do conceito. É a conveniência política que faz Michèle Barrett recuar de sua crítica anterior ao caráter anistórico da aplicação do rótulo "patriarcal" à sociedade contemporânea, aderindo a seu uso "simbólico", como forma de afirmar que se reconhece "o caráter independente da opressão das mulheres e evitar explicações que a reduzam a outros fatores"[27].

Em textos anteriores, evitei a utilização de "patriarcado" e "patriarcal", exatamente por julgar que são imprecisos e tendem a pressupor continuidades, em vez de iluminar a maleabilidade da dominação masculina[28]. Aqui, curvo-me a eles não apenas por admitir a conveniência política de seu uso como rótulo expressivo para a denúncia da desigualdade de gênero, mas sobretudo porque é nesses termos que em geral trabalham as autoras que discuto neste capítulo.

Estabelecido o quadro conceitual, é possível enfrentar a relação entre gênero e classe. O feminismo do século XIX e de princípios do século XX, que teve

---

[24] Nancy Fraser, *Justice Interruptus: Critical Reflections on the "Postsocialist" Condition* (Nova York, Routledge, 1997), p. 229.

[25] Sylvia Walby, *Theorizing Patriarchy* (Oxford, Blackwell, 1990), p. 2.

[26] Carole Pateman, *The Sexual Contract* (Stanford, Stanford University Press, 1988), p. 20 [ed. bras.: *O contrato sexual*, trad. Marta Avancini, Rio de Janeiro, Paz e Terra, 1993].

[27] Michèle Barrett, "Introduction to the 1988 Edition", em *Women's Oppression Today: The Marxist/ Feminist Encounter* (Londres, Verso, 1988), p. XIII.

[28] Luis Felipe Miguel e Flávia Biroli, *Feminismo e política: uma introdução* (São Paulo, Boitempo, 2014).

na luta pelo direito ao voto sua bandeira mais emblemática, foi, sobretudo, um movimento de mulheres das classes mais abastadas. Ainda que muitas sufragistas manifestassem seu apoio à abolição da escravatura nos Estados Unidos, seu programa consistia, em primeiro lugar, na extensão às mulheres dos direitos que o liberalismo concedia aos homens. A crítica aos limites do liberalismo, num momento em que mesmo na letra da lei vários desses direitos eram negados aos trabalhadores de ambos os sexos, estava fora do alcance da maior parte do discurso sufragista.

Assim como o pensamento liberal nasceu vendo no homem proprietário o sujeito "universal", as primeiras autoras e os primeiros autores feministas tendiam a pensar a categoria "mulher" a partir de sua própria posição social. Para defender o acesso das mulheres à esfera pública, John Stuart Mill explicava que suas responsabilidades no lar não eram suficientes para impedi-las de lidar com outras questões: "Quanto à supervisão da casa, se não significa nada mais que comprovar que os criados cumpram seus deveres, não é uma ocupação". Em seguida, admite que há circunstâncias em que "a senhora de família fará o trabalho dos criados", mas isso é menos importante, pois ocorrerá apenas "na categoria em que não existem meios de contratar criados, e em nenhum outro lugar"[29]. Trata-se do mesmo escritor que logo se tornaria um severo crítico das limitações que a sociedade capitalista impunha aos trabalhadores, chegando mesmo a defender uma forma de socialismo. O viés de classe age menos por uma decisão consciente e mais pela incapacidade de sair da própria posição social e ver o mundo pelas circunstâncias de outros.

Militantes socialistas, comunistas e anarquistas preocupadas com a condição feminina apresentavam um retrato diferente, mas em geral buscavam se distanciar do sufragismo burguês. Assim, a comunista Clara Zetkin se esforçava para dar destaque às demandas das mulheres, mas julgava que a barreira de classe era intransponível e recusava com veemência qualquer colaboração com o movimento sufragista[30]. Já Emma Goldman, uma das mais eloquentes defensoras da igualdade entre os sexos, criticava a própria ideia de

---

[29] John Stuart Mill, "Primeros ensayos sobre matrimonio y divorcio: ensayo de John Stuart Mill", em John Stuart Mill e Harriet Taylor Mill, *Ensayos sobre la igualdad sexual* (Madri/Valência, Cátedra/Universitat de València, 2001), p. 105. Os manuscritos são de c. 1832.

[30] Ver Tony Cliff, "Clara Zetkin and the German Socialist Feminist Movement", *International Socialism*, segunda série, n. 13, 1981.

sufrágio, a partir de um ponto de vista anarquista. O projeto sufragista seria apenas inserir as mulheres de uma nova forma na mesma ordem social opressora[31]. Da mesma maneira, Aleksandra Kollontai denunciava as feministas, que "buscam igualdade nos quadros da atual sociedade" sem desafiar prerrogativas e privilégios[32].

Uma interessante reflexão sobre a relação cruzada entre classe e gênero, no pensamento socialista do início do século XX, aparece em "Mulher trabalhadora e mãe", panfleto escrito por Kollontai[33]. Ela contrasta o significado da maternidade para diferentes mulheres hipotéticas: a esposa do capitalista, cercada de mimos e de criados; a aia desta, talvez engravidada pelo patrão, demitida assim que não consegue mais esconder a gestação; a lavadeira, para quem a barriga de vários meses significa um fardo a mais num ofício já muito pesado; a operária da fábrica, obrigada a trabalhar até a véspera do parto. Fica claro que não é possível unificar experiências tão díspares e pensar as mulheres sem levar em conta as classes sociais. Mas ela não faz o esforço inverso, que seria discutir como um mesmo fato – por exemplo, a expectativa de ter um filho – incide de forma diferente sobre mulheres e homens de um mesmo estrato social.

É a percepção de que classe, afinal, tem centralidade e poder explicativo maiores que gênero. A parcela do feminismo da "segunda onda" de que trato aqui acompanhou as pensadoras comunistas e anarquistas em sua recusa a universalizar o ponto de vista das mulheres burguesas. Mas, além disso, buscou enfatizar a relevância específica da desigualdade entre os sexos para explicar a dinâmica social. Tratava-se de entender como o pertencimento de classe gera especificidades nas vivências das mulheres e, ao mesmo tempo, como a divisão de gênero atravessava as classes sociais.

Para tanto, era necessário negar a ideia de que um tipo de desigualdade estava na raiz do outro tipo (ou de todos os outros). A divisão de classe *não* podia ser entendida como a causa geradora da dominação sobre as mulheres, da maneira como era sugerido pelo texto fundador de Engels e por boa parte

---

[31] Emma Goldman, *Anarchism and Other Essays* (North Charleston, CreateSpace, 2013). A edição original é de 1911.

[32] Aleksandra Kollontai, "The Social Basis of the Women Question", em *Selected Writings* (Nova York, Norton, 1977), p. 59. A edição original é de 1909.

[33] Idem, "Working Woman and Mother", em *Selected Writings*, cit. A edição original é de 1914.

dos marxistas que o seguiram[34]. Mas tampouco era possível simplesmente inverter a equação e determinar que o sexismo é "raiz e paradigma das várias formas de opressão", como disse Mary Daly[35], ou que a guerra dos sexos é mais abrangente que o conflito de classes porque "recua além da história registrada e chega ao reino animal em si mesmo", nas palavras de Shulamith Firestone[36]. Dominação masculina e dominação de classe aparecem como dois fenômenos relativamente independentes, com origens e mecanismos de reprodução em alguma medida distintos.

Distintos, porém atuando de forma complementar. A percepção de uma sociedade capitalista e patriarcal não é a simples sobreposição de duas formas de dominação, muito menos a existência de esferas separadas (a economia, o lar) em que uma ou outra imperariam. O desafio era entender os padrões complexos pelos quais gênero e classe se associam para produzir as estruturas do mundo social, estabelecendo de acordo com o pertencimento de grupo constrangimentos diferenciados, que afetam mulheres, trabalhadores e, de maneira específica, mulheres trabalhadoras.

Sobretudo a partir dos anos 1980, o feminismo negro acrescentou o racismo à equação. De fato, embora raça e classe costumem manter um grau significativo de associação, mais elevado que o existente entre gênero e classe, o racismo estrutural incide de maneira própria, irredutível à desigualdade de classe, e a posição social da *mulher negra* é específica. Já na primeira metade do século XX, comunistas negras estadunidenses desenvolveram a ideia da "tripla opressão" que afetava a trabalhadora negra, a quem viam como a parcela mais explorada da sociedade[37], mas suas discussões não penetraram no *mainstream* do pensamento feminista posterior. Quando a questão retoma centralidade,

---

[34] Friedrich Engels, *A origem da família, da propriedade privada e do Estado* (trad. Leandro Konder, Rio de Janeiro, Civilização Brasileira, 1985). A edição original é de 1884. Algumas feministas, entre elas Gayle Rubin ("The Traffic of Women", cit., p. 31-2), resgatam aspectos da contribuição de Engels, como a distinção entre "relações de sexualidade" e "relações de produção", que fogem de tal determinismo e permitem avançar numa compreensão mais complexa da relação entre classe e gênero.

[35] Mary Daly, *Beyond God the Father: Toward a Philosophy of Women's Liberation* (Boston, Beacon, 1993). A edição original é de 1973.

[36] Shulamith Firestone, *The Dialectic of Sex: The Case for Feminist Revolution* (Nova York, Farrar, Strauss and Giroux, 1970), p. 4.

[37] Ver Erik S. McDuffie, *Sojourning for Freedom: Black Women, American Communism, and the Making of Black Left Feminism* (Durham, Duke University Press, 2011).

CLASSE E GÊNERO 151

nos escritos de Bell Hooks, Elizabeth Spelman e tantas outras[38], ela tende a ser apropriada de uma maneira em que "o cruzamento privilegiado é entre 'raça' e gênero, enquanto a referência à classe social não passa muitas vezes de uma citação obrigatória", como disse Danièle Kergoat[39]. Ainda que tanto Hooks quanto Spelman realcem a condição de trabalhadoras das mulheres negras, o discurso posterior sobre a interseccionalidade da opressão é muito mais atento à sobreposição entre gênero e raça, deixando as clivagens de classe, quando muito, como um pano de fundo difuso, ancorado na premissa de que, em sociedades racistas, negras e negros tendem a ser mais pobres, ocupar profissões menos especializadas e controlar uma parcela menor da propriedade.

Isso não autoriza a equivaler desigualdade racial e desigualdade de classe, não apenas porque deixaria a descoberto o contingente de trabalhadoras e trabalhadores brancos, mas também porque implicaria retirar de foco, uma vez mais, aquilo que os teóricos do racismo estrutural se preocuparam em enfatizar: que as desigualdades de raça e de classe podem se interpenetrar, mas operam por mecanismos independentes[40]. Assim, embora a preocupação com as questões raciais seja um acréscimo importante à complexidade da reflexão feminista, não justifica o refluxo da atenção à classe.

O entendimento do vínculo entre gênero e classe passa por aquilo que Heidi Hartmann chamou de "o infeliz casamento entre marxismo e feminismo", que reproduziria a relação entre marido e mulher na *common law* inglesa: "Marxismo e feminismo são um, e esse um é o marxismo"[41]. Diante da força analítica da tradição marxista, o feminismo se viu constrangido a simplesmente tentar encaixar a variável gênero num arcabouço conceitual que fora *produzido para* e já era integralmente *ocupado por* classe. O desafio, segundo a própria Hartmann, não é chegar ao divórcio entre feminismo e marxismo, mas a uma relação conjugal equilibrada e igualitária, com o entendimento de que as

---

[38] Bell Hooks, *Ain't I a Woman? Black Women and Feminism* (Cambridge, South End, 1981), e *Feminist Theory: From Margin to Center* (Cambridge, South End, 2000) – a edição original é de 1984; Elizabeth V. Spelman, *Inessential Woman: Problems of Exclusion in Feminist Thought* (Boston, Beacon, 1988).

[39] Danièle Kergoat, "Dinâmica e consubstancialidade das relações sociais", *Novos Estudos*, n. 86, 2010, p. 99.

[40] Ver Charles Mills, *The Racial Contract* (Ithaca, Cornell University Press, 1997).

[41] Heidi Hartmann, "The Unhappy Marriage of Marxism and Feminism: Towards a More Progressive Union", em Linda Nicolson (org.), *The Second Wave: A Reader in Feminist Theory* (Nova York, Routledge, 1997), p. 97. A edição original é de 1979.

estruturas de dominação de gênero e as estruturas de dominação de classe são igualmente importantes na determinação da situação das mulheres nas sociedades capitalistas patriarcais.

Ela propõe, assim, um tipo de "teoria de sistemas duais", em que patriarcado e capitalismo aparecem como sistemas de dominação relativamente independentes. Anterior às relações de produção capitalistas, o patriarcado se viu ameaçado por elas, que empurravam "todas as mulheres e crianças para a força de trabalho e, portanto, destruíam a família e a base do poder dos homens sobre as mulheres"[42]. A acomodação entre os dois se deu graças à segregação do trabalho por sexo, com o pagamento de salários menores às mulheres. Com isso, elas eram incentivadas a se casar e os homens se beneficiavam tanto do salário mais alto quanto dos serviços domésticos realizados por elas[43]. Na leitura de outra teórica dual, o fato de que o capital não buscou integrar completamente a mão de obra feminina, mais barata, no mercado de trabalho indica "deferência à hierarquia patriarcal"[44].

É importante, no âmbito das teorias duais, ressaltar tanto o fundamento independente de capitalismo e de patriarcado quanto a interdependência construída historicamente entre os dois sistemas de dominação. Hartmann observa como a exclusão das mulheres da indústria reforçou sua subordinação, ampliando o controle dos homens sobre a tecnologia e a produção material – mas ressalta que a dominação masculina preexistia e também "influenciou a direção e a forma que o desenvolvimento capitalista tomou"[45]. Por outro lado, a desvalorização das tarefas de cuidado providas pelas mulheres permite ao capitalismo evitar o confronto entre a prioridade dada pelo capital ao valor de troca e a demanda social por valores de uso[46].

Uma vertente das teorias de sistemas duais, exemplificada pela obra de Juliet Mitchell, julga que a dominação de classe estaria presente nas relações de

---

[42] Idem, "Capitalism, Patriarchy, and Job Segregation by Sex", em Zillah R. Eisenstein (org.), *Capitalist Patriarchy and the Case for Socialist Feminism* (Nova York, Monthly Review, 1979), p. 207. Ver também idem, "The Unhappy Marriage of Marxism and Feminism", cit., p. 104.

[43] Idem, "Capitalism, Patriarchy, and Job Segregation by Sex", cit., p. 208.

[44] Zillah Eisenstein, "Developing a Theory of Capitalist Patriarchy and Socialist Feminism", em idem (org.), *Capitalist Patriarchy and the Case for Socialist Feminism* (Nova York, Monthly Review, 1979), p. 28-9.

[45] Heidi Hartmann, "Capitalism, Patriarchy, and Job Segregation by Sex", cit., p. 216-7.

[46] Idem, "The Unhappy Marriage of Marxism and Feminism", cit., p. 111.

produção e a dominação patriarcal, na ideologia[47]. Hartmann, ao contrário, se preocupa em ancorar também o patriarcado no mundo material. Ela o define como "um conjunto de relações sociais entre os homens que tem uma base material e que, embora seja hierárquico, estabelece ou cria interdependência e solidariedade entre os homens, permitindo que eles dominem as mulheres"[48].

As teorias duais de Hartmann e Eisenstein foram criticadas por presumir uma disjunção entre formas de opressão que, no entanto, ocorrem de maneira simultânea: "A premissa de que as relações patriarcais designam um sistema de relações distinto e independente das relações de produção descritas pelo marxismo tradicional"[49]. Em vez disso, seria necessário desenvolver uma teoria unificada, capaz de "compreender o patriarcado capitalista como um sistema único em que a opressão das mulheres é um atributo central"[50].

Zillah Eisenstein se afirmou injustiçada pela crítica de Young, uma vez que seu pensamento não seria dualista e ela sempre teria enfatizado a interação "dialética" entre capitalismo e patriarcado[51]. Mas, à parte fórmulas retóricas, como a que indica que o "patriarcado capitalista, por definição, rompe as dicotomias de classe e sexo, esferas privada e pública, trabalho doméstico e assalariado, família e economia, pessoal e político e ideologia e condições materiais"[52], fica uma distinção marcante entre a exploração (vinculada às relações econômicas capitalistas) e a opressão (que se refere às mulheres e às minorias)[53]. A teoria de Eisenstein, tal como a de Hartmann, apresenta capitalismo e patriarcado como dois sistemas relativamente independentes que se combinam no mundo social concreto.

Não creio que um modelo assim seja necessariamente errado. A crítica de Young curiosamente lembra aquela que a autora, anos mais tarde, faria à

---

[47] Juliet Mitchell, *Psychoanalysis and Feminism*, cit.

[48] Heidi Hartmann, "The Unhappy Marriage of Marxism and Feminism", cit., p. 101.

[49] Iris Marion Young, "Beyond the Unhappy Marriage: A Critique of the Dual Systems Theory", em Linda Sargent (org.), *Women and Revolution: A Discussion of the Unhappy Marriage between Feminism and Marxism* (Boston, South End, 1981), p. 45.

[50] A fórmula é repisada em ibidem, p. 44, e idem, "Socialist Feminism and the Limits of Dual Systems Theory", em *Throwing Like a Girl and Other Essays in Feminist Philosophy and Social Theory* (Bloomington, Indiana University Press, 1990), p. 30. O texto original é de 1980.

[51] Zillah Eisenstein, "The Sexual Politics of the New Right: Understanding the 'Crisis of Liberalism' for the 1980s", *Signs*, v. 7, n. 3, 1982, p. 582.

[52] Idem, "Developing a Theory of Capitalist Patriarchy and Socialist Feminism", cit., p. 23.

[53] Ibidem, p. 22.

distinção elaborada por Nancy Fraser entre "redistribuição" e "reconhecimento"[54]. Em ambas, há um *parti pris* contra qualquer forma de dualidade teórica que é bem pouco explicado. É claro que, na prática social, capitalismo e patriarcado incidem juntos sobre a vida das pessoas. Tratá-los como um sistema único ou duplo não implica a pretensão de desvelar uma verdade essencial: como estratégia analítica, pode ser útil distingui-los – ou pode não ser, e a questão deve ser discutida a partir dos méritos de cada uma das abordagens. Por outro lado, do ponto de vista histórico, o entendimento de que dominação masculina e capitalismo têm origens diferentes é irrefutável, o que parece dar alguma validade à ideia de que há, de fato, um sistema dual.

É mais relevante o segundo aspecto da crítica de Iris Young. Ela afirma que as teorias duais aceitam a análise marxista tradicional das relações de produção, que é cega às questões de gênero[55]. Se gênero é apenas um elemento secundário ou, como diz Young, um *enxerto* no relato marxista convencional[56], fica tacitamente endossada a percepção de que a variável classe tem primazia[57]. Mesmo as teorias duais que procuram dar base material ao patriarcado teriam avançado de forma insuficiente.

Parte do problema reside, certamente, no descompasso quanto à robustez teórica dos dois sistemas que as teorias duais pretendem conjugar. Está bem estabelecido o entendimento de que o capitalismo é um sistema. A partir das relações de produção que impõe, o capitalismo organiza e integra uma teia de interações sociais, a tal ponto que é improvável que se faça uma análise de qualquer aspecto do mundo social sem remeter, de alguma forma e em alguma medida, a ele. Mas mesmo a tentativa mais ambiciosa de descrever o patriarcado como sistema, por Sylvia Walby, falha em apresentá-lo como uma totalidade estruturada, capaz de se fazer sentir como tal nos diferentes espaços da vida social. A noção de que o patriarcado tradicional, "privado", cedeu lugar a um "patriarcado público", em que as mulheres não são excluídas da esfera pública, e sim condenadas a uma posição subordinada nele[58], pode responder à crítica à anistoricidade do conceito, mas não é suficiente para estabelecer o

---

[54] Iris Marion Young, "Unruly Categories: A Critique of Nancy Fraser's Dual Systems Theory", *New Left Review*, n. 222, 1997.

[55] Idem, "Beyond the Unhappy Marriage", cit., p. 49.

[56] Idem, "Socialist Feminism and the Limits of Dual Systems Theory", cit., p. 24.

[57] Ibidem, p. 29.

[58] Sylvia Walby, *Theorizing Patriarchy*, p. 178.

patriarcado como um *sistema*. Pelo contrário, emerge uma percepção de que padrões de dominação masculina estão, sim, sempre presentes, mas parecem responder a dinâmicas diversas em cada espaço social[59].

Para Young, somente rompendo com o discurso da dualidade de sistemas de opressão seria possível entender a centralidade da dominação de gênero na organização do mundo material. Antes de chegar às indicações da própria Young sobre como avançar nessa direção, cabe observar que outra vertente buscou o mesmo resultado aprofundando a dualidade, em vez de recusá-la. Haveria uma forma particular de exploração definida por linhas de sexo ou gênero, em paralelo e irredutível à exploração de classe. Entendê-la seria o projeto de um materialismo feminista, que deveria "expandir a narrativa marxista para incluir toda a atividade humana, em vez de focar apenas nas atividades mais características dos homens no capitalismo"[60]. A própria Hartsock enfatizou a relevância das tarefas de cuidado doméstico e criação das crianças. Ann Ferguson identificou uma classe "de sexo", em paralelo à classe econômica individual e à classe econômica por vínculo familiar, caracterizada pela exploração do "trabalho sexual-afetivo" das mulheres pelos homens, sem reciprocidade[61]. Mas a versão mais poderosa dessa abordagem está na obra de Christine Delphy, que foca exclusivamente no trabalho material e apresenta a ideia de que, nas sociedades contemporâneas, convivem dois modos de produção distintos.

O argumento de Delphy se desdobra em dois passos principais, um indicando a similaridade entre trabalho doméstico e trabalho assalariado, o outro apontando a diferença na forma em que ocorre a exploração de uma e outra atividades. O primeiro passo, assim, é estabelecer que o trabalho desempenhado pelas mulheres no espaço doméstico não é qualitativamente diferente daquele desempenhado pelos trabalhadores nas empresas. Numa percepção marxista tradicional, o trabalho na família geraria apenas valores de uso, ao passo que o trabalho assalariado geraria valores de troca. Delphy esforça-se por

---

[59] Para uma crítica circunstanciada, ver Anna Pollert, "Gender and Class Revisited: or, The Poverty of 'Patriarchy'", *Sociology*, v. 30, n. 4, 1996.

[60] Nancy C. M. Hartsock, "The Feminist Standpoint: Developing the Ground for a Specifically Feminist Historical Materialism", em *The Feminist Standpoint Revisited and Other Essays* (Boulder, Westview, 1998), p. 105. A edição original é de 1983.

[61] Ann Ferguson, "Women as a New Revolutionary Class", em Pat Walker (org.), *Between Labor and Capital* (Boston, South End, 1979).

DOMINAÇÃO E RESISTÊNCIA

demonstrar que se trata do mesmo trabalho, que é apenas apropriado de forma diferente. Se uma mulher faz um pão para ser consumido por sua família, o mesmo pão, se não for aproveitado em casa, pode ser vendido no mercado. E, se ela não o fizer, um pão idêntico será comprado do padeiro. Ou então: o cuidado de uma criança numa creche é um serviço remunerável, mas, quando a mesma criança é cuidada em casa pela mãe, pela avó ou por uma irmã mais velha, não se julga que haja um trabalho não pago envolvido. Em suma,

> a exclusão do trabalho das mulheres do domínio da troca não resulta da natureza de sua produção, uma vez que seu trabalho gratuito se aplica: 1) à produção de bens e serviços que chegam ao mercado e nele são trocados (na agricultura, no artesanato, no comércio); 2) à produção de bens e serviços que são remunerados quando efetuados fora da família e não remunerados na família.[62]

Há um curto-circuito: a ausência de reconhecimento do caráter produtivo do trabalho doméstico permite à tradição marxista deixar em segundo plano as relações de gênero e, ao mesmo tempo, a primazia dada à classe exige que se mantenha a distinção radical entre o trabalho assalariado e o trabalho realizado no lar. Com isso, a discussão simplesmente não avança. Um exemplo significativo está na obra de Erik Olin Wright, um dos principais teóricos contemporâneos das classes sociais. Embora aberto à preocupação com as questões de gênero, ele limita-se a sumarizar a posição de Delphy numa nota de rodapé, afirmando em seguida que não acredita "que ela amplie nossa capacidade de explicar tais processos", sem qualquer argumentação, e concluindo: "Deixaremos essas questões de lado"[63].

Uma crítica mais circunstanciada foi feita por Molyneux. Parte dela está ultrapassada, na medida em que o principal reparo feito a Delphy é seu distanciamento da ortodoxia marxista. Seu ponto principal, contra Delphy e contra o economista John Harrison, é que o trabalho doméstico é um trabalho concreto e, portanto, não pode ser considerado equivalente ao trabalho abstrato próprio da economia capitalista e do qual se extrai o mais-valor[64].

---

[62] Christine Delphy, "L'Ennemi principal", em *L'Ennemi principal*, v. 1 (Paris, Syllepse, 2013), p. 42 [ed. bras.: "O inimigo principal: a economia política do patriarcado", trad. Patrícia C. R. Reuillard, *Revista Brasileira de Ciência Política*, n. 17, 2015, p. 99-119]. A edição original é de 1970.

[63] Erik Olin Wright, *Class Counts: Comparative Studies in Class Analysis* (Cambridge, Cambridge University Press, 1997), p. 26.

[64] Maxine Molyneux, "Beyond the Domestic Labour Debate", *New Left Review*, n. 116, 1979, p. 9.

No entanto, o que Delphy diz é que o trabalho doméstico também pode ser apropriado como trabalho abstrato, apenas mudando as circunstâncias que o cercam. O próprio Marx, aliás, já indicava que *todo* trabalho é concreto, "dispêndio de força humana de trabalho numa forma específica", adquirindo o caráter de trabalho abstrato, logo intercambiável, no momento da troca mercantil[65].

O trabalho das mulheres no ambiente doméstico gera uma riqueza em valores de uso ou valores de troca, que tende a ser apropriada pelos homens mesmo quando seus produtos são vendidos no mercado (caso, por exemplo, de boa parte da produção agrícola familiar). Engendra, portanto, uma forma de exploração. O segundo passo de Delphy é demonstrar que essa exploração conta com características diferentes daquela que ocorre entre capitalistas e trabalhadores. Enquanto o pagamento do trabalhador está vinculado à remuneração corrente, naquela sociedade, ao tipo e à qualidade do trabalho que ele realiza (o que lhe dá a oportunidade ou ao menos a esperança de melhorar suas condições materiais por meio da qualificação profissional), o que a mulher recebe depende apenas da riqueza e da generosidade do marido[66]. Pelos mesmos serviços, mulheres receberão recompensas muito diversas, dependendo da situação do casamento[67].

Por isso, diz a pensadora francesa, é errôneo anexar as mulheres às classes sociais de seus maridos. A mulher casada com um burguês não é uma burguesa, pois "seu nível de vida não depende das relações de produção de classe com os proletários, mas das relações de produção servis com seu marido"[68]. Ao fazer do casamento um substituto das relações de produção como critério de pertencimento de classe, a sociologia tradicional (marxista, mas não só) mascara a existência de um segundo modo de produção nas sociedades contemporâneas, ao lado do capitalismo: o modo de produção familiar ou patriarcal[69].

A noção de que as mulheres são exploradas pelos maridos, transferindo a eles trabalho, também foi alvo de crítica. Como "as crianças também se

---

[65] Karl Marx, *O capital*, Livro I, cit., p. 124.

[66] Christine Delphy, "L'Ennemi principal", cit., p. 46.

[67] Delphy reconhece que as mulheres burguesas tendem a ter suas tarefas de trabalho doméstico reduzidas em favor das tarefas de representação social. Isso não afeta, porém, o ponto central de que o ganho da mulher não tem relação com as tarefas desempenhadas (ibidem, p. 46).

[68] Ibidem, p. 47.

[69] Ibidem, p. 49.

apropriam de uma grande parte do trabalho da dona de casa", elas formariam, seguindo o raciocínio de Delphy, outra classe exploradora. Assim, "o argumento feminista estrito dos homens como exploradores levaria de fato à conclusão implausível de que [...] um menino de um mês de idade seria explorador, uma menina de um mês, não", como disse ironicamente Molyneux[70]. É uma crítica malévola. Não é difícil admitir que o cuidado com as crianças é uma responsabilidade coletiva dos adultos que, sendo assumida apenas pelas mulheres, dá a elas um fardo extra. Quando as mulheres cuidam sozinhas dos filhos, são os homens que se beneficiam desse trabalho adicional delas, que resulta em menos trabalho para eles.

O que falta a Delphy, como observaram as críticas mais consistentes, é uma análise sistemática da relação entre os dois modos de produção[71]. Mas a principal vulnerabilidade de abordagens como a dela é que, num momento em que uma parcela majoritária das mulheres participa do mercado de trabalho, ela é incapaz de compreender a dominação masculina fora da família[72]. Em um trecho de seu artigo, a questão é tratada lateralmente. Observa-se que o trabalho assalariado não apenas não libera a mulher do trabalho doméstico, como não deve atrapalhá-lo, e que uma parte do salário da mulher é considerada "nula", apenas servindo para adquirir aquilo que ela deveria fazer gratuitamente no lar[73]. É insuficiente para atacar o cerne da questão.

É possível anotar também como as crescentes taxas de divórcio modificam a dinâmica da relação conjugal, que, em sua narrativa, é crucial para o funcionamento do modo de produção patriarcal. De resto, como os críticos de Delphy não deixaram de observar, nem todas as mulheres estão submetidas ao casamento, os contratos de casamento são diferentes entre si e ficar solteira não significa escapar da dominação masculina[74]. Em suma, ao centrar sua compreensão da dominação nas formas de exploração que ocorreriam *na família*, a teoria acaba demasiado dependente de um modelo de casamento tradicional que não corresponde à experiência de todas as mulheres.

---

[70] Maxine Molyneux, "Beyond the Domestic Labour Debate", cit., p. 18.

[71] Michèle Barrett, *Women's Oppression Today*, cit., p. 14.

[72] Sylvia Walby, *Theorizing Patriarchy*, cit., p. 12; ver também Heidi Hartmann, "The Unhappy Marriage of Marxism and Feminism", cit., p. 99.

[73] Christine Delphy, "L'Ennemi principal", cit., p. 44.

[74] Maxine Molyneux, "Beyond the Domestic Labour Debate", cit.; Michèle Barrett e Mary McIntosh, "Christine Delphy: Towards a Materialist Feminism?", *Feminist Review*, n. 1, 1979.

A força do texto de Delphy, por outro lado, está na centralidade que dá à divisão do trabalho como fator explicativo das hierarquizações sociais. Seu argumento em favor do reconhecimento da atividade realizada na esfera doméstica como *trabalho*, em igualdade de condições com aquele efetivado nas empresas, é poderoso. De alguma maneira, a teoria de Delphy conversa com aquilo que Iris Marion Young propôs, tenuemente, como caminho para entender de forma simultânea as dominações de classe e de gênero.

Nos dois textos que dedicou à crítica às teorias duais, em outros aspectos bastante semelhantes, Young adotou estratégias diversas quando chegou à parte mais propositiva de sua reflexão. Em "Socialist Feminism and the Limits of Dual Systems Theory" [Feminismo socialista e os limites da teoria de sistemas duais], ela admite não estar "preparada aqui para oferecer nem mesmo as linhas gerais" da teoria unificada pela qual advoga e limita-se a defender uma abordagem materialista histórica feminista que seja efetivamente materialista, vinculando a consciência às relações sociais reais, e efetivamente histórica, evitando explicações que se pretendam válidas para todas as sociedades[75]. Mas em "Beyond the Unhappy Marriage" [Para além do casamento infeliz] há um argumento desenvolvido em favor do foco na divisão do trabalho para entender a dinâmica tanto do capitalismo como do patriarcado.

Ela propõe reduzir a preocupação em estabelecer uma homologia rigorosa entre a classe trabalhadora e as mulheres, admitindo que a categoria classe, da maneira como foi construída pelo marxismo, é insensível a gênero. O caminho para uma abordagem materialista da condição feminina sob o patriarcado é fazer da *divisão do trabalho* uma categoria pelo menos tão fundamental quanto classe[76]. Embora não tenha sido refinada pelo marxismo posterior a Marx, a divisão do trabalho seria uma categoria mais concreta e mais abrangente que classe. Vários problemas com os quais a análise de classes se debate, como a posição de profissionais assalariados ou de funcionários públicos, encontram um caminho de solução por meio da análise da divisão do trabalho[77].

---

[75] Iris Marion Young, "Socialist Feminism and the Limits of Dual Systems Theory", cit., p. 32-3.

[76] Idem, "Beyond the Unhappy Marriage", cit., p. 50.

[77] Ibidem, p. 51-2. É possível dizer que esse é o caminho de Wright quando, embora sem abandonar a linguagem da "classe", acrescenta a posse de qualificações e o exercício de autoridade a seu quadro de posições no capitalismo. A divisão do trabalho passa ao primeiro plano, mas ele continua incapaz de levar em consideração o trabalho doméstico não remunerado. Ver Erik Olin Wright, *Classes* (Londres, Verso, 1985), e *Class Counts*, cit.

Como gênero é um aspecto central da divisão do trabalho, tal abordagem faz com que as preocupações feministas se tornem nativas de qualquer descrição bem informada do mundo social. Afinal, a divisão sexual do trabalho – ou "divisão do trabalho por gênero", como prefere Young – foi a primeira forma histórica da divisão do trabalho. As divisões posteriores, como entre trabalho manual e intelectual, são transformações dentro da divisão primária por gênero[78]. Em suma, conclui a autora, a divisão do trabalho não explica toda a situação das mulheres em determinada sociedade, mas qualquer explicação deve passar por ela[79].

Pouco depois, Young abandonou seu compromisso com o que chamava de "feminismo socialista", argumentando que, nos Estados Unidos, o socialismo é "terrivelmente abstrato"[80]. Em vez de ver o capitalismo como adversário, a aposta devia ser na busca de mudança institucional contra a opressão. Mesmo o rótulo "feminista" se tornou bem menos central na obra posterior da autora. Não acredito, porém, que o foco nos padrões sobrepostos de dominação de classe e de gênero, ou nos efeitos da divisão social do trabalho em seus múltiplos eixos vinculados a gênero, classe e raça, interesse apenas a "feministas socialistas". Interessa a qualquer investigação sobre a sociedade contemporânea, a qualquer projeto de emancipação humana e a qualquer busca de entendimento da posição das mulheres – naquilo que as une e naquilo que as divide – no mundo social. É, portanto, um elemento necessário para qualquer teoria feminista e para qualquer teoria crítica.

Por isso, o debate feminista-marxista dos anos 1970 mantém seu interesse. Ao sumarizá-lo, Johanna Brenner indica as duas questões teóricas centrais que o animaram: o grau de independência da opressão das mulheres em relação à "operação geral" do modo de produção capitalista e o grau em que essa opressão está fundada numa base ideológica ou material[81]. São questões que continuam em aberto e que, na verdade, avançaram pouco daqueles anos para cá.

Creio que há uma terceira questão geral, que diz respeito à plasticidade ou à resiliência do patriarcado. Isto é, a dominação masculina se vincula a um tipo de relação entre mulheres e homens que é capaz de persistir, a despeito das

---

[78] Iris Marion Young, "Beyond the Unhappy Marriage", cit., p. 53.

[79] Ibidem, p. 56.

[80] Idem, *Throwing Like a Girl and Other Essays*, cit., p. 5.

[81] Johanna Brenner, *Women and the Politics of Class* (Nova York, Monthly Review, 2000), p. 11.

mudanças de um modo de produção para outro e dentro do próprio modo de produção capitalista ou, ao contrário, ela se metamorfoseia incessantemente, assumindo características novas a cada momento, e exatamente por isso é tão difícil de combater? De acordo com esta última percepção, a relação entre mulheres e homens muda, sim, mas sempre mantendo um padrão de atribuição de vantagens a eles.

O debate teórico continua válido, mas também é necessário entender como as transformações das últimas décadas – no capitalismo, bem como na organização familiar e na posição das mulheres na esfera pública – afetam os modelos esboçados naquele momento. Aprofundou-se a tendência, que antes já se verificava, de incorporação da mão de obra feminina ao mercado de trabalho. É possível dizer que a operação do capitalismo contemporâneo presume a família com dois salários. Com isso, o modelo do homem provedor precisa ser relativizado. Tal modelo continua atuante, seja como representação simbólica, seja pelo fato de que os salários dos homens continuam maiores. Mas o nível de consumo e bem-estar das famílias, em seus diferentes arranjos, está objetivamente vinculado também ao salário da mulher.

A presença das mulheres no mercado de trabalho traz novas facetas à questão das tarefas domésticas – que continuam sendo responsabilidade delas. Permanece a transferência de trabalho de mulheres para homens, e a dupla jornada significa que há um fardo desigualmente distribuído. Mas há também o impacto na posição feminina no trabalho assalariado.

Muitas vezes, o foco está nas mulheres em cargos executivos ou de alta qualificação. Sob o "novo espírito do capitalismo"[82], as empresas buscam profissionais que se engajem ativa e criativamente nas funções que desempenham, o que exige uma disponibilidade quase ilimitada de tempo e de energia. A responsabilidade pela casa e pelas crianças torna as mulheres muito menos competitivas, bloqueando sua ascensão profissional. Ao mesmo tempo, aquelas que superam tal desafio tornam-se heroínas da ideologia da "compatibilização entre trabalho e lar", que não contesta a divisão sexual das tarefas domésticas e impõe às mulheres uma carga quase impossível de ser vencida. Em países como o Brasil, para algumas mulheres é possível transformar parte do trabalho doméstico de atividade manual em atividade de gestão, com a contratação de

---

[82] Luc Boltanski e Ève Chiapello, *Le Nouvel Esprit du capitalisme* (Paris, Gallimard, 1999) [ed. bras.: *O novo espírito do capitalismo*, trad. Ivone C. Benedetti, São Paulo, WMF Martins Fontes, 2009].

mão de obra mal remunerada – outras mulheres, mais pobres e em geral negras. O trabalho doméstico remunerado funde, de maneira significativa, classe, gênero e raça. As "patroas" continuam responsáveis pelo lar, o que quer dizer que cabe a elas garantir o bom funcionamento da estrutura doméstica, incluído aí o trabalho da empregada. Nesse caso, há uma situação tanto de subordinação, diante do homem, quanto de ocupação de posição similar à do burguês, diante da trabalhadora doméstica, algo que o modelo de Delphy, por exemplo, não contempla[83].

À carga do trabalho doméstico se acrescentam, para as profissionais (mas também, em diferentes graus, para mulheres em ocupações mais subalternas), os imperativos da apresentação pessoal, muito mais exigentes para elas que para os homens. As "práticas da beleza"[84] tanto impõem custos adicionais às mulheres (tempo e dinheiro destinados à autoprodução) quanto reforçam a compreensão sexista de que elas devem ser avaliadas, em primeiro lugar, pela aparência.

Para as trabalhadoras menos qualificadas, o impacto da responsabilidade pela gestão doméstica é diferente, mas nem por isso menos significativo. Com menos tempo livre, têm menos possibilidades de qualificação profissional. Também têm menos acesso à atividade sindical e aos espaços informais em que se forja a solidariedade entre os trabalhadores. Há vários círculos viciosos nessa situação: as mulheres estão concentradas nas ocupações menos especializadas e, sobretudo, como mostra a literatura que cruza sociologia do trabalho com gênero, atividades que exigem uma *expertise* vista socialmente como típica das mulheres não são entendidas como trabalho qualificado. Operar um torno aparece como atividade que exige mais qualificação que operar uma máquina de costura. O próprio movimento sindical, nas categorias com forte presença de mão de obra de ambos os sexos, tende a priorizar as demandas dos homens, aceitas como "universais", ao passo que as necessidades das mulheres são lidas como se fossem localizadas e específicas. Perpetua-se uma situação de melhor remuneração para os homens, reforçando tanto a concentração das mulheres no trabalho assalariado mais precário quanto a hierarquia no lar.

---

[83] Cabe lembrar que em muitos países capitalistas desenvolvidos vem ocorrendo, nas últimas décadas, um retorno do trabalho doméstico remunerado – tal como o que persiste no Brasil, exercido quase exclusivamente por mulheres dos grupos raciais e/ou nacionais subalternos.

[84] Sheila Jeffreys, *Beauty and Misogyny: Harmful Cultural Practices in the West* (Londres, Routledge, 2005); ver também Naomi Wolf, *The Beauty Myth: How Images of Beauty are Used against Women* (Nova York, Harper Perennial, 2002). A edição original é de 1991.

As práticas da beleza, por sua vez, compõem um discurso público de reforço da objetificação das mulheres – que pode ser entendido também como uma reação à crescente contestação da dupla moral sexual, de maneira a permitir uma expressão mais livre da sexualidade feminina e, ao mesmo tempo, manter o controle masculino sobre ela. Nisso, um papel-chave é desempenhado pela publicidade comercial, dispositivo central na reprodução atual do capitalismo, incentivando o consumo conspícuo, promovendo a obsolescência precoce dos produtos e, de maneira mais geral, produzindo a demanda necessária ao funcionamento do sistema[85]. A exploração do corpo feminino é um dos elementos basilares do discurso publicitário. Se é verdade que, antes de vender o produto, a propaganda vende a própria ideia de consumo[86], está embutida aí a ideia de consumo do corpo feminino. Trata-se de uma arena em que a confluência dos interesses da reprodução capitalista e da manutenção da dominação masculina é marcante.

Ao mesmo tempo, as décadas que nos separam dos anos 1970 foram de acelerada transformação na estrutura familiar dos países ocidentais, para além da ampliação da presença feminina no mercado de trabalho. Ocorreu um aumento expressivo da taxa de divórcios e também de segundos casamentos, resultando numa multiplicidade de arranjos entre cônjuges e filhos de mais de um relacionamento. É também crescente a proporção de famílias monoparentais, em geral "chefiadas" por mulheres. Apesar da forte oposição encontrada, em muitos países os casais homossexuais obtiveram reconhecimento legal. Em suma, a família convencional, que nunca correspondeu a um modelo adotado universalmente, é cada vez mais posta como uma composição entre outras.

O Estado, que sempre operou presumindo que a família nuclear burguesa era a regra, adapta-se lentamente a tal situação – e num momento de refluxo de suas políticas de bem-estar social, na maior parte dos países. Tais processos também impactam a situação das mulheres, sua relação com os homens e com o mercado. Zillah Eisenstein afirmava que qualquer tentativa de situar as mulheres na estrutura de classes deveria considerar separadamente as mulheres que trabalhavam apenas em casa (donas de casa), as que também trabalhavam fora em ocupações não especializadas, as que trabalhavam fora em ocupações

---

[85] André Gorz, *Métamorphoses du travail*, cit.

[86] Torben Vestergaard e Kim Schrøder, *A linguagem da propaganda* (trad. João Alves dos Santos, São Paulo, Martins Fontes, 1988). A edição original é de 1985.

especializadas, as ricas que simplesmente não trabalhavam, as desempregadas e as que dependiam da assistência social pública[87]. O modelo por ela esboçado, que ainda exige que cada uma dessas categorias seja destrinchada em múltiplas dimensões (sexualidade, consumo etc.), parece enredado demais para ser operacionalizável. Mas chama atenção para o fato de que família, conjugalidade, assalariamento, acesso à propriedade e relação com o Estado, além dos próprios estereótipos de gênero, sobredeterminam as posições das mulheres e afetam sua posição tanto no capitalismo como no patriarcado.

Sem recuperar a agenda irrealizada da teoria feminista dos anos 1970, não é possível progredir na reflexão crítica não só sobre a posição das mulheres, mas sobre a sociedade contemporânea em geral. Dominação masculina e dominação de classe são dois eixos centrais da estrutura social. Qualquer descrição densa do mundo social, para não falar na busca por sua transformação, precisa avançar na compreensão de sua inter-relação.

---

[87] Zillah Eisenstein, "Developing a Theory of Capitalist Patriarchy and Socialist Feminism", cit., p. 33.

7
ESTRATÉGIAS POLÍTICAS CONTEMPORÂNEAS

O final do século XX viu o colapso da experiência do chamado "socialismo real". O fim da União Soviética levou os países do Leste Europeu a uma acelerada transição ao capitalismo. A China foi capaz de manter a estrutura de poder autoritária e o regime de partido único, mas a doutrina oficialmente "comunista" se combina com uma economia privatizada, orientada para o mercado. Países mais periféricos que buscaram se manter vinculados a um ideal socialista tiveram de encontrar equilíbrios instáveis com concessões ao capitalismo, como foi o caso de Cuba, ou simplesmente abraçaram a vocação de se tornar autocracias pessoais, como a Coreia do Norte.

O fato é que o socialismo real foi derrotado – por um conjunto de fatores que inclui tanto os próprios defeitos, em particular a petrificação burocrática e autoritária que acometeu os regimes pós-revolucionários, quanto o sucesso da estratégia adotada pelas potências ocidentais a partir do fim dos anos 1970. Em suma, é impossível negar que os Estados Unidos ganharam a Guerra Fria – embora não se possa extrair daí a ideia de um triunfo definitivo do modo de produção capitalista, da inexistência de alternativas ou do "fim da história".

Temos, isso sim, um vazio em que as contradições do capitalismo continuam operando (e, na verdade, se agravam, com a ausência de uma "ameaça" que forçava concessões), mas não há um modelo concorrente operante. O colapso do mundo soviético levou de roldão também a esquerda revolucionária que lhe era crítica. Pior ainda, o fim do século XX presenciou não apenas o esgotamento da aventura comunista, mas também a crise da sociedade construída na Europa ocidental pela social-democracia, que se contentava em domar o capitalismo por meio do Estado de bem-estar social. Quando a onda ultraliberal que havia subido com a derrubada do Muro de Berlim refluiu, as alternativas à esquerda estavam todas mais moderadas. Os partidos socialistas e social-democratas pareciam dispostos a aceitar padrões de desigualdade muito mais elevados, bem como um domínio muito maior da lógica do mercado. Os regimes apresentados como revolucionários, tais como o "bolivarianismo" sul-americano, também se mostravam bem mais tímidos na socialização da economia e no enfrentamento do capital que aqueles que haviam sido implementados ao longo do século XX.

A crise não é apenas dos modelos de sociedade socialista. É uma crise também dos instrumentos tradicionais para promover a transformação social, em particular os partidos e os sindicatos. E ela se vincula à afirmação de novas identidades coletivas e de novos padrões de sociabilidade, que emergem nas últimas décadas do século XX e que não se deixam mais apreender pelas formas organizativas anteriores.

Os sindicatos sofrem com a mundialização do capital, à qual têm dificuldade de reagir, e com a montante das políticas repressivas do patronato contra a filiação e a mobilização nos locais de trabalho[1]. O aburguesamento de uma aristocracia operária e a precarização de boa parte da classe trabalhadora restante fragilizam a identidade de classe[2]. Ao mesmo tempo, o "partido político de novo tipo", que foi a principal contribuição de Lênin à estratégia da classe operária, tornou-se cada vez menos capaz de ocupar a posição que lhe cabia. Em ambientes democrático-liberais, verificou-se uma acentuada tendência à acomodação com a ordem e à oligarquização, correspondendo ao fenômeno que já fora descrito, com certo exagero retórico, por Robert Michels[3]. Sob regimes mais repressivos, as estruturas hierárquicas e centralizadas dos partidos pareciam pouco ágeis e deram lugar a novas formas organizativas, já a partir do "foquismo" dos anos 1960, teorizado por Régis Debray[4]. Por toda parte, movimentos alicerçados em outras clivagens que não a de classe passaram a concorrer pela agenda da esquerda política. Mulheres, a população negra, os povos indígenas, as lésbicas, *gays* e travestis, a juventude, as pessoas com deficiência, todos se tornam protagonistas de demandas por transformação social – e não cabem, ou se acomodam muito mal, nos partidos operários existentes.

---

[1] Adalberto Moreira Cardoso, *A década neoliberal e a crise dos sindicatos no Brasil* (São Paulo, Boitempo, 2003).

[2] André Gorz, *Métamorphoses du travail*, cit.

[3] Robert Michels, *Sociologia dos partidos políticos*, cit.

[4] Régis Debray, *Révolution dans la révolution?* (Paris, Maspero, 1967) [ed. em port.: *Revolução na revolução?*, Havana, Casa de las Américas, 1967].

Na pluralidade de organizações que se formam a partir das décadas finais do século XX, há uma pluralidade também de estratégias, de objetivos, de horizontes utópicos, de compreensões da relação com o Estado e com a institucionalidade política. Este capítulo busca avançar no entendimento dessa nova realidade – que, na verdade, nem é mais tão "nova", mas continua se modificando em ritmo acelerado – com base na premissa de que é ocioso alimentar uma nostalgia das formas organizativas da primeira metade do século passado. Elas não são mais, nem voltarão a ser, adequadas para a ação política nas condições de uma sociedade contemporânea. Ao mesmo tempo, em razão da dispersão e da ausência de capacidade de coordenação, muitos dos movimentos contestatórios atuais também se mostram incapazes de conduzir à transformação social.

Discuto aqui um amplo espectro de organizações, menos ou mais formalizadas – associações, "coletivos", redes etc. Para evitar as disputas sobre o conceito de "movimento social", vou denominá-los simplesmente de grupos voltados à transformação social (GTS), expressão que busca englobar sua variedade, sem se comprometer com qualquer tentativa de identificação de algum traço essencial que os unifique. Os GTS podem estar direcionados para mudanças extensivas ou localizadas, vincular-se ou não a ideologias abrangentes, ter foco em ação direta, conscientização ou autoconhecimento, buscar parcerias com o Estado ou fugir dele.

A partir dos anos 1970, difundiu-se a tese de que o mundo social estava sendo tomado por novos movimentos, cuja pauta seria mais cultural (ou identitária) que material. Uma pauta "pós-materialista", de acordo com o influente rótulo cunhado por Ronald Inglehart. Segundo o resumo preparado por um de seus seguidores,

> nas últimas décadas estaria ocorrendo em escala mundial um processo de mudança nas prioridades valorativas dos indivíduos em direção a uma postura pós-materialista. Um dos principais componentes dessa (re)orientação seria a aspiração por autoexpressão que, por sua vez, engendraria demandas por mecanismos que possibilitariam a participação ativa e autônoma dos cidadãos na política.[5]

Há uma série de apostas subjacentes a essa tese, algumas assumidas expressamente, outras que permanecem implícitas. O pós-materialismo seria uma

---

5   Ednaldo Aparecido Ribeiro, "Pós-materialismo e participação política no Brasil", *Sociedade e Cultura*, v. 11, n. 2, 2008, p. 375.

consequência da prosperidade dos países capitalistas centrais, prosperidade que é, na verdade, sua condição *sine qua non*; afinal, nas palavras do próprio Inglehart, "pessoas famintas tendem a procurar por comida, mais que por satisfação estética"[6]. A referência é significativa; no mundo pós-material, a participação política teria realmente um caráter estético, em grande parte orientada – tal como no entendimento convencional da produção artística – por um desejo de autoexpressão individual[7]. Embora Inglehart não faça tal ponte, há uma afinidade eletiva com o ideal da boa política de Hannah Arendt, aquela que não é contaminada pela necessidade de "fabricar" um mundo diferente e pode se estabelecer como espaço da livre interação entre os seres humanos[8]. E também, como veremos em seguida, com as possibilidades expressivas abertas pelas novas tecnologias da informação.

Como das disposições pós-materialistas emerge a possibilidade de uma vida democrática mais ativa e participativa, fica evidente que o obstáculo ao aprofundamento da democracia é a luta de classes – que, segundo essa interpretação, se resolve não com a superação da divisão de classes, mas com a anulação de sua importância política. Um componente oculto do pós-materialismo, na vertente de Inglehart e seguidores, é a aceitação das estruturas de distribuição da propriedade e da riqueza, uma vez que o conflito referente a elas teria sido superado com a prosperidade que o modelo pressupõe: o problema não estava, como queria o marxismo, na exploração ou na alienação, mas na privação; uma vez superada a privação, o capitalismo deixa de ser um eixo de disputa. A ênfase na autoexpressão e na participação individualizada, por sua vez, projeta uma política descolada das clivagens sociais, sejam elas quais sejam, como se se realizasse a fantasia liberal de uma sociedade de indivíduos. Por fim, há um claro subtexto teleológico. As sociedades que ainda estão presas na materialidade têm as outras – mais desenvolvidas, que superaram tal estágio – como modelo de seu futuro. Há, aqui, um severo desconhecimento do papel que as trocas assimétricas na economia internacional desempenham na produção de uma relativa paz social nos países centrais.

---

[6] Ronald Inglehart, *The Silent Revolution: Changing Values and Political Styles Among Western Publics* (Princeton, Princeton University Press, 1977), p. 3.

[7] Falo em "entendimento convencional" porque muito da arte produzida em grupos subalternos tem como meta dar voz a uma experiência coletiva que é silenciada. Justamente por isso, há nela um sentido *político* que não pode ser ignorado. Devo essa observação a Regina Dalcastagnè.

[8] Hannah Arendt, *A condição humana*, cit.

As sociedades pós-materiais servem de horizonte não apenas por seu estágio de desenvolvimento econômico, mas também pelo conjunto de valores que nelas se disseminam, que vão da tolerância às diferenças ao apreço pela autonomia individual. Esse enquadramento gera abordagens curiosas, quando o modelo é aplicado a países menos desenvolvidos, como o Brasil: o esforço é medir a adesão a valores cuja emergência dependeria de um grau de prosperidade material que se sabe que não foi alcançado[9]. Há uma espécie de inversão da relação causal, como se a presença do pós-materialismo nas respostas aos *surveys* pudesse servir de indicador de que havíamos chegado a um patamar mais elevado de desenvolvimento econômico e social.

No modelo de Inglehart, há um deslizamento constante entre a observação da fraca ou descendente capacidade de expressão política de determinada clivagem (como a de classe) e a postulação de sua irrelevância efetiva. De uma perspectiva oposta, seria possível dizer que o relativo apagamento da expressão política do conflito de classe é a demonstração de um triunfo ideológico que apenas *reitera a centralidade* da divisão de classes na explicação do mundo social. Desse ponto de vista, a tese do pós-materialismo deve ser analisada não como um esforço científico de compreensão do mundo social, mas como um dos dispositivos ideológicos de esvaziamento da relevância do conflito de classes na produção das adesões políticas.

Embora a tese do pós-materialismo, em sua versão simplificada e canônica, tenha sido produzida por cientistas sociais com nítida visão conservadora, como o próprio Inglehart, ela encontra eco em formulações mais sofisticadas, de autores que não são em geral associados a tal perspectiva[10]. Eles teorizam sobre os

---

[9] Ednaldo Aparecido Ribeiro, "A consistência das medidas de pós-materialismo: testando a validade dos índices propostos por R. Inglehart no contexto brasileiro", *Sociedade e Estado*, v. 22, n. 2, 2007, "Pós-materialismo e participação política no Brasil", cit., e "Valores pós-materialistas e adesão normativa à democracia entre os brasileiros", *Debates*, v. 2, n. 2, 2008; Ednaldo Aparecido Ribeiro e Julián Borba, "Participação e pós-materialismo na América Latina", *Opinião Pública*, v. 16, n. 1, 2010; Aline Burni, Antônio Claret e Pedro Fraiha, "Valores pós-materialistas e democracia: Brasil e Uruguai em perspectiva comparada", *Em Debate*, v. 6, n. 3, 2014; Roberto Oliveira Rocha, Gabriela Câmara Bernardes Siqueira e Bruna de Fátima Chaves Aarão, "Mudança de valores, materialismo e pós-materialismo: algumas ponderações sobre o Cone Sul", *paper* apresentado no 5º Congreso Uruguayo de Ciencia Política, Montevidéu, 7-10 out. 2014.

[10] Alain Touraine, *La Voix et le regard: sociologie des mouvements sociaux* (Paris, Seuil, 1978); Jürgen Habermas, *Teoría de la acción comunicativa* (Buenos Aires, Taurus, 2003) [ed. bras.: *Teoria do agir comunicativo*, trad. Paulo Astor Soethe, São Paulo, WMF Martins Fontes, 2012] – a edição original é de 1981; Alberto Melucci, "The Symbolic Challenge of Contemporary Movements", *Social Research*, v. 52, n. 4, 1985; Claus Offe, "New Social Movements: Challenging the Boundaries of Institutional Politics", *Social Research*, v. 52, n. 4, 1985.

"novos movimentos sociais", que são "novos" em oposição ao velho movimento operário, cujo protagonismo então retrocede – e, com ele, toda a centralidade concedida ao conflito de classes, portanto também ao mundo material.

Mais uma vez, a apropriação para casos como o do Brasil é sujeita a ruídos. Na segunda metade dos anos 1970, também estávamos às voltas com novos movimentos sociais. Mas a novidade emergia de dentro do movimento de trabalhadores. Sua expressão mais forte foi o renascimento de um sindicalismo combativo, na região do ABCD paulista, pelas mãos de uma nova geração de lideranças. O novo era a "revalorização de práticas presentes no cotidiano popular", bem como a "emergência de novas identidades coletivas"[11]. O foco seria a construção de uma ação coletiva a partir da experiência vivida no mundo do trabalho, que não a encaixava de antemão em esquemas predefinidos. Não há, aqui, nenhuma pretensão de pós-materialidade.

Já nas formulações que foram produzidas nos países do Norte, os movimentos "novos" seriam apropriados ao mundo do capitalismo desenvolvido, caracterizado pela "sociedade pós-industrial", teorizada pela sociologia estadunidense[12], e pela "economia da informação", que seria a encarnação do pós-materialismo na produção[13]. Como parte da novidade é o enfraquecimento do que Touraine chamava de "princípio da totalidade" dos movimentos sociais[14], isto é, da projeção de uma ordem social completamente diversa, conclui-se que há uma ausência de contestação do capitalismo. Há uma nova convergência com a obra de Daniel Bell; no caso, com a noção de que vivemos uma era de "fim da ideologia"[15]. O caráter movediço do que seria esse novo mundo social fica patente por sua caracterização a partir não daquilo que ele é, mas daquilo que teria sido superado: *pós*-industrial, *pós*-ideológico, *pós*-material, *pós*-moderno.

---

[11]   Eder Sader, *Quando novos personagens entraram em cena: experiências, falas e lutas dos trabalhadores da Grande São Paulo (1970-1980)* (Rio de Janeiro, Paz e Terra, 1988), p. 26-7.

[12]   Daniel Bell, *The Coming of Post-Industrial Society: A Venture in Social Forecasting* (Nova York, Basic Books, 1973) [ed. bras.: *O advento da sociedade pós-industrial: uma tentativa social*, trad. Heloysa de Lima Dantas, São Paulo, Cultrix, 1977].

[13]   Para uma crítica, ver Ursula Huws, "Mundo material: o mito da economia imaterial", *Mediações*, trad. Cristina Mott Fernandez, v. 16, n. 1, 2011. A edição original é de 2003.

[14]   Alain Touraine, *La Voix et le regard*, cit.

[15]   Daniel Bell, *The End of Ideology: On the Exhaustion of Political Ideas in the Fifties* (Cambridge, MA, Harvard University Press, 2000) [ed. bras.: *O fim da ideologia*, trad. Sérgio Bath, Brasília, Editora UnB, 1980]. A edição original é de 1960. Não custa observar que, para ele, as ideologias estavam em fase terminal já nos anos 1950.

Outra confluência se dá com a compreensão de que as lutas por reconhecimento têm primazia sobre as lutas por redistribuição. O motor do conflito social seria a busca pelo reconhecimento empreendida por aqueles que, ao não o receber, deixam de ser tratados como seres humanos iguais aos outros e se sentem vítimas de desrespeito[16]. O acesso à riqueza material seria buscado por ser um índice do reconhecimento social, entendido como um ideal de reciprocidade nas relações interpessoais; afinal, ser condenado à privação é um desrespeito a minha condição humana, que só pode ocorrer na medida em que os outros não me aceitam plenamente como igual. A virada em favor da primazia do reconhecimento é tão influente que mesmo no marxismo ortodoxo há autores que se rendem a ela e se propõem a apresentar Marx como seu grande precursor[17].

De certo ponto de vista, a discussão é bizantina. A busca por acesso ao bem-estar material e o sentimento de desrespeito a minha humanidade quando ele me é negado costumam andar juntos. E o não reconhecimento tanto pode ser o motivo da recusa à distribuição quanto a justificativa que é criada para legitimá-la. Para a prática política dos grupos dominados, porém, a primazia concedida ao reconhecimento tem consequências. Pode levar, em primeiro lugar, a privilegiar reparações simbólicas e melhorias de *status*, na expectativa de que a redistribuição se siga automaticamente a elas.

Uma contribuição importante ao debate foi feita por Nancy Fraser, primeiro em um artigo muito criticado[18], depois em sua controvérsia com Honneth[19].

---

[16] Axel Honneth, *Luta por reconhecimento: a gramática moral dos conflitos sociais* (trad. Luiz Repa, São Paulo, Editora 34, 2009). A edição original é de 1992. Ao lado de Honneth, o outro grande arauto do reconhecimento na teoria política é Charles Taylor. Mas a perspectiva comunitarista deste último, que em alguns momentos se mostra claramente retrógrada, está mal situada para embasar um projeto emancipador. Por isso, não será incorporada à discussão que faço aqui. Ver Charles Taylor, *The Ethics of Authenticity*, cit.

[17] Domenico Losurdo, *A luta de classes: uma história política e filosófica* (trad. Silvia de Bernardinis, São Paulo, Boitempo, 2015). A edição original é de 2013.

[18] Nancy Fraser, "From Redistribution to Recognition: Dilemmas of Justice in a 'Postsocialist' Age", *New Left Review*, n. 212, 1995. Para as críticas, Judith Butler, "Merely Cultural", *Social Text*, n. 52-3, 1997; Anne Phillips, "From Inequality to Difference: a Severe Case of Displacement?", *New Left Review*, n. 224, 1997; Iris Marion Young, "Unruly Categories: a Critique of Nancy Fraser's Dual Systems Theory", *New Left Review*, n. 222, 1997. Para as tréplicas, Nancy Fraser, "A Rejoinder to Iris Young", *New Left Review*, n. 223, 1997, p. 126-9, e "Heterosexism, Misrecognition and Capitalism: a Response to Judith Butler", *Social Text*, n. 52-3, 1997.

[19] Nancy Fraser e Axel Honneth, *Redistribution or Recognition? A Political-Philosophical Exchange* (Londres, Verso, 2003).

172 DOMINAÇÃO E RESISTÊNCIA

Ela propõe entender redistribuição e reconhecimento como duas dimensões da luta por justiça, sem que se possa estabelecer uma primazia *a priori*. Embora o modelo bidimensional tenha sido denunciado por postular uma cesura entre economia e cultura, a própria autora tomou o cuidado de indicar seu caráter de mera ferramenta analítica, útil para organizar mentalmente fenômenos em que, no entanto, os dois aspectos estão imbricados. De resto, não há grande novidade nisso; como a própria Fraser observa, muito da tradição marxista não se reconhece na categoria honnethiana da distribuição, que "negligencia as relações de produção e não consegue problematizar a exploração, a dominação e a mercantilização"[20].

Embora bastante diversas entre si, a tese pós-materialista, as teorias dos novos movimentos sociais e a primazia concedida ao reconhecimento têm de comum a compreensão de que a disputa relativa ao controle da riqueza e à organização do mundo material não é o principal elemento de definição dos conflitos políticos – com o "não é" significando, em alguns casos, "não é mais" e, em outros, "nunca foi". A narrativa do "não é mais" indica, muitas vezes, a generalização de um nível de conforto que retira a necessidade material do horizonte de preocupações prementes. Outras vezes, aponta para transformações no mundo da produção, com a emergência da "economia do conhecimento" e mesmo da "riqueza imaterial".

Essa segunda vertente explicativa se baseia numa percepção provavelmente enviesada do funcionamento do capitalismo contemporâneo, cuja desmaterialização é contestada pelo consumo crescente de matérias-primas, que continuam sendo o suporte indispensável para que a riqueza pretensamente imaterial exista[21]. A metáfora da "nuvem", por exemplo, acaba por eclipsar o fato de que corporações gigantes da comunicação *on-line* estão ancoradas

---

[20] Nancy Fraser, "Social Justice in the Age of Identity Politics: Redistribution, Recognition, and Participation", em Nancy Fraser e Axel Honneth, *Redistribution or Recognition?*, cit., p. 11.

[21] É insustentável teoricamente a justificativa de que, na nova economia, "o material é apenas o vetor do imaterial, ele só tem valor de uso graças a este último", como diz André Gorz, "A crise e o êxodo da sociedade salarial: entrevista com André Gorz", em Josué Pereira da Silva e Iram Jácome Rodrigues (orgs.), *André Gorz e seus críticos* (São Paulo, Annablume, 2006), p. 62. O inverso também poderia ser sustentado: se a marca ou o *design* correspondem a boa parte do valor, seja de uso, seja de troca, de um tênis, sem o objeto material eles nada valem. Postular uma ampliação do peso, no valor, do trabalho intelectual abstrato não autoriza afirmar a irrelevância do material. Ver Ricardo Antunes, *Os sentidos do trabalho: ensaio sobre a afirmação e a negação do trabalho* (São Paulo, Boitempo, 2009), p. 253-5.

em verdadeiras "fazendas" que reúnem dezenas de milhares de computadores. No fim da primeira década do século XXI, era reportado que o Google, sozinho, respondia por 15% das compras de servidores de dados nos Estados Unidos[22]. Ao mesmo tempo, a transferência de muitas plantas industriais para os países periféricos pode tornar o trabalho industrial menos visível nos países centrais, mas nem por isso ele deixa de ser imprescindível. Em suma, como diz Ursula Huws:

> A habilidade do capitalismo de gerar novas mercadorias pode parecer algo mágico, como se elas estivessem sendo obtidas do ar em uma correlação perfeita da hipótese da "desmaterialização". Nós temos de lembrar, entretanto, que sua matéria-prima vem da terra e que a única mágica envolvida são a inventividade e o trabalho humanos[23].

Uma percepção alternativa não indica uma desmaterialização propriamente dita, mas circuitos de valorização fundados em atributos ideológicos dos produtos. É o capitalismo do *branding*, em que a marca adiciona um "valor" que não reflete as propriedades efetivas do objeto a que ela se vincula[24]. Com isso, a riqueza corporificada em um *smartphone* da Apple ou em um tênis da Nike parece mesmo superar em muito o valor somado das matérias-primas e do trabalho superexplorado nas fábricas da Ásia, mas isso se deve menos à "economia do conhecimento" de *designers* e engenheiros e mais às novas formas de fetichismo que o capitalismo de marcas introduz. De resto, a noção de que o valor se tornou mais imaterial *não* leva necessariamente à compreensão de que as disputas políticas passam a ser pós-materialistas. A obra final de André Gorz, por exemplo, mescla uma versão da tese da economia do conhecimento com uma firme convicção de que o conflito continua girando em torno do acesso às condições para o exercício da autonomia, condições que são materiais desde seu elemento básico (o tempo livre) e que passam pelo enfrentamento do fato de que o capitalismo contemporâneo produz a "privatização das vias de acesso" aos bens imateriais[25].

---

[22] Robert W. McChesney, *Digital Disconnect: How Capitalism is Turning the Internet against Democracy* (Nova York, The New Press, 2013), p. 136.

[23] Ursula Huws, "Mundo material", cit., p. 32.

[24] Naomi Klein, *No logo* (Nova York, Picador, 1999).

[25] André Gorz, *L'Immatériel: connaissance, valeur et capital* (Paris, Galilée, 2003), p. 36 [ed. bras.: *O imaterial: conhecimento, valor, capital*, trad. Celso Azzan Júnior, São Paulo, Annablume, 2005].

174 DOMINAÇÃO E RESISTÊNCIA

Independentemente da profundidade das eventuais mudanças nas formas de produção da riqueza, a ideia de que movimentos extraclassistas ou pós--classistas, como se queira, são pós-materialistas exige uma compreensão muito restrita do que é materialidade. Fico com dois exemplos, colhidos entre os casos mais citados de agendas pós-materiais. Em que sentido as pautas do movimento feminista deixaram de estar ancoradas no mundo material? Mesmo que se considere que, nas sociedades ditas pós-materialistas, o movimento de mulheres deixou de reivindicar creches e outros equipamentos públicos ou salário igual para trabalho igual, o que está longe de ser verdade, permanece a luta por transformação na divisão sexual do trabalho e pela autonomia sobre o próprio corpo. São demandas bastante materiais.

O outro exemplo é o ambientalismo, que exige a mudança na relação da humanidade com o mundo natural que a cerca. Trata-se de uma agenda profundamente material. Em suas formas mais radicais, apresenta um projeto que é integralmente incompatível com o modo de produção capitalista, mas mesmo em formulações mais tímidas o impacto não é desprezível. É necessário mudar um padrão de consumo que se mostrou essencial para a lógica de reprodução do sistema; pôr em xeque a soberania do investidor individual, pela consciência do impacto coletivo de suas decisões; ampliar a regulação pública e o controle coletivo sobre a produção; refrear o etos acumulativo. Pode-se discutir se há ou não espaço para uma acomodação entre proteção ao meio ambiente e capitalismo, tal como a noção de "desenvolvimento sustentável" afirma[26]. Mesmo que haja, as transformações no mundo material são significativas.

É possível argumentar que a questão não é uma superação da materialidade entendida ao pé da letra, mas a superação da clivagem de classes. Ela teria deixado de ser a organizadora do conflito político, por motivos que se vinculam a mudanças tanto na estrutura social quanto na paisagem ideológica dos países centrais e que serão, em parte, discutidos adiante. Mas há um gradiente de posições. Julgar que a desigualdade de classes não é mais capaz de explicar toda a disputa política é diferente de pensar que ela se tornou irrelevante.

---

[26] Ver Romain Felli, *Les Deux Âmes de l'écologie: une critique du développement durable* (Paris, L'Harmattan, 2008); Naomi Klein, *This Changes Everything: Capitalism vs. the Climate* (Nova York, Simon & Schuster, 2014) [ed. port.: *Tudo pode mudar: capitalismo vs. clima*, trad. Ana Cristina Pais, Lisboa, Presença, 2016]; Thomas Fatheuer, Lili Fuhr e Barbara Unmüßig, *Crítica à economia verde* (trad. Theo Amon, Rio de Janeiro, Fundação Heinrich Böll, 2016).

Desse ponto de vista, a tese da pós-materialidade, que já era imprecisa quando foi formulada, não resistiu ao curso da história. A partir do fim do século XX, mesmo nos países da Europa ocidental, o desmonte dos Estados de bem-estar acirrou o conflito distributivo e tingiu a disputa política de elementos incontroversamente materiais e classistas, por mais *démodés* que eles possam parecer.

Muito mais que um eventual salto na pós-materialidade ou na superação da importância do conflito de classes, o que os GTS mostram é uma crise generalizada do vínculo representativo que ligava as organizações tradicionais da esquerda, em particular partidos e sindicatos, a suas bases. Trata-se de algo mais que a "crise de representação política" apontada, já há tempos, pela literatura. Há uma *crise da representabilidade* das identidades sociais, que parecem não mais se deixar apreender pela gramática representativa vigente.

Quando se fala de crise de representação, aponta-se para um conjunto de fatores que levaram, a partir das últimas décadas do século XX, a uma crescente desconfiança quanto à possibilidade de que as instituições da democracia representativa cumprissem suas promessas[27]. Percebeu-se como elas são vulneráveis à pressão de interesses privilegiados; como possuem uma permeabilidade muito diferenciada às demandas, de acordo com os grupos sociais que as apresentam; como os mecanismos que deveriam garantir a qualidade do vínculo eleitoral não funcionavam da forma adequada. Ainda que seja verdade que a democracia representativa nasceu como forma de impedir a democracia direta, não de se aproximar dela[28], sua legitimidade logo se tornou dependente da capacidade de responder à vontade popular e da ideia de que todos teriam, potencialmente, a mesma capacidade de influência. A crise da representação está ligada à falência da crença de que essas qualidades se realizavam. É, em primeiro lugar, uma crise do sentimento de estar representado nas esferas políticas formais. Como consequência, levou a padrões de ativismo extrainstitucional, incluindo por vezes a violência política com pretensão revolucionária[29], ou, no refluxo destes, à apatia. Tanto num caso como no outro, distante da confiança nas esferas de representação política que, em teoria, deveria marcar o comportamento dos cidadãos.

---

[27] Luis Felipe Miguel, *Democracia e representação*, cit.

[28] Ellen Meiksins Wood, *Democracy against Capitalism*, cit.; Bernard Manin, *The Principles of Representative Government* (Cambridge, Cambridge University Press, 1997).

[29] Ver o capítulo 4 deste volume.

A crise de representação nasce de um conjunto de fatores. Uma narrativa conservadora que se tornou muito influente vê nela um resultado de tendências inerentes à própria democracia, que, ao debelar as hierarquias sociais e estimular a apresentação de demandas por parte dos grupos de cidadãos, se tornaria "ingovernável"[30]. Seu reverso funda a crescente insatisfação com as instituições representativas na tensão entre as funções de legitimação e acumulação do Estado capitalista[31]. Outras explicações dão centralidade aos meios de comunicação de massa, quer porque elas difundem uma compreensão cínica das disputas políticas, quer porque fornecem acesso a informações que desdizem a imagem que os líderes políticos constroem para si próprios[32].

Trata-se de um declínio da confiança nas instituições. Em confluência, mas sem se confundir com ele, é possível apontar o que chamo de crise de representabilidade do mundo social. Os mecanismos representativos que herdamos das batalhas políticas dos séculos XVIII a XX pressupõem formas de organização do conflito e de produção das identidades individuais e coletivas que correspondem de maneira cada vez menos precisa ao tecido social contemporâneo. Refiro-me, em particular: 1) à disposição da disputa política em torno de um único eixo bidimensional; 2) ao postulado de que cada pessoa tem uma identidade unívoca que leva a uma adesão política também unívoca; e 3) ao enquadramento dos problemas na moldura westfaliana dos Estados nacionais soberanos.

A bidimensionalidade da política, da qual o uso da metáfora esquerda-direita é um indício, vinculava-se ao fato de que os principais elementos de divisão se sobrepunham de maneira quase perfeita. De acordo com a célebre definição de Bobbio, o que está em questão é o valor concedido à igualdade[33]. Da defesa de formas rigorosas de igualdade substantiva à "igualdade de oportunidades" e, dela, a uma franca simpatia pela desigualdade, vamos nos movendo da esquerda para a direita. Quando são incluídas outras questões, como as relativas ao conflito entre capital e trabalho ou à laicidade do Estado, as posições seriam

---

[30] Michael J. Crozier, Samuel P. Huntington e Joji Watanuki, *The Crisis of Democracy: Report on the Governability of Democracies to the Trilateral Comission* (Nova York, New York University Press, 1975).

[31] Claus Offe, "Dominação de classe e sistema político", cit.

[32] Luis Felipe Miguel, "A mídia e o declínio da confiança na política", *Sociologias*, n. 19, 2008.

[33] Norberto Bobbio, *Direita e esquerda: razões e significados de uma distinção política* (trad. Marco Aurélio Nogueira, São Paulo, Editora Unesp, 1995). A edição original é de 1994.

praticamente as mesmas, ou seja, "esquerda" designaria um amálgama mais ou menos homogêneo de posições, e "direita", o polo oposto.

Muitas das interpretações segundo as quais a polaridade esquerda-direita deixou de ter relevância flertam com as teses pós-materialistas. Isso está presente na versão de Anthony Giddens, para quem o central, porém, é uma inversão de polaridades que emergiu no fim do século XX, quando "o conservadorismo tornado radical enfrenta o socialismo que se tornou conservador"[34]. Ele se refere à ofensiva neoliberal, que levou a direita a buscar aplicar seu programa máximo, constrangendo a esquerda a defender os mecanismos de proteção social que se encontravam ameaçados. No lugar da distinção esquerda-direita, que caía em desuso, arrastando consigo as polaridades igualdade-desigualdade, trabalho-capital, Estado-mercado e outras, entrariam – para citar um autor que influenciou Giddens – três novas dicotomias: "seguro-inseguro, dentro-fora e político-não político"[35].

Não creio que haja, nesse tipo de abordagem, mais que uma cortina de fumaça ideológica, como aquela que permitiu ao futuro barão Giddens colocar-se na posição de guru de uma "terceira via" que significava a demissão de qualquer projeto para transformar o mundo. É mais interessante apresentar a questão de outra forma. Esquerda e direita remetem a visões antagônicas em relação aos padrões de dominação presentes no mundo social. No momento em que cresce a percepção de que essa dominação está vinculada a diversos eixos de desigualdade, isto é, que não pode mais ser derivada exclusivamente da divisão de classes (que nem por isso se torna desimportante ou secundária), a unidade desses polos deixa de ser automática. Ela passa – o que é crucial, sobretudo, para a esquerda – pela capacidade de articulação entre pautas diversas.

O segundo ponto, relativo à construção dos sujeitos, é estreitamente vinculado a essa questão. A organização bidimensional da disputa política favorecia a emergência de identidades políticas que também espelhavam um único eixo de diferenças. Quando isso entra em crise, torna-se mais difícil que o

---

[34] Anthony Giddens, *Para além da esquerda e da direita: o futuro da política radical* (trad. Álvaro Hattnher, São Paulo, Editora Unesp, 1996), p. 10. A edição original é de 1994.

[35] Ulrich Beck, "A reinvenção da política: rumo a uma teoria da modernização reflexiva", em Anthony Giddens, Scott Lash e Ulrich Beck, *Modernização reflexiva: política, tradição e estética na ordem social moderna* (trad. Maria Amélia Augusto, São Paulo, Editora Unesp, 1997), p. 57. A edição original é de 1995.

indivíduo se sinta representado pelo partido A ou pelo movimento B, uma vez que ele próprio não se esgota nessa identificação parcial.

Concretamente, a posição de classe deixou de ser suficiente para alavancar a ação política, graças ao reconhecimento da relevância de outras formas de dominação. Isso foi, em alguma medida, efeito das conquistas do próprio movimento operário. É possível dizer, com alguma simplificação, que, quando o capitalismo impunha jornadas de trabalho intermináveis e salários no limite da subsistência, faltavam ao proletário as condições materiais para desempenhar quaisquer outros papéis sociais. A condição operária o absorvia integralmente. Na medida em que esse cenário muda, o trabalhador está livre para assumir outras "posições de sujeito", que são ganchos para engajamentos políticos diversos e mesmo potencialmente contraditórios[36]. O modelo vigente de representação política, ancorado no pressuposto do sujeito uno (que se concretiza na máxima "um indivíduo, um voto"), tem grande dificuldade para expressar essa nova situação, caracterizada pelo descentramento das identidades.

Portanto, fica claro que a chamada "política de identidade", que na onda das teorias do reconhecimento parecia encarnar a novidade dos novos movimentos sociais[37], não é a resposta a essa crise. Embora múltiplas identidades possam disputar a presença na esfera pública, seus porta-vozes são sempre representantes incompletos de suas bases, formadas por indivíduos que não se esgotam naquela faceta específica de seu ser no mundo.

O movimento identificado por Laclau e outros permite pensar uma crise que é não apenas do movimento operário, mas de toda a representação política fundada na unidade identitária entre grupos sociais homogêneos e seus porta-vozes. Essa posição também não se confunde com a visão, apresentada por Pierre Rosanvallon, de que há um esgotamento dos pertencimentos coletivos definidos por clivagens estruturais, levando a uma sociedade virtualmente irrepresentável e a um modo de ação política baseado em indivíduos isolados, tal como nos modelos do liberalismo clássico[38]. A multiplicidade de posições de sujeito e de clivagens relevantes impõe desafios ainda não resolvidos à representação política, mas as desigualdades estruturais continuam na raiz da

---

[36] Ernesto Laclau, "Os novos movimentos sociais e a pluralidade do social", trad. Tradutec, *Revista Brasileira de Ciências Sociais*, n. 2, 1986. A edição original é de 1983.

[37] Axel Honneth, "Redistribution as Recognition: A Response to Nancy Fraser", em Nancy Fraser e Axel Honneth, *Redistribution or Recognition?*, cit., p. 115.

[38] Pierre Rosanvallon, *La Contre-démocratie*, cit., e *La Société des égaux* (Paris, Seuil, 2011).

injustiça e da dominação – logo, continuam sendo o ponto de partida necessário para a ação política transformadora.

O terceiro elemento se liga ao fato de que, a despeito dos brados de internacionalismo que vêm desde o século XIX, as organizações políticas convencionais permanecem ancoradas nos territórios nacionais. Isso é razoável, uma vez que os locais formais de poder continuam sediados nos Estados nacionais; mas os problemas e os adversários a ser enfrentados cada vez mais escapam dessa moldura. Não se trata de fazer uma crítica com base em um modelo normativo abstrato, seguindo a malograda tentativa de Nancy Fraser de incluir uma terceira dimensão, política, em seu modelo de justiça[39]. O ponto não é apresentar um princípio de que as decisões deveriam ser tomadas por "todos os [que estivessem] sujeitos" a elas, ignorando fronteiras, mas de entender que a mundialização permite deslocamentos na estrutura de poder que reduzem a efetividade da ação de organizações ainda baseadas exclusivamente na lógica da nação soberana.

Muito menos quero aderir à ideia de que os Estados nacionais se tornaram os "zumbis" que os profetas da globalização anunciavam[40]. Pelo contrário, eles permanecem controlando importantes recursos de legitimidade e capacidade de coerção, como, aliás, é provado pelo simples fato de que as grandes corporações globais dedicam muita energia à manutenção, no comando desses Estados, de grupos simpáticos a elas[41]. Mas resta o descompasso entre, de um lado, problemas cada vez mais compreendidos como algo que ultrapassa as fronteiras nacionais e também processos de formação de identidades que, em alguma medida, se transnacionalizam e, de outro, mecanismos representativos que continuam restritos a essas fronteiras.

Ocorrem, portanto, dois fenômenos convergentes. Por um lado, há uma consciência crescente dos defeitos dos mecanismos de representação, como a permeabilidade seletiva às pressões de acordo com a origem social de quem as

---

[39] Nancy Fraser, *Scales of Justice: Reimagining Political Space in a Globalizing World* (Nova York, Columbia University Press, 2009).

[40] Kenichi Ohmae, *The End of the Nation State: The Rise of Regional Economies* (Nova York, The Free Press, 1995) [ed. bras.: *O fim do Estado-nação*, trad. Ivo Korytowski, Rio de Janeiro, Campus, 1999], p. 5; Ulrich Beck e Elisabeth Beck-Gernsheim, *Individualization: Institutionalized Individualism and Its Social and Political Consequences* (Londres, Sage, 2002), p. 27.

[41] A centralidade dos Estados na produção da ordem neoliberal é ressaltada por Pierre Dardot e Christian Laval, *La Nouvelle Raison du monde: essai sur la société néolibérale* (Paris, La Découverte, 2009) [ed. bras.: *A nova razão do mundo*, trad. Mariana Echalar, São Paulo, Boitempo, 2015].

180 DOMINAÇÃO E RESISTÊNCIA

produz ou a tendência de que os representantes se tornem independentes em relação a suas bases. É o que chamo de crise da representação, que afeta parlamentos, partidos, sindicatos. Por outro, os pressupostos que sustentavam os mecanismos representativos encontram cada vez menos respaldo na realidade. É o que chamo de crise da representatividade.

A crise de representação nasce de uma visão mais realista (outros prefeririam dizer "mais cética" ou mesmo "mais cínica") do funcionamento das instituições. A crise de representatividade, da menor legibilidade do mundo social. Falando da França pós-revolucionária, Pierre Rosanvallon observa que "a passagem de uma sociedade de corpos a uma sociedade de indivíduos torna a sociedade menos representável"[42]. Com certeza. Mas essa sociedade de indivíduos, isto é, de cidadãos que ingressam na esfera política como unidades dotadas de direitos intransferíveis, assentava sobre uma estrutura social que estabelecia clivagens; uma delas, em particular – a de classes –, organizava o conflito, donde sua expressão por representantes. Tal divisão não sumiu, muito pelo contrário, mas a ela se juntam outros eixos de disputa que não podem ser negligenciados. É o que torna mais difíceis a expressão política coletiva e, com ela, a construção de estratégias para a transformação do mundo social.

Essas mudanças no tecido social, ao mesmo tempo que tornam mais difícil a tarefa de produzir um movimento transformador, abriram as portas para uma multiplicidade de expressões de contestação. A questão é saber se – e como – a expressão da contestação pode levar a esforços consequentes de transformação do mundo social. Os nós que ainda não parecem desatados se referem: 1) à própria prevalência da autoexpressão como *meio e fim* da intervenção no debate público, sem que se estabeleça a passagem do discurso do *eu* para o discurso do *nós*, que é próprio da intervenção política; 2) à desconfiança em relação a qualquer modelo organizativo que pareça impor algum tipo de ação disciplinar ou reduzir a liberdade plena de seus participantes; e 3) à tendência de evitar o exercício do poder, visto como uma traição ao ideal de transformação do mundo. Os três elementos, é claro, estão interligados de forma íntima e sinalizam uma depreciação da preocupação com a *efetividade* da luta política.

A política visa a produzir efeitos sobre o mundo, transformá-lo ou preservá-lo como é. Isso não significa imediatismo nem oportunismo (embora também

---

[42] Pierre Rosanvallon, *Le Peuple introuvable: histoire de la représentation démocratique en France* (Paris, Gallimard, 1998), p. 34.

possa incluí-los); significa que a política é uma ação orientada dessa forma e que, por sê-lo, assume algumas características e não outras, algo que há mais de quinhentos anos Maquiavel já delineava com clareza. Mas parte das novas formas de militância parece despreocupada com isso e voltada muito mais para a autoexpressão – quero dizer ao mundo como me sinto, como penso, o que desejo, quero mostrar como meus sentimentos, pensamentos e desejos se chocam com o mundo que está aí.

Não se trata de negar legitimidade a esse anseio por autoexpressão. Mas, se ele não faz o trânsito da voz individual para a voz coletiva, permanece no âmbito do pré-político. Em parte, também, porque a ação política exige um esforço de transcendência (o que não significa anulação) da individualidade: ela diz respeito à sorte comum daquelas e daqueles que participam de determinada comunidade. Por isso, ela não pode se reduzir à expressão do eu; ela precisa buscar aquilo que conecta cada um com outros.

O prestígio crescente da autoexpressão nasce de uma série de fatores. O mais evidente se liga às novas tecnologias da informação, que tornam cada vez mais factível que cada um de nós alcance o espaço público com a própria voz. Não importa que boa parte dessa possibilidade seja ilusória, uma vez que a disparidade de recursos para moldar o debate continua presente e favorece as grandes corporações da comunicação, em relação às quais os cidadãos comuns e mesmo os grupos sociais subalternos em geral podem apenas apresentar reações, com alcance restrito a círculos limitados[43]. O fato é que cada um pode expor suas opiniões e seus sentimentos nas redes sociais, em blogs, em sites de compartilhamento de vídeos, de maneira potencialmente acessível a qualquer outra pessoa. Qualquer que seja o efeito dessa "revolução" – pois é assim que o discurso corrente trata essa inovação tecnológica – na conformação do debate político, ela é realmente uma revolução na avaliação subjetiva sobre as próprias possibilidades de expressão pública.

Essa expressão individualizada é tanto mais valorizada quanto mais se assume que um registro essencial do debate é o *testemunho*, em que cada pessoa é insubstituível. A preocupação de muitos dos GTS contemporâneos com "lugar de fala" e "protagonismo" é um primeiro passo na trilha que leva à individualização plena da participação política e, no mesmo movimento, à preeminência do testemunho. A noção de lugar de fala incorpora a percepção correta de que

---

[43] Ver Robert McChesney, *Digital Disconnect*, cit.

as posições no mundo social determinam os ângulos de visão que teremos sobre esse mesmo mundo – o que está na base do conceito de "perspectiva", associado à obra de Iris Marion Young[44].

A perspectiva social seria a visão que uma pessoa tem do mundo por causa de sua posição socialmente estruturada. Mulheres ou negros podem divergir quanto às opiniões e quanto ao entendimento de quais são seus interesses, mas compartilham a perspectiva de viver em uma sociedade marcada pelo sexismo, no primeiro caso, ou pelo racismo, no segundo. Por indicar uma sensibilidade derivada de determinadas vivências comuns, a perspectiva (ao contrário da opinião ou do interesse) só pode ser representada por alguém que pertença ao mesmo grupo. Olhar para o lugar de fala, assim, é olhar para as vivências socialmente estruturadas que informam aquele discurso. Disso não precisa derivar algum veto que impeça pessoas que não pertencem a determinado grupo de se pronunciar sobre temas de interesse daquele grupo, como muitas vezes ocorre nas batalhas identitárias que sacodem os espaços virtuais de tempos em tempos. Mas deriva a compreensão de que os discursos não são separáveis de seus emissores e que a posição do falante agrega informação sobre o que está sendo falado.

Uma hiperespecialização do lugar de fala leva a uma singularização cada vez maior dos discursos. Como observou Anne Phillips em sua discussão sobre a política de presença, a consciência de que existem múltiplas opressões que se sobrepõem – e que essa sobreposição não é a soma de opressões independentes, mas cria padrões próprios – permite interpelar de maneira mais adequada a complexidade das tarefas da transformação social, mas, ao mesmo tempo, torna mais difícil a ação coletiva e, no limite, nos joga de novo na "sociedade de indivíduos" do discurso liberal[45]. O acúmulo das especificidades torna cada um único e a ação política se organiza não pelos eixos de divisão social, que não são mais capazes de agregar grupos, mas pelas vontades individuais.

O testemunho individual ganharia força como meio de expressão política porque é ele que permite partilhar com outros minha experiência *única*, como diz Rosanvallon ao propor seu "Facebook societal", que recolheria tais depoimentos para formar um "parlamento de narrativas", mas também porque, preso em minha condição individual, não sou mais capaz de formular um

---

[44] Iris Marion Young, *Inclusion and Democracy* (Oxford, Oxford University Press, 2000).

[45] Anne Phillips, *The Politics of Presence* (Oxford, Oxford University Press, 1995).

projeto coletivo[46]. No fundo, há uma recusa ao caráter representativo da ação política que – uma vez que tal caráter é constitutivo do que é a política – leva a uma recusa da própria política.

Como resultado, a representação parece se tornar ao mesmo tempo facultativa e impossível. *Facultativa*, uma vez que as novas tecnologias permitiriam a cada um a participação não mediada no debate público. No entanto, como visto, essa igualdade de acesso é ilusória, já que, para a maior parte das pessoas, a única alternativa é falar para seu círculo próximo e buscar se reconhecer em algum dos discursos que atingem a esfera pública ampla. *Impossível*, pois o que funda a fala são a experiência e a subjetividade individuais e únicas. Seria possível questionar a crença nessa individualidade tão absoluta, que ignora que as individualidades são socialmente produzidas, como se, numa sociedade marcada por relações de dominação, a produção da subjetividade pudesse escapar a essas relações[47]. Muito mais que um novo mundo em que as clivagens derivadas das estruturas sociais deixam de ser determinantes, temos uma ilusão de ótica provocada por uma paisagem social em rápida mutação e por um discurso ideológico que afirma ininterruptamente essa pretensa transição. Mas as estruturas de dominação continuam atuantes, as hierarquias sociais também e, por mais que se exalte a multiplicidade, a abertura e a incerteza do mundo atual, bem como a singularidade de cada trajetória pessoal, os pontos de partida continuam condicionando fortemente os caminhos possíveis.

Assim, a ênfase na fala pessoal (e, dentro dela, na fala ancorada no relato testemunhal do eu) projeta uma impossibilidade de representação, que se combina à crise das instâncias formais de representação e também à crise de representabilidade, referidas antes. Mas essa evasão não é uma resposta. A ação política é necessariamente representativa – nela falamos por outros, em nome de outros. Mesmo nas experiências de democracia direta, o discurso político foge da referência ao "eu" para buscar aquilo que diz respeito a uma coletividade; justamente por isso, o discurso político se distancia da autoexpressão individual.

---

[46] Pierre Rosanvallon, *Le Parlement des invisibles* (Paris, Seuil, 2014). O testemunho com força política é, ao contrário, aquele que se apresenta como exemplo da vivência estruturada de um grupo. A literatura negra brasileira contemporânea oferece exemplos eloquentes: "Todos aqueles que morreram sem se realizar, todos os negros escravizados de ontem e os supostamente livres de hoje, libertam-se na vida de cada um de nós que consegue viver, que consegue se realizar". Conceição Evaristo, *Becos da memória* (Belo Horizonte, Mazza, 2006), p. 103.

[47] Ver o capítulo 1 deste volume.

184 DOMINAÇÃO E RESISTÊNCIA

As novas circunstâncias tornam ainda mais desafiadora a tarefa de construir uma representação democrática, isto é, uma representação na qual os porta-vozes respondam de fato a seus representados. Nem por isso é possível escapar dela.

A permanência do "eu", que não aceita mais se eclipsar numa massa indistinta de "representados", afeta também as formas organizativas possíveis, o que é a segunda dimensão do problema que desejo analisar aqui. O modelo da política de massas, que a esquerda desenvolveu, passa pela unidade de ação a partir de um comando centralizado. A fórmula leninista do "centralismo democrático" deveria sintetizá-la: participação plena na decisão coletiva, obediência total às decisões tomadas. Na prática, o componente centralista sempre foi mais fácil de efetivar que o democrático. Os simples militantes e, ainda mais, os simpatizantes mobilizados pelas lideranças permanecem em estado de despossessão política, limitando-se a aderir ao que lhes é oferecido e delegando a própria capacidade de pensar politicamente[48]. Desse ponto de vista, uma situação em que as pessoas não abrem mão de falar com a própria voz só pode ser encarada como um avanço.

No entanto, a efetividade da ação política exige alguma coordenação e unidade, isto é, alguma transcendência das peculiaridades individuais. O "autonomismo" é um rótulo maleável, que cobre um amplo espectro de posições, da recusa às hierarquias e da busca de horizontalidade nas relações dentro dos movimentos até a exigência de unanimidade nas decisões ou a impossibilidade de que qualquer decisão coletiva vigore. Na versão mais extrema, o resultado é um gigantesco déficit de efetividade, chegando à impossibilidade de qualquer ação coordenada.

O relato do movimento Occupy Wall Street mostra esse problema. Na ausência de qualquer instância capaz de tomar decisões com força para ser implantadas, mesmo as regras mais elementares de convivência – como não tocar tambores de madrugada para permitir que os acampados dormissem – não tinham como vigorar[49]. A busca pelo consenso e a ausência de mecanismos para levar a deliberação a um resultado faziam com que assuntos banais fossem discutidos durante horas e tornavam as assembleias verdadeiros testes de

---

[48] Pierre Bourdieu, "La Représentation politique. Éléments pour une théorie du champ politique", *Actes de la Recherche en Sciences Sociales*, n. 36-7, 1981.

[49] Todd Gitlin, *Occupy Nation: The Roots, the Spirit, and the Promise of Occupy Wall Street* (Nova York, ItBooks, 2012), p. 88-9.

paciência[50]. O que seria uma experiência inovadora de gestão igualitária abriu espaço para críticas (e autocríticas) em sentido oposto; o veterano ativista Kalle Lasn, um dos pioneiros do movimento, afirmou que um de seus principais problemas foi que "não havia um líder, ninguém tinha o direito de falar 'Calados!'"[51]. A questão não resolvida é como evitar essa submissão à autoridade sem cair na incapacidade de ação conjunta; dito de outra forma, como produzir decisões coletivas de maneira que seja simultaneamente igualitária, respeitosa das diferenças e eficaz.

Se não há uma fórmula pronta para ser implantada, múltiplas experiências têm apontado caminhos para produzir um envolvimento coletivo mais bem distribuído nos processos decisórios, com a dissolução dos padrões tradicionais de liderança e, sobretudo, de liderança autoritária. No Brasil, as ocupações de escolas por estudantes, em 2015 e 2016, servem de exemplo. Elas obtiveram vitórias importantes, incluindo obrigar o governo paulista a um raríssimo recuo (no fechamento de unidades de ensino), ao mesmo tempo que sua ação era marcada pela recusa ao aparelhamento do movimento por organizações preexistentes, pela busca da produção de uma liderança coletiva e pela contestação dos papéis estereotipados (de gênero, raça e sexualidade, entre outros) na atribuição das tarefas no interior dos coletivos[52]. Há impasses, e nem todas as soluções se mostram sustentáveis, mas há também a gestação de um novo repertório de práticas políticas.

As vertentes do autonomismo mais despreocupadas com a efetividade da ação política se inspiram numa tradição do anarquismo que é contaminada por um individualismo marcadamente liberal. Na leitura de um pensador anarquista de tradição oposta, haveria um desgaste dos objetivos revolucionários do anarquismo e sua absorção pelo vocabulário burguês, que o tornava "desobediente, rebelde, despreocupado, mas deliciosamente inofensivo"[53]. O movimento cujos integrantes assinalam com vigor, até com ferocidade, sua

---

[50] Ibidem, p. 94.

[51] Sofia Fernandes, "Modelo do 'Ocupe Wall St.' se esgotou e perdeu a magia" (entrevista com Kalle Lasn), *Folha de S.Paulo*, 9 set. 2012, p. A-14.

[52] Antonia M. Campos, Jonas Medeiros e Márcio M. Ribeiro, *Escolas de luta* (São Paulo, Veneta, 2016).

[53] Murray Bookchin, "Anarquismo social ou anarquismo de estilo de vida: um abismo intransponível", em *Anarquismo, crítica e autocrítica* (trad. Felipe Corrêa e Alexandre Barbosa de Souza, São Paulo, Hedra, 2001), p. 48. A edição original é de 1995.

insubmissão a todas as estruturas de poder é rebelde, sim, mas, se é incapaz de operar para modificar essas estruturas, é também inócuo.

Há uma convergência com a terceira dimensão que destaco aqui, que é a ojeriza ao exercício do poder. O lugar-comum do pensamento liberal, cuja formulação mais célebre é a de lorde Acton – "o poder corrompe" –, parece validado pelas experiências revolucionárias que, incapazes de realizar suas promessas de libertação, geraram, muitas vezes, regimes despóticos, quando não reproduziram em grau ainda mais elevado as desigualdades que deveriam combater. Por um lado, "a revolução devora seus próprios filhos", como diz o Danton da peça de Georg Büchner[54], sinalizando as lutas fratricidas pelo poder. Por outro, os novos governantes não resistem à tentação de transformar o poder revolucionário em poder pessoal e de usá-lo em benefício próprio.

A mais influente formulação teórica dessa concepção foi apresentada por John Holloway, cujo projeto já é evidenciado no título de seu livro: *Mudar o mundo sem tomar o poder*. Seu argumento inclui três passos principais:

1. O objetivo de conquista do poder leva necessariamente a uma instrumentalização das lutas sociais, que se tornam meros degraus para alcançar esse objetivo maior[55].
2. O realismo da tradição revolucionária é, na verdade, irrealista porque julga que o poder pode levar a algo que não seja a reprodução do poder. Para mudar o mundo, é necessário o "antirrealismo do antipoder"[56].
3. Esse falso realismo do poder faz com que a estratégia comum dos movimentos com pretensão revolucionária seja buscar o contrapoder, que é o espelho do poder, na forma "exército contra exército, partido contra partido". No entanto, a luta não pode ser para construir um contrapoder, mas, sim, para construir um antipoder. O antipoder não é a negação do poder dominante na forma de um poder inverso a ele; é sua negação na forma de neutralização do próprio poder[57].

Nesse ponto, o autor chega à distinção fundamental entre *poder-sobre*, que é aquele que pessoas exercem sobre outras pessoas, e *poder-para*, que é a

---

[54] Trata-se de uma reelaboração de metáfora usada em discurso do girondino Pierre Vergniaud.

[55] John Holloway, *Change the World Without Taking Power*, cit.

[56] Ibidem, p. 18.

[57] Ibidem, p. 36.

efetivação do potencial de todos. O antipoder que ele propõe deve realizar o sonho comunista de dissolução do poder-sobre e, com isso, emancipar, para todos, o poder-para[58]. Como se vê, trata-se de uma atualização da ideia de substituir o governo das pessoas pela administração das coisas. A fórmula continua tão etérea quanto quando Saint-Simon a criou, nos primeiros anos do século XIX. Ela projeta a ausência de conflitos interpessoais, logo tornando desnecessário que se estabeleçam mecanismos para resolvê-los. Mas, se "o livre desenvolvimento de cada um é a condição para o livre desenvolvimento de todos", como se diz no *Manifesto Comunista*, essa situação só surgiria após a superação "da antiga sociedade burguesa, com suas classes e antagonismos de classes"[59].

Não pretendo discutir aqui o realismo ou o irrealismo da utopia comunista – se a divisão de classes é o único motivo para os conflitos, se a tensão entre indivíduo e coletividade pode se dissolver a ponto de dar origem a uma harmonia automática, se os problemas da cooperação social deixarão de ser problemas. Mas a ideia de que se dá um salto na direção do "antipoder" nas condições da sociedade atual, que é organizada de cima para baixo por um poder que é tanto produtivo quanto repressivo, mostra um voluntarismo que, aliás, está na contramão do anarquismo clássico.

A crítica que Holloway faz às formas organizativas autoritárias e à instrumentalização das lutas em prol de um objetivo final de conquista do poder é certamente válida. Assim como a crítica ao caráter repressivo dos regimes políticos que nasceram de movimentos com projetos emancipatórios. No entanto, ao menos parte desses problemas tem origem numa visão que mantém muitos pontos de contato com aquela que Holloway externa; uma visão para a qual o poder é algo contingente e transitório, sendo possível, portanto, desprezar os mecanismos para controlar seu exercício[60]. A ilusão do poder popular não mediado e da absorção do Estado pela sociedade trabalha contra a fabricação de salvaguardas que tentem evitar a autonomização dos poderosos. Sob

---

[58] Ibidem, p. 36-7.

[59] Karl Marx e Friedrich Engels, *Manifesto Comunista*, cit., p. 59.

[60] Às vésperas da revolução, Lênin julgava que o Estado socialista definharia rapidamente. As funções políticas seriam transformadas "em simplesmente administrativas" (ecoando Saint-Simon), e o "Estado em extinção" seria "o Estado não político". Vladímir I. Lênin, *O Estado e a revolução*, cit., p. 87. Diante dessa perspectiva, nada mais natural que não dedicar grande atenção aos instrumentos de controle do exercício do poder político.

188 DOMINAÇÃO E RESISTÊNCIA

esse ponto de vista, a tradição liberal ainda tem muito a ensinar aos revolucionários. Suas respostas podem ser falhas, mas ela ao menos reconhece a centralidade do problema.

Uma percepção semelhante vale para os GTS. A crítica de Jo Freeman ao movimento feminista dos anos 1960 serve de fio condutor: a inexistência de estruturas formais de autoridade dentro da organização leva não à igualdade entre todos os participantes, mas à "tirania da ausência de estrutura" (*tyranny of structurelessness*), em que os diferenciais informais de autoridade se manifestam sem possibilidade de controle ou mesmo de contestação efetiva[61]. Em vez de reconhecer o modo como uma gama de desigualdades incide sobre as possibilidades de intervenção política, buscando mecanismos que se contraponham a elas e que as minimizem, a ausência de estrutura pressupõe que elas não existem e, com isso, dá livre curso a elas. E, como o que se bloqueia é uma estrutura decisória formal, fica intocada a estrutura informal, que sempre existe – "um grupo *laissez-faire* é quase tão realista quanto uma sociedade *laissez-faire*", diz J. Freeman – e que privilegia os já privilegiados.

Os sete eixos para uma estruturação democrática e politicamente efetiva, apontados pela autora, mereceriam uma discussão aprofundada; além do mais, nenhum deles tem implantação simples ou evidente[62]. Mas o mero fato de que sejam postos em debate já representa um rompimento com as ilusões que certos discursos autonomistas alimentam e que, a despeito da radicalidade com que são enunciadas, traem um nítido sabor liberal. Em dois eixos. Primeiro, a ideia de que as desigualdades sociais podem ser desconsideradas em determinados contextos. Depois, o entendimento de que a ação individual "espontânea" é um indicador de liberdade, deixando de lado o problema de como – isto é, sob quais constrangimentos e influências – são geradas as preferências[63].

---

[61] Produzido em 1970 para uma coletânea em que acabou não sendo publicado, o artigo "The Tyranny of Structurelessness", de Freeman, circulou em diferentes versões, por vezes assinado pelo pseudônimo "Joreen". Uso o texto que a autora disponibiliza em seu *website* pessoal e que é, segundo ela, um *mix* das versões que apareceram em *The Second Wave*, v. 2, n. 1, 1972, no *Berkeley Journal of Sociology*, v. 17, 1972-3, e na revista *Ms.*, jul. 1973.

[62] São eles: "delegação de autoridade específica para indivíduos específicos para tarefas específicas por procedimentos democráticos"; responsividade dos que receberam a delegação; maior distribuição possível da autoridade entre as diversas pessoas; rotação das tarefas entre os participantes; "alocação de tarefas de acordo com critérios racionais"; ampla difusão de informação; igual acesso aos recursos do grupo. Jo Freeman, "The Tyranny of Structurelessness", cit.

[63] Ver o capítulo 5 deste volume.

O subtexto é a contraposição entre um indivíduo "constituído misteriosa e autogeneticamente" e um coletivo sempre onipresente e autoritário[64].

As reflexões de Freeman guardam afinidade com a discussão realizada por Jane Mansbridge a partir de suas pesquisas de campo sobre a permanência das desigualdades em espaços de participação democrática ostensivamente igualitários[65]. Tanto num caso como no outro, aflora a conclusão de que não basta estabelecer arenas sem desigualdades, pois as desigualdades produzidas incessantemente nos outros espaços sociais transbordam para elas. É necessário um esforço contrário, que exige, sim, determinados formatos de estruturas decisórias e de participação e o exercício do poder.

Levada ao extremo, a recusa ao poder inviabiliza qualquer forma de organização voltada à transformação social. O próprio Holloway reconhece que o motor de seu projeto é uma "relutância em se conformar" que, por vezes, se restringe a atos individuais incapazes de gerar qualquer repercussão política: "pintar o cabelo de verde, cometer suicídio, ficar louco"[66]. Uma rebeldia que toma o lugar da ação política, que talvez parta da compreensão de que a ação política se tornou impossível. Uma rebeldia cujo resultado é a acomodação, ainda que truncada, à ordem vigente, não o desafio a sua reprodução.

O principal defensor dessa postura, verdadeiro poeta da rebeldia como gesto autossuficiente, é o escritor estadunidense conhecido pelo pseudônimo Hakim Bey, que apresentou ao mundo a ideia de "zona autônoma temporária" (TAZ, na sigla em inglês). Seu ponto de partida é a ideia de que é impossível combater o poder, uma vez que ele "perdeu todo o sentido e se transformou em pura Simulação"[67]. Um sintoma desse desaparecimento do poder é que o Estado "continua a deliquescer e se petrificar simultaneamente"[68]. Quanto mais desaparece, mais o poder se torna indestrutível, porque se torna impossível lutar contra ele. Dessa maneira, Bey leva ao paroxismo a ideia de que o enfraquecimento da capacidade repressiva dos poderes vigentes no mundo

---

[64] Murray Bookchin, "Anarquismo social ou anarquismo de estilo de vida", cit., p. 61

[65] Jane J. Mansbridge, *Beyond Adversary Democracy* (Chicago, The University of Chicago Press, 1983).

[66] John Holloway, *Change the World Without Taking the Power*, cit., p. 205.

[67] Hakim Bey, "The Temporary Autonomous Zone", em *The Temporary Autonomous Zone; Ontological Anarchy; Poetic Terrorism* (Charleston, BiblioBazar, 2007), p. 129 [ed. bras.: *TAZ – Zona Autônoma Temporária*, trad. Patricia Decia e Renato Resende, São Paulo, Conrad, 2011]. A edição original é de 1990. A inicial maiúscula em "Simulação" é do original.

[68] Ibidem, p. 134.

social representa seu triunfo final. Nesse cenário, "o realismo exige que nós paremos não apenas de *esperar* pela 'Revolução', mas também de *querê-la*"[69].

Sendo assim, no lugar da "Revolução", que parece significar qualquer projeto de transformação do mundo social, resta apenas a transgressão furtiva, que é a própria zona autônoma temporária: a libertação de uma área ("de terra, de tempo, de imaginação") para logo dissolvê-la, antes que o Estado a esmague[70]. A TAZ é efêmera e não desafia a reprodução da ordem. Ela apenas sinaliza que alguns indivíduos podem, eventualmente, furtar-se dessa ordem e migrar por alguns momentos para um espaço próprio em que ela não vigora. Longe de representar um enfrentamento das opressões e uma estratégia de transformação do mundo, a TAZ é, como definiu um crítico, "uma válvula de escape segura"[71].

Não se trata de levar Bey a sério, e sim de vê-lo como um sintoma – é verdade que extremado – da combinação entre desesperança com a ação coletiva e culto do eu, resultando num tipo de niilismo individualista. Em Bey, isso resvala no fascismo, manifestando-se em sua alegre inclusão do estupro entre as ações transgressoras que ele estimula[72], em sua posição contrária ao direito ao aborto[73] ou na indicação do poeta e *condottiere* protofascista Gabrielle d'Annunzio como um de seus modelos[74].

Os dilemas da transformação social no mundo contemporâneo não são necessariamente novos. Em grande medida, eles são formas renovadas, por vezes agudizadas, de questões com que os GTS se debatem há décadas. Fazendo um balanço da "Nova Esquerda" estadunidense dos anos 1960, aquela que emerge da confluência entre a oposição à Guerra do Vietnã, o movimento pelos direitos civis dos negros e o movimento pela liberação das mulheres, Todd Gitlin indica um conjunto de problemas que a afligiam e que, em grande medida, parecem contemporâneos: tendência a se ver como surgindo do nada e, portanto, a sobrevalorizar a vontade pura; tentativa de ser simultaneamente

---

[69] Idem.

[70] Idem.

[71] Murray Bookchin, "Anarquismo social ou anarquismo de estilo de vida", cit., p. 75.

[72] Hakim Bey, "Chaos: The Broadsheets of Ontological Anarchism", em *The Temporary Autonomous Zone*, cit., p. 29.

[73] Idem, "Communiques of the Association for Ontological Anarchy", em *The Temporary Autonomous Zone*, cit., p. 56.

[74] Idem, "The Temporary Autonomous Zone", cit., 126.

"estratégica e expressiva, política e cultural", mudando as estruturas do mundo e, no mesmo movimento, liberando a vida no aqui e no agora, mas nem sempre compreendendo as potenciais incompatibilidades entre esses polos; vulnerabilidade aos meios de comunicação de massa, própria de uma geração que cresceu sob o império da cultura popular, levando a uma preocupação permanente com a imagem e à contaminação dos movimentos pelos elementos que compõem a agenda da mídia, como sensacionalismo e produção de celebridades; indefinição sobre como tratar os remanescentes da "velha esquerda", vistos às vezes como vítimas, às vezes como mestres e exemplos, às vezes, ainda, como rivais e oponentes[75].

Muitos desses dilemas permanecem assombrando a "nova" Nova Esquerda, embora com ênfases diferenciadas. São efeito de uma leitura crítica das armadilhas a que levam as formas organizativas predominantes, que instrumentalizam o impulso de transformação do mundo e encapsulam a vontade de ação autônoma em hierarquias que a anulam. Mas cabe pensar por que, passados uns bons cinquenta anos entre a "velha" Nova Esquerda e a nova, suas críticas permanecem voltadas aos mesmos alvos. A resposta passa, é claro, pela percepção de que, na ausência de alternativas que sejam dotadas de efetividade política, o eixo do conflito voltará para as mesmas formas organizativas de sempre.

Não se trata de descartar, como se fossem irrelevantes, as questões que dizem respeito à anulação das individualidades nos movimentos coletivos ou à reprodução, em seu interior, de uma divisão do trabalho político que concentra todo o poder em alguns e relega os restantes à passividade e à obediência. Ainda assim, a preocupação com a *efetividade* da ação política não pode ser ignorada. Se a busca da efetividade pela efetividade leva à capitulação diante das pressões das estruturas de dominação vigentes, à reprodução das assimetrias e, enfim, ao abandono da pretensão de efetivamente mudar o mundo, o descaso pela efetividade também significa uma renúncia à esperança de promover a transformação e uma acomodação ao mundo tal como é.

Bookchin diz que o ego se tornou "o templo supremo da realidade"[76]. Há algo de *démodé* nessa crítica, que trai exatamente a sensibilidade política contra a qual os novos GTS se insurgem. Mas ela é importante por sinalizar que quem não se dispõe a fazer um esforço para transcender o *eu* está condenado a

---

[75] Todd Gitlin, *The Sixties: Years of Hope, Days of Rage* (Nova York, Bantam, 1993), p. 5-6.

[76] Murray Bookchin, "Anarquismo social ou anarquismo de estilo de vida", cit., p. 106.

permanecer na antessala da política. O agir político mantém seu caráter representativo; o discurso político é aquele que dá voz, ou ao menos pretende dar voz, a muitos. Se eu não sou capaz de me reconhecer nessa voz coletiva nem de contribuir para construí-la de uma forma que também me inclua, ou se julgo que tal reconhecimento implica necessariamente a anulação de minha individualidade, eu me coloco fora da política.

A conciliação entre a admissão desse caráter representativo da política e o desejo de não cair na despossessão política própria do mero seguidor não é fácil. O caminho passa por reforçar os laços horizontais e, na medida do possível, reverter a inversão da relação representativa, já apontada por Bourdieu, pela qual, em vez de o grupo definir seus interesses e, em seguida, escolher alguém para representá-los, a iniciativa passa aos candidatos à liderança, e os outros ficam reduzidos à posição de consumidores das ofertas apresentadas no mercado político[77]. Em suma, o caminho passa pela ênfase no processo de construção da ação coletiva, em que as palavras centrais são *construção*, indicando a participação ativa de todos os envolvidos, e *coletiva*, indicando a superação da mera expressão de uma vontade individual. Mas – como de costume – é bem mais fácil chegar a uma fórmula assim do que efetivá-la na prática.

---

[77] Pierre Bourdieu, "La Représentation politique", cit.

8
A PARTICIPAÇÃO POLÍTICA

. . . .

A o mesmo tempo que muitos grupos defendem uma transformação radical sem espaço para acomodação com o mundo existente, como visto no capítulo anterior, outros integrantes da esquerda destacam a abertura de novos espaços democráticos dentro do próprio Estado. Com voltagem utópica bem mais reduzida, mas ainda assim interessados na construção de um "novo mundo possível", esses acadêmicos críticos e ativistas progressistas enaltecem a proliferação e o fortalecimento de espaços participativos. A partir sobretudo da implementação dos orçamentos participativos (OPs), nos anos finais do século XX, prosperou a ideia de que novas formas de inclusão podiam oxigenar e revigorar os regimes democráticos. Por outro lado, e de forma paradoxal, o sentido atribuído à "participação política" se altera de forma significativa, dos primeiros experimentos institucionais até hoje. Parte dessa alteração corresponde à superação de algumas percepções demasiado ingênuas que marcavam boa parcela das abordagens iniciais. Outra parte, porém, indica uma séria deflação das exigências normativas associadas à ampliação dos mecanismos participativos.

Com isso, ficou reduzida, de maneira drástica, a capacidade de interpelar criticamente seja os limites das democracias liberais, seja o impacto das diferentes formas de desigualdade de recursos nas possibilidades de intervenção política. Há um descompasso entre o entusiasmo com que foram acolhidos os espaços participativos por aqueles que desejam uma democracia aprofundada e quão pouco essa participação ressemantizada de fato foi capaz de desafiar a reprodução dos padrões de dominação entranhados nas estruturas políticas vigentes.

Identifico, na verdade, um movimento em dois passos – a redução da participação à esfera do Estado e a diluição da fronteira entre participação e representação. A compreensão "clássica" da democracia participativa, cuja elaboração mais influente foi apresentada por Carole Pateman, previa a expansão dos procedimentos democráticos para além do Estado, vinculando a vivência cotidiana à educação política e propondo um modelo que exigia transformações

194 DOMINAÇÃO E RESISTÊNCIA

profundas nas relações de produção[1]. Os experimentos participativos iniciados no fim da década de 1980 já sinalizam uma redução de ambições, uma vez que tendem a focar a distribuição do investimento público e não ameaçam a fronteira que separa o Estado, espaço disponível para a decisão democrática, e a esfera privada, invulnerável a ela. Os analistas não tardaram a perceber, também, que a promessa de participação direta no processo decisório encobria uma estrutura representativa paralela. Em vez de levar a uma avaliação mais elaborada das potencialidades e dos limites dessas novas instituições, isso conduziu a uma renúncia crescente ao ideal de presença direta na tomada de decisões, estimulada por uma literatura teórica que se empenha em apagar a distinção entre representação e participação.

No ambiente acadêmico estadunidense dos anos 1960, as investigações iniciais sobre a participação política aproximam-se dos trabalhos da mesma época sobre "cultura política"[2]. No pós-guerra, a preocupação com a estabilidade dos regimes democráticos eleitorais leva a ciência política a observar os cidadãos comuns e sua relação com as instituições – e a centralidade concedida ao sistema político é outra característica comum às duas abordagens. Assim, a partir já dos estudos pioneiros de Milbrath, estabelecem-se escalas de participação política, que começa com o ato de votar, passa por tentar angariar

---

[1] Carole Pateman, *Participação e teoria democrática* (trad. Luiz Paulo Rouanet, São Paulo, Paz e Terra, 1992). A edição original é de 1970. A obra de Pateman só se tornou mais acessível ao público brasileiro no começo dos anos 1990, quando foram traduzidos dois de seus livros, *Participação e teoria democrática* e *O contrato sexual*. Uma visão de democracia participativa que guarda pontos de contato com a dela, a de C. B. Macpherson, que, aliás, a cita, já estava disponível desde 1978. C. B. Macpherson, *A democracia liberal: origens e evolução* (trad. Nathanael C. Caixeiro, Rio de Janeiro, Zahar, 1978) – a edição original é de 1977. Não tenho elementos para discutir a recepção às ideias de Pateman no Brasil, mas é possível dizer com segurança que modelos de democracia participativa próximos do dela alimentaram, a partir do fim da ditadura militar, reflexões da esquerda que buscava modelos alternativos ao socialismo soviético. Eles confluem com a revalorização da "sociedade civil", nascida de determinada leitura de Gramsci, o que, por si só, já representa um deslocamento em relação ao pensamento da autora. Para interpretações panorâmicas desse movimento no Brasil, ver Sérgio Costa, "Categoria analítica ou *passe-partout* político-normativo: notas bibliográficas sobre o conceito de sociedade civil", *BIB – Revista Brasileira de Informação Bibliográfica em Ciências Sociais*, n. 43, 1997, p. 12-7; e Evelina Dagnino, "Cultura, cidadania e democracia: a transformação dos discursos e práticas na esquerda latino-americana", em Sonia E. Alvarez, Evelina Dagnino e Arturo Escobar (orgs.), *Cultura e política nos movimentos sociais latino-americanos: novas leituras* (Belo Horizonte, Editora UFMG, 2000) – a edição original é de 1998.

[2] Ver Gabriel A. Almond e Sidney Verba, *The Civic Culture: Political Attitudes and Democracy in Five Nations* (Boston, Little, Brown, 1963).

votos, contribuir com doações a campanhas ou fazer contato com funcionários públicos e culmina na candidatura às eleições e na ocupação de cargos públicos[3]. A participação, portanto, é integralmente enquadrada pela organização do sistema político e só conta como participação política aquilo que se dirige a esse sistema. Sob tal perspectiva, é possível inquirir como o controle de diferentes recursos materiais, simbólicos e informacionais ou as clivagens de classe, gênero e raça afetam as possibilidades de participação, mas há pouco espaço para pôr em questão o processo geral de tomada de decisões políticas[4].

São estudos, enfim, que podem – em suas franjas mais críticas – problematizar a exclusão política de alguns grupos sociais, como trabalhadores, mulheres ou negros. No entanto, não alcançam o fato de que tal exclusão não é um desvio, mas uma condição para o funcionamento de um sistema que, como dizia Pierre Bourdieu, é formalmente democrático, mas efetivamente censitário[5]. Justamente por isso, a corrente da "democracia participativa", que propõe formas alternativas de organização política, precisa compreender a participação política em outra chave.

Embora existam muitas versões da democracia participativa – as de Macpherson, Poulantzas, Mansbridge, Barber, Dahl, Bachrach e Botwinick[6], para citar só alguns autores –, vou centrar aqui na elaboração de Carole Pateman, que permanece a mais influente e é também, como assinalou Jane Mansbridge, a que aposta na compreensão mais radical da participação e da igualdade políticas[7]. Seu modelo enfatiza a democratização da vida cotidiana, sobretudo nos locais de trabalho (a chamada "democracia industrial", que exige formas de autogestão nas empresas). Com isso, as pessoas ganhariam maior controle sobre a própria vida, uma vez que, ao menos parcialmente, a

---

[3]   Lester W. Milbrath, *Political Participation* (Chicago, Rand McNally, 1965).

[4]   Para uma discussão sobre os limites da escala de Milbrath, ver Alessandro Pizzorno, "Condizioni della partecipazione politica", em *Le radici della politica assoluta e altri saggi* (Milão, Feltrinelli, 1993).

[5]   Pierre Bourdieu, *La Distinction*, cit., p. 464.

[6]   C. B. Macpherson, *A democracia liberal*, cit.; Nicos Poulantzas, *L'État, le pouvoir, le socialisme*, cit.; Jane Mansbridge, *Beyond Adversary Democracy*, cit.; Benjamin R. Barber, *Strong Democracy: Participatory Politics for a New Age* (Berkeley, University of California Press, 1984); Robert Dahl, *Um prefácio à democracia econômica*, cit.; Peter Bachrach e Aryeh Botwinick, *Power and Empowerment: A Radical Theory of Participatory Democracy* (Filadélfia, Temple University Press, 1992).

[7]   Jane Mansbridge, "Carole Pateman: radical liberal?", em Daniel I. O'Neill, Mary Lyndon Shanley e Iris Marion Young (orgs.), *Illusion of Consent: Engaging With Carole Pateman* (University Park, The Pennsylvania State University Press, 2008), p. 23.

alienação própria do trabalho assalariado seria desafiada. Na medida em que procedimentos democráticos fossem estendidos também às escolas, às vizinhanças etc., haveria uma retomada coletiva da autonomia[8]. É possível ver na democratização do cotidiano uma forma de resistir à sua colonização pelo poder e pelo dinheiro, sem apelar à noção habermasiana idealizada das trocas comunicativas.

É claro que a democracia industrial é incompatível com a manutenção do capitalismo. Há uma séria incompreensão da teoria de Pateman quando ela é incluída entre aqueles que buscam "reconciliar a propriedade capitalista com o controle da fábrica pelos trabalhadores", como fez Nadia Urbinati[9]. O controle dos trabalhadores sobre o processo produtivo, aí incluídas as decisões sobre jornada de trabalho, taxas de investimento e remunerações, anula a efetividade da propriedade. Por outro lado, caso os empregados sejam chamados a "participar" da gestão da empresa, mas os proprietários retenham algum tipo de palavra final, o que temos é um tipo de "pseudoparticipação"[10], cujo resultado não é uma ampliação do controle dos trabalhadores sobre a própria vida, mas sua cooptação.

Ao mesmo tempo, as virtudes da participação direta não se materializam em economias centralizadas, de tipo soviético. Mesmo que as decisões econômicas fossem tomadas de forma democrática, por toda a sociedade, o plano econômico ainda apareceria, diante dos trabalhadores nas empresas, como uma "consciência exterior separada"[11]. Para que os trabalhadores recuperem sua autonomia na produção, o único caminho possível parece ser a autogestão, em que cada empresa decide por si mesma de forma relativamente independente.

Há uma segunda virtude na participação, tão importante quanto a ampliação da autonomia na vida cotidiana: a educação política. Duas das principais inspirações de Pateman, sobre as quais ela discorre amplamente em seu livro, são

---

[8] Sobretudo quando se tem em mente que Pateman se tornou, em seguida, uma destacada teórica feminista, chama atenção a ausência de discussão sobre a democratização das relações familiares em sua obra sobre a democracia participativa. Ela mesma assinalou o ponto, em autocrítica. Carole Pateman, "Feminism and Democracy", em *The Disorder of Women: Democracy, Feminism and Political Theory* (Stanford, Stanford University Press, 1989); ver também Luis Felipe Miguel, "Carole Pateman e a crítica feminista do contrato", *Revista Brasileira de Ciências Sociais*, n. 93, 2017.

[9] Nadia Urbinati, "Representation As Advocay: A Study of Democratic Deliberation", *Political Theory*, v. 28, n. 6, 2000, p. 779.

[10] Carole Pateman, *Participação e teoria democrática*, cit., p. 97.

[11] André Gorz, *Métamorphoses du travail*, cit., p. 58.

Jean-Jacques Rousseau e John Stuart Mill. Para ambos, o envolvimento político tem um caráter pedagógico, ampliando os horizontes de indivíduos que, de outra maneira, ficariam presos a seus afazeres particulares. Na leitura de outro teórico participacionista, Stuart Mill é o expoente de uma visão "desenvolvimentista" da democracia: a democracia serve para desenvolver potencialidades presentes nos seres humanos[12]. Ele julgava que o direito de voto, por si só, garantiria tal desenvolvimento, defendendo, por isso, o sufrágio universal, tanto masculino quanto feminino[13]. A experiência demonstrou, porém, que a participação permitida pelo voto é débil demais para estimular a qualificação política.

A aposta de Pateman é que a participação direta nos locais da vida cotidiana supriria tal estímulo. Ao contrário do trabalhador assalariado na empresa capitalista, aquele que participa da autogestão precisa estar mais bem informado e compreender mais do mundo para contribuir de forma efetiva no processo de tomada coletiva de decisões – que são decisões que afetam diretamente sua vida. Em suma, a participação levaria tanto a um maior controle das pessoas sobre a própria vida quanto à ampliação de seu entendimento sobre o funcionamento da política e da sociedade. O resultado líquido dessa segunda consequência seria uma capacidade maior de interlocução com seus representantes políticos e de fiscalização de seus atos. Em suma, a *accountability*, que na democracia eleitoral tende a funcionar precariamente, dada a incompetência política generalizada dos representados, seria aprimorada com o treinamento oferecido pela participação na base. A compreensão desse vínculo entre os níveis micro e macro, que recupera o caráter educativo da atividade política apontado por Rousseau e Stuart Mill, entre outros, é essencial para que o modelo participativo ganhe sentido.

Portanto, a participação na base não é um substituto à representação política. Ao contrário, entre suas funções está o aprimoramento das instituições representativas. O modelo sugerido por Macpherson também julga que a ampliação das oportunidades de participação geraria um salto na qualidade da representação. Ele dá ênfase menos à democracia industrial e mais a instituições de tipo soviético, isto é, comitês simultaneamente deliberativos e executivos, com a participação de todos, para gerir a vida cotidiana, nas fábricas, mas também em escolas e em vizinhanças. Ao lado deles, administrando as

---

[12] C. B. Macpherson, *A democracia liberal*, cit.

[13] John Stuart Mill, *O governo representativo*, cit.

estruturas maiores da sociedade, permaneceriam os mecanismos da democracia liberal, mas providos de mais conteúdo, graças à qualificação da cidadania. Uma proposta próxima é indicada pelo último Poulantzas[14].

Críticos de Pateman ou do participacionismo em geral tendem a ignorar tal vínculo. Assim, é dito que Pateman "termina com um sistema completamente participativo e antirrepresentacional, baseado no que ela caracteriza como voluntarismo e obrigações autoassumidas"[15]. De uma posição francamente conservadora, Giovanni Sartori desqualifica toda a empreitada participacionista argumentando que, como a intensidade da participação "é inversamente proporcional ao número de participantes"[16], logo ela seria inócua no nível das unidades políticas maiores, como os Estados nacionais. Mas a combinação entre descentralização, participação na base e representação aprimorada pela maior qualificação dos constituintes busca exatamente superar tal obstáculo.

Em suma, é incorreto fazer equivaler a democracia participativa patemaniana à democracia direta. Ela privilegia, é verdade, os laços entre cidadãos iguais entre si e a solidariedade horizontal; sem eles, o vínculo de representação política, excessivamente desequilibrado, torna-se uma forma de subordinação[17]. Mas isso não implica fantasiar a abolição dos mecanismos representativos. Dessa perspectiva, a questão não é, como por vezes falam teóricos da participação posteriores, um "debate entre democracia representativa e democracia participativa"[18], mas a compreensão de que a ampliação da qualidade da representação está vinculada à ampliação das oportunidades de participação.

Para que os efeitos positivos da participação se manifestem, porém, é necessário que ela detenha *poder decisório final*. A participação consultiva, em que as resoluções tomadas coletivamente são depois revisadas por um indivíduo ou por outro grupo, como na "pseudoparticipação" empresarial em que os proprietários detêm a palavra final, já referida, ou como em estruturas representativas (das quais são exemplo os orçamentos participativos, analisados em

---

[14] Nicos Poulantzas, *L'État, le pouvoir, le socialisme*, cit.

[15] Carol C. Gould, *Rethinking Democracy: Freedom and Social Cooperation in Politics, Economy, and Society* (Cambridge, Cambridge University Press, 1988), p. 21.

[16] Giovanni Sartori, *A teoria da democracia revisitada*, v. 1, cit., p. 159 (ênfase suprimida).

[17] Ver Carole Pateman, *The Problem of Political Obligation: A Critique of Liberal Theory* (Berkeley, University of California Press, 1985). A edição original é de 1979.

[18] Boaventura de Sousa Santos e Leonardo Avritzer, "Para ampliar o cânone democrático", em Boaventura de Sousa Santos (org.), *Democratizar a democracia: os caminhos da democracia participativa* (Rio de Janeiro, Civilização Brasileira, 2002), p. 50.

seguida), não fornece efetivo controle às pessoas comuns e representa estímulo muito menor à qualificação política.

É importante registrar que o participacionismo *não* contesta o fato de que a maior parte das pessoas, na maior parte do tempo, é apática, desinformada e desinteressada. Pateman e outros autores da corrente não ignoram os achados das pesquisas sobre comportamento político de Lazarsfeld, Berelson e Gaudet em diante[19]. Eles afirmam é que todos temos, *em potencial*, condições de entender e atuar de forma ativa na discussão e na gestão dos negócios públicos. Rompem com a ideia, central para o *mainstream* da teoria democrática liberal, de que agir politicamente é um dom da "elite". A apatia seria efeito apenas de ausência de oportunidades e do desestímulo estrutural, isto é, do fato de que o sistema político ensina às pessoas que em geral suas tentativas de influenciá-lo são infrutíferas, fazendo com que elas parem de tentar.

Mas a aposta do participacionismo na disposição das pessoas para o envolvimento político, uma vez liberadas de tais constrangimentos, talvez tenha se mostrado excessiva. Estudos de campo indicaram que os processos decisórios participativos em grupos pequenos continuam suscetíveis à forte influência de desigualdades, que a teoria em geral ignorava. Em especial, as relações interpessoais no ambiente de participação democrática inibem a expressão de discordâncias; e, por outro lado, o poder de quem faz a agenda de deliberação permanece incontestе[20]. O entusiasmo com experiências de autogestão, em especial as que ocorriam na antiga Iugoslávia, recuou à medida que se obtiveram dados mais acurados sobre seu real funcionamento[21]. Por fim, os participacionistas ignoraram a família, que é tanto um espaço de assimetrias de poder e de exploração econômica quanto de socialização para a atividade (ou passividade) política. Com isso, "negligenciaram uma dimensão crucial da transformação social democrática"[22].

A partir dos anos 1980, essa vertente participacionista da democracia perdeu terreno, como principal alternativa crítica às democracias liberais, para a

---

[19] Paul F. Lazarsfeld, Bernard Berelson e Hazel Gaudet, *The People's Choice: How the Voter Makes up His Mind in a Presidential Election* (Nova York, Columbia University Press, 1969). A edição original é de 1944.

[20] Jane J. Mansbridge, *Beyond Adversary Democracy*, cit.

[21] Carole Pateman, "The Civic Culture: A Philosophic Critique", em *The Disorder of Women: Democracy, Feminism and Political Theory* (Stanford, Stanford University Press, 1989).

[22] Idem, "Feminism and Democracy", cit., p. 220.

DOMINAÇÃO E RESISTÊNCIA

corrente deliberacionista. Em que pese sua maior sofisticação teórica, o delibera-cionismo apresenta uma menor sensibilidade para o efeito político das assimetrias sociais e, portanto, um potencial crítico mais reduzido[23]. Apresenta, por outro lado, uma capacidade onívora, que faz com que ele tenha absorvido e reinterpre-tado a doutrina liberal da democracia e também, em grande medida, a própria ideia de democracia participativa. Boa parte da literatura mais recente, incluída aí Pateman[24], trabalha com uma confluência entre participação e deliberação; mas, como regra, a participação política passou a ser vista apenas como um re-quisito para a adequada deliberação. Em vez de autonomia estendida ou mesmo educação política, previstas na literatura participacionista propriamente dita, ela deve propiciar o ambiente de realização das trocas deliberativas.

A maior parte da sobrevivência da noção de participação no debate político vem não da elaboração teórica, mas de um conjunto de experiências institucionais inovadoras, entre as quais, com destaque, o "orçamento participativo", cujo exemplo mais importante foi aquele implantado no município de Porto Alegre a partir de 1989. Para entender a recepção a tais experiências, no Brasil e fora dele, convém associá-la ao desencanto com os mecanismos representativos, vistos como incapazes de garantir a realização de um genuíno governo do povo.

No caso brasileiro, a frustração com as instituições de representação política está ligada ao processo de transição para a democracia, com a derrocada da dita-dura militar. A mobilização popular foi abafada pelos acertos entre elites. A tran-sição pactuada garantiu, num primeiro momento, enormes prerrogativas às Forças Armadas, a começar pelo veto a qualquer punição pelos crimes cometidos por seus integrantes no exercício do poder. Garantiu também que não seriam ameaçados os privilégios das classes dominantes[25]. As elites políticas da ditadura continuaram em seu lugar; mesmo o congresso constituinte, eleito em 1986, era novamente um grupo de integrantes da velha elite política, com pouca oxigenação.

Não é possível dizer que a pressão dos movimentos populares não repercu-tiu na nova Constituição – repercutiu, é claro, e foi responsável por muitos dos avanços nela presentes. Sempre, porém, muito filtrada por pressões contrárias

---

[23] Ver Luis Felipe Miguel, *Democracia e representação*, cit., cap. 3.

[24] Carole Pateman, "Participatory Democracy Revisited", *Perspectives on Politics*, v. 10, n. 1, 2012, e "Democracy versus Markets: Some Reflections on Anglo-American Democracy", conferência na Universidade de Brasília, Brasília, 13 abr. 2015.

[25] Ver Gabriel E. Vitullo, "Transitologia, consolidologia e democracia na América Latina: uma revisão crítica", *Revista de Sociologia e Política*, n. 17, 2001.

de grupos mais poderosos e pelo pragmatismo político dos representantes eleitos. As instituições representativas pareciam fadadas a ser o que sempre foram: nicho de elites com interesses desconectados daqueles de seus representados e funcionando como um freio à mudança social.

Entre os avanços mais importantes consignados na Carta de 1988 estava a abertura de espaços para instâncias participativas dentro do Estado. Outras instâncias foram criadas por pressão de movimentos populares, à margem do que estava previsto nas regras legais. À medida que foram efetivadas, tais instâncias passaram a canalizar as esperanças de mudança política. Os trabalhos iniciais sobre os orçamentos participativos e, em particular, sobre o de Porto Alegre são marcados por uma indisfarçável euforia[26]. A capital gaúcha teria promovido a "revitalização da vida cívica", tornado a distribuição de recursos públicos "mais transparente e *accountable* para a cidadania", favorecido e "empoderado" os pobres em vez dos ricos e se transformado num "local vibrante de organização e ativismo"[27]. Avaliando a literatura crítica existente, relativa a como os espaços de participação tendem a ser monopolizados pelos mais afluentes e escolarizados, concluía-se que o orçamento porto-alegrense conseguia, em grande medida, escapar a tais problemas[28].

Leonardo Avritzer apresentava o orçamento participativo como a efetivação da democracia deliberativa[29]. Já Sérgio Baierle julgava que ele gerava uma "ética democrática radical"[30]. Os efeitos positivos sobre a cultura política, a gestão do Estado e a autonomia popular também eram destacados por Boaventura de Sousa Santos[31].

---

[26] Este parágrafo e os seguintes retomam, reformulam e atualizam discussão feita, com mais vagar, em texto anterior. Ver Luis Felipe Miguel, "Democracia na periferia: receitas de revitalização democrática à luz da realidade brasileira", *Mediações*, v. 8, n. 1, 2003. Um exemplo tardio do entusiasmo desabrido quanto ao OP está na própria Pateman, "Participatory Democracy Revisited", cit.

[27] Rebecca Abers, *Inventing Local Democracy: Grassroots Politics in Brazil* (Boulder, Lynne Rienner, 2000), p. 4.

[28] Ibidem, p. 132.

[29] Leonardo Avritzer, "Teoria democrática e deliberação pública", *Lua Nova*, n. 50, 2000, p. 43.

[30] Sérgio Gregório Baierle, "A explosão da experiência: emergência de um novo princípio ético-político nos movimentos populares urbanos em Porto Alegre", em Sonia E. Alvarez, Evelina Dagnino e Arturo Escobar (orgs.), *Cultura e política nos movimentos sociais latino-americanos: novas leituras* (Belo Horizonte, Editora UFMG, 2000), p. 212. A edição original é de 1998.

[31] Boaventura de Sousa Santos, "Orçamento participativo em Porto Alegre: para uma democracia redistributiva", em idem (org.), *Democratizar a democracia*, cit.

202 DOMINAÇÃO E RESISTÊNCIA

A tabela 1, a seguir, indica o "estado da arte" da discussão acadêmica sobre o orçamento participativo em 2004. É fruto de pesquisa com uma amostra de 28 livros ou artigos sobre o OP publicados do início dos anos 1990 até 2004, escolhidos por estar entre os mais citados na literatura especializada[32]. Fica claro que, até aquele momento, a chave de leitura dominante era a da participação direta, de uma maneira que ecoava os valores perseguidos pela participação patemaniana tais como apresentados antes.

Conforme mostra a tabela, mais de dois terços dos textos indicam que o OP proporciona uma experiência de participação direta na tomada de decisões. Nesse momento, a associação com a perspectiva deliberativa ainda é tênue, apresentada apenas em pouco mais de um quinto dos estudos. Embora os elementos ligados à cultura política, ao capital social (no sentido de Putnam) e à educação cidadã sejam relevantes, a tabela revela com clareza a influência de uma visão que vincula o orçamento participativo ao ideal patemaniano.

Tabela 1: Valores democráticos promovidos pelo orçamento participativo, segundo a literatura acadêmica (28 livros e artigos selecionados, publicados de 1990 até 2004)

Valores democráticos que o OP promove	Concorda	Não menciona	Critica
É uma forma de participação direta	68%	32%	—
Gera uma cultura política participativa e/ou qualifica politicamente a cidadania	61%	32%	7%
Empodera as populações mais pobres e/ou reduz o poder dos políticos profissionais e/ou reduz o poder da tecnoburocracia	57%	36%	7%
Promove o associativismo e/ou aumenta o capital social e/ou gera sentimento de comunidade e/ou revitaliza a vida cívica	50%	43%	7%
Produz efeito redistributivo	46%	50%	4%
Aumenta a transparência e/ou promove a *accountability*	46%	43%	11%
É uma forma de deliberação racional	21%	75%	4%

Elaboração própria. Nota: "Critica" indica que o texto se refere expressamente àquele valor democrático para rechaçar a ideia de que o OP o promove.

---

[32] A leitura e tabulação dos textos foi feita por Fernando Mendonça de Magalhães Arruda e Patrícia Semensato Cabral, à época estudantes de graduação da Universidade de Brasília, aos quais agradeço.

Essa leitura incorre em equívocos profundos. Não se trata de negar a importância de tais experiências na renovação de práticas políticas locais, na ruptura com esquemas clientelistas cristalizados e na abertura das instâncias decisórias aos movimentos populares urbanos. Mas é necessário perceber que o orçamento participativo não é capaz de nos dar tudo o que seus apologistas pretendiam extrair dele. Em especial, para a presente discussão, é importante perceber que o orçamento participativo *não é um instrumento pleno de democracia participativa* no sentido forte da expressão.

A participação política, tal como entendida pelos "índices de participação" brevemente apresentados antes, engloba qualquer forma de engajamento com a esfera política. Quando apresenta seu modelo de democratização, Dahl indica a "participação" como uma das dimensões relevantes, mas o termo, para ele, expressa apenas a expansão do direito de voto[33]. Já a participação que chamei de patemaniana, pregada pelos teóricos da democracia participativa, está vinculada a um sentido mais forte da palavra. Ela significa o acesso a locais de tomada *final* de decisão; isto é, implica a transferência de alguma capacidade decisória efetiva do topo para a base. Parte importante das decisões ainda seria tomada por representantes eleitos, é claro; mas a teoria supõe que a experiência na gestão *direta* de poder na base venha a ampliar a capacidade de compreensão sobre a política mais geral e de escolha esclarecida dos representantes.

Fica claro que a referida participação no orçamento participativo está muito mais ligada ao sentido fraco que ao sentido forte da palavra. Embora ocorram variações de local para local e ao longo do tempo, ele é tipicamente uma estrutura delegativa piramidal. Todos os moradores têm a possibilidade de participar das discussões em assembleias de base (embora apenas uma minoria o faça), que culminam com a eleição de uma lista de prioridades e de um número de delegados. Muitas vezes, as prioridades ainda são transformadas pela aplicação de pesos predeterminados por especialistas da prefeitura. E os delegados eleitos se encontram e escolhem outros, num processo que termina por produzir um "conselho", com poderes para negociar, amalgamar e substituir as prioridades votadas. É o conselho que, no fim das contas, produz a proposta

---

[33] Robert A. Dahl, *Polyarchy: Participation and Opposition* (New Haven, Yale University Press, 1971) [ed. bras.: *Poliarquia: participação e oposição*, trad. Celso Mauro Paciornik, São Paulo, Edusp, 2005].

orçamentária – na verdade, um adendo a uma proposta orçamentária, já que o grosso dos recursos públicos pertence a rubricas fixas e não passa pelo conselho de representantes da base.

Em todo o processo, a participação popular consiste, em grande medida, na escolha de delegados; nesse sentido, não é qualitativamente diferente da participação eleitoral. As experiências de orçamento participativo promovem, portanto, uma *duplicação de instâncias representativas*, sem a transferência de poder decisório *final* para os cidadãos comuns. E trata-se de uma representação complexa, em vários níveis, não apenas pela estrutura piramidal de escolha de delegados, mas porque é necessário entender os participantes das assembleias de base como representantes da população mais ampla, que na maioria não comparece[34].

Não cabe aqui discutir os limites e as potencialidades dessas experiências para o aprofundamento das práticas democráticas. Ainda que leve à seleção de delegados e não tenha efetiva capacidade decisória final, o OP pode proporcionar espaços de capacitação política mais densos que o processo eleitoral. O que importa é perceber que, entendido dessa forma, o foco da discussão sobre o próprio orçamento participativo muda. Seu aprimoramento passa a depender do melhor funcionamento dos mecanismos de *accountability*, ligando os representantes aos representados, nos diferentes níveis em que tal participação se dá. As questões cruciais passam a ser estas: como se dá a relação entre representantes e representados? Há autorização dos últimos? Há responsividade dos representantes em relação aos interesses dos representados? Foi o caminho seguido por boa parte da literatura, que, a partir daí, pôde investigar como os fenômenos de degradação da qualidade do vínculo representativo surgiam também, por exemplo, no OP de Porto Alegre[35].

O OP se distancia da participação patemaniana por seu foco limitado: no Estado; dentro dele, na distribuição dos recursos orçamentários; e nestes, na parcela do orçamento disponível para investimento, em geral bastante diminuta, já que a maior parte do bolo (salários, transferências obrigatórias, rolagem da dívida pública) está fora de seu alcance. A vida dentro das empresas não é

---

[34] Um esboço de sustentação teórica para a compreensão da relação entre presentes e ausentes como uma relação de representação é dado por Jane J. Mansbridge, *Beyond Adversary Democracy*, cit., p. 248-51.

[35] Luciano Fedozzi et al., *Orçamento participativo de Porto Alegre: perfil, avaliação e percepções do público participante* (Porto Alegre, Hartmann, 2013).

atingida; não é desafiada a divisão entre uma esfera aberta ao ordenamento democrático e outra vedada a ele. Já as propostas originais de democracia participativa, na medida em que propunham a transferência de capacidade decisória para os cidadãos comuns nos espaços da vida cotidiana, não tinham como se esquivar do problema da reorganização das relações de produção. Como observaram estudiosos da questão, "a participação passou a ser, cada vez mais, participação-em-espaços-participativos"[36] – mas esse deslocamento tem implicações profundas.

Em suma, da participação patemaniana ao OP passa-se da contestação da ordem capitalista e da alienação no trabalho à aceitação dessa ordem, com os objetivos, relevantes, mas bem mais modestos, de enfrentamento do viés de classe na elaboração das políticas públicas e de uma desalienação limitada à política em sentido estrito. De uma posição crítica ao orçamento participativo, pode-se observar, como fazem Fung e Wright, que experiências desse tipo contribuem para "distrair" os agentes sociais, "concentrando sua atenção num conjunto de problemas muito limitados, [em vez] de [lidar com] problemas mais importantes e abrangentes ([...] por exemplo, taxação redistributiva)"[37]. Movimentos sociais que antes teriam uma pauta de enfrentamentos da opressão em diferentes *fronts* agora teriam incentivos para concentrar forças na redefinição do investimento público.

Por outro lado, é necessário lembrar que a abertura de espaços à participação política dentro do Estado é desproporcionalmente importante para os trabalhadores e, de forma mais geral, para integrantes de grupos dominados, por pelo menos quatro motivos. Em primeiro lugar, como afirmam as teorias da dependência estrutural do Estado capitalista em relação ao investimento privado, os interesses dos proprietários serão levados em conta mesmo que eles não se mobilizem para isso[38]. Afinal, a manutenção das atividades do próprio Estado depende de que eles continuem investindo, o que faz com que a influência sobre as decisões políticas não exija participação: seus interesses são introjetados pelos funcionários públicos. Para os não proprietários, ao contrário, participar é condição necessária para se fazer ouvir.

---

[36] Adrian Gurza Lavalle e Ernesto Isunza Vera, "A trama da crítica democrática: da participação à representação e à *accountability*", *Lua Nova*, n. 84, 2011, p. 117.

[37] Archon Fung e Erik Olin Wright, "Experimentos em democracia deliberativa", *Sociologias*, n. 2, 1999, p. 106.

[38] Claus Offe, "Dominação de classe e sistema político", cit.

Em segundo lugar, são os trabalhadores que, submetidos à hierarquia autoritária nos espaços de produção, possuem menos treinamento para a atividade política e para a tomada de decisões em sua vida cotidiana. É valioso em si mesmo ganhar acesso a um espaço que permita o desenvolvimento de tais capacidades, incentivando o raciocínio crítico, a capacidade de negociação, as habilidades retóricas e a obtenção de informações ampliadas sobre o mundo social.

Além disso, os grupos em posição subalterna costumam ter menos acesso aos espaços de difusão das representações do mundo social, a começar pela mídia. Seus interesses e suas perspectivas tendem a ser silenciados para os outros, mas também para si mesmos. Por isso, para eles é mais importante encontrar brechas que permitam que suas vozes sejam ouvidas, entre si e também por quem exerce o poder.

Por fim, a intermediação dos mecanismos representativos tem significados diferentes para os diferentes grupos sociais. Se toda representação política é imperfeita, uma vez que a mera diferenciação funcional já distancia o líder de seus constituintes, é necessário levar em conta que ela é uma *representação desigualmente imperfeita*[39]. Os grupos subalternos são aqueles que se encontram mais distanciados dos espaços de exercício do poder, aqueles que têm menor familiaridade com o vocabulário da política. Muitas vezes, adotam como representantes pessoas oriundas de outras posições sociais, exatamente porque elas transitam melhor nas arenas de poder. Mas seus próprios integrantes, caso se tornem representantes políticos, são catapultados a outro universo social. Em todos os casos, o fosso entre representantes e representados tende a ser maior; dito de outra forma, o ruído que a representação política impõe à expressão de seus interesses costuma ser mais significativo. Também por isso, a possibilidade de participação política direta ganha maior importância.

De acordo com a visão patemaniana, a ausência de poder decisório final reduziria o incentivo à inclusão das pessoas comuns no processo. Em seu lugar, seria necessário garantir um sentimento de efetividade da participação no OP – isto é, que essas pessoas sentissem que sua presença tinha peso nos resultados das discussões e que esses resultados impactavam de fato as ações do poder público. Não é muito diferente do que as campanhas cívicas de valorização do voto ("o voto é a arma do cidadão" etc.) buscam promover em relação à participação

---

[39] Adapto aqui a ideia de "autonomia desigualmente imperfeita", apresentada – no contexto das discussões sobre assimetrias de gênero – por Flávia Biroli, *Autonomia e desigualdades de gênero*, cit.

eleitoral. O fato de o OP permitir uma participação mais expressiva, com intervenção nos debates e não apenas a escolha dentro de um cardápio de opções já pronto, torna mais factível a promoção desse sentimento de efetividade.

Por outro lado, embora os custos de participação sejam mais elevados (deslocamento, consumo de tempo etc.), prejudicando os mais pobres, outros fatores mudam a balança em favor deles. Em geral, os serviços públicos são mais cruciais para eles que para os mais ricos; logo, há mais incentivo para tentar influenciar a destinação do investimento municipal. E, como visto, eles têm menos acesso a outras formas de influência política. Por isso, os orçamentos participativos de fato puderam, a despeito de todas as limitações, contribuir para uma elevação do envolvimento político popular em muitas das cidades em que foram implantados.

A partir de meados da primeira década do século XXI, no entanto, a literatura apresenta mudanças significativas. Como dito, a experiência do orçamento participativo começa a ser vista com maior ceticismo. Percebe-se que nem todas as apostas feitas em suas virtualidades democratizantes eram vitoriosas; alguns dos vícios da participação política tradicional, que se esperava que ele sanasse, ressurgiam de novas maneiras. Além disso, os OPs vão sendo paulatinamente dissolvidos em uma categoria mais ampla, de novos espaços de interlocução entre sociedade civil e Estado. Tais arenas, que ganharam grande impulso com a chegada do Partido dos Trabalhadores (PT) ao governo federal brasileiro, após a vitória nas eleições presidenciais de 2002, incluem em especial conselhos e conferências setoriais de políticas públicas nas diversas instâncias de governo (municípios, estados, União). Cabe observar que, nesse momento, já há uma mudança no sentido da participação almejada, que deixa de ser a participação popular para ser a de organizações da sociedade civil[40].

---

[40] Evidentemente, a história contada aqui é apenas parcial. Ao mesmo tempo que se ampliam os espaços de interlocução de entidades da sociedade civil com o Estado, surgem movimentos sociais com posição bem mais crítica a esse tipo de diálogo, como o Movimento Passe Livre. É possível discutir se há uma espécie de "divisão do trabalho", com alguns grupos fazendo pressão extrainstitucional, outros ingressando nas arenas estatais. Uma posição radical põe todos num mesmo sistema deliberativo, que engloba simultaneamente "rua" e "mesa de negociação". Ver Ricardo Fabrino Mendonça e Selen A. Ercan, "Deliberation and Protest: Strange Bedfellows? Revealing the Deliberative Potential of 2013 Protests in Turkey and Brazil", *Policy Studies*, v. 36, n. 3, 2015; para uma crítica, ver Thiago Aparecido Trindade, "A relação entre protesto e deliberação: esclarecendo os termos do debate", *paper* apresentado no 40º Encontro Anual da Associação Nacional de Pós-Graduação e Pesquisa em Ciências Sociais (Anpocs), Caxambu (MG), 24-28 out. 2016. Não tenho como entrar nesse debate aqui, mas assinalo que o deslocamento de que trato neste capítulo é contrabalançado por outras estratégias.

208 DOMINAÇÃO E RESISTÊNCIA

Ao mesmo tempo, muda o enquadramento teórico de grande parcela da literatura que lida com a temática, de maneira à primeira vista paradoxal. Há dois movimentos simultâneos e complementares: uma redução dos requisitos da representação democrática (representação "autoinstituída") e uma aproximação entre participação e representação em que são anulados os parâmetros normativos próprios da exigência de participação.

O que chamo aqui de redução dos requisitos da representação democrática é o abandono das exigências de autorização e *accountability*, que garantiriam recursos de poder aos representados, em favor da ideia de uma representação voluntarista, "autoinstituída", em que são suficientes a crença na boa vontade do representante e os benefícios alcançados por sua intervenção[41]. Essa virada em favor da "representação política de resultados" não apenas desloca o conjunto de parâmetros que permite avaliar a qualidade do vínculo representativo nos novos espaços de interlocução, como também anula a preocupação com a educação política, que é central nas visões participacionistas anteriores.

Trata-se de um deslocamento da relação representante-base para a relação representante-representante. O representante autoinstituído é aquele que se proclama porta-voz de uma causa ou de uma população, sem que estabeleça qualquer interlocução válida com aqueles pelos quais diz falar, mas que é admitido como interlocutor legítimo por outras pessoas ou outros grupos que já ocupam posição nos espaços decisórios. Em boa parte das novas arenas de interlocução, assumem a posição de representantes da sociedade civil aqueles que detêm visibilidade ou reconhecimento público, isto é, atributos fornecidos pela mídia ou pelo Estado, não por seus representados putativos.

Esse tipo de *advocacy* pode ser meritório e legítimo, mas não é uma forma de representação democrática. A noção de *representação democrática* sublinha a capacidade potencial igual que os cidadãos têm de agir politicamente. Se há necessidade de representação, como há em sociedades como as contemporâneas,

---

[41] Adrian Gurza Lavalle, Peter P. Houtzager e Graziella Castello, "Representação política e organizações civis: novas instâncias de mediação e os desafios da legitimidade", *Revista Brasileira de Ciências Sociais*, n. 60, 2006; Leonardo Avritzer, "Sociedade civil, instituições participativas e representação: da autorização à legitimidade da ação", *Dados*, v. 50, n. 3, 2007; Michael Saward, *The Representative Claim* (Oxford, Oxford University Press, 2010); Débora Rezende de Almeida, "Representação política e conferências: os desafios da inclusão da pluralidade", *Textos para Discussão*, n. 1.750, Brasília, Ipea, 2012. Para críticas, Luis Felipe Miguel, *Democracia e representação*, cit., cap. 8, *Consenso e conflito na democracia contemporânea*, cit., cap. 2, e também o capítulo 2 deste volume.

é a capacidade de supervisão permanente dos representados sobre os representantes que indica a qualidade democrática dessa representação. A virada em favor dos porta-vozes autoinstituídos e da representação política de resultados impede que tais critérios sejam postos em operação.

É fácil interpretar tais críticas como uma simples defesa da transferência formal de poder por meio das eleições, logo, como indício do apego a um instrumento limitado ou até fracassado de controle popular sobre as decisões – fácil, mas equivocado. Mecanismos de autorização e *accountability*, mesmo que sejam informais, podem estar em funcionamento independentemente do ritual eleitoral. Mas, se o representante julga que seu mandato não vem da capacidade de articular e promover interesses da base, e sim do respeito que obteve de seus pares em fóruns fechados, então sua capacidade de manter a interlocução e a legitimidade democrática de sua atuação estão em risco. Na verdade, essa preocupação de vinculação com a base permanece presente em muitos dos representantes que atuam nos espaços de interlocução ainda chamados de "participativos". É algo que transparece no discurso de muitos desses agentes (embora certamente não de todos). Mas a literatura acadêmica tende cada vez mais a descartá-la, quer expressa, quer implicitamente.

O segundo movimento no enquadramento teórico, que chamo aqui de aproximação entre representação e participação, implica, na verdade, acomodação com a divisão social do trabalho político, que concentra em uns poucos a capacidade de participação efetiva. É claro que a divisão chapada entre "representativo" e "participativo" é simplista. Qualquer organização política complexa compreenderá os dois; mesmo na democracia direta grega havia forma de representação política em ação, conforme bem mostrou, entre tantos outros, Moses Finley[42]. Mas as fórmulas retóricas do tipo "participação por meio da representação" simplesmente tentam nos fazer ignorar o problema da apatia política estrutural.

A fórmula referida remete, é claro, à obra da cientista política italiana Nadia Urbinati[43]. O súbito êxito de Urbinati é sintomático. Sua empreitada teórica pode ser descrita como a busca da valorização dos mecanismos de mediação,

---

[42] M. I. Finley, *Democracia antiga e moderna* (trad. Waldéa Barcellos e Sandra Bedran, Rio de Janeiro, Graal, 1988) – a edição original é de 1973; e *Politics in the Ancient World* (Cambridge, Cambridge University Press, 1991) – a edição original é de 1983.

[43] Nadia Urbinati, "Representation as Advocacy", cit., e *Representative Democracy: Principles & Genealogy* (Chicago, The University of Chicago Press, 2006).

como a representação política, em contraste com a ação incompetente e pouco esclarecida das pessoas comuns. Ao afirmar a necessidade de que os representantes sejam dotados de qualidades especiais, distintas das de sua base, já que sua ação se mede, sobretudo, pela efetividade na obtenção de objetivos, Urbinati joga fora toda a reflexão sobre o momento educativo da participação política e nos faz recuar para a velha noção de preferências geradas privadamente, que seriam apenas agregadas na política. Se entendemos que as preferências políticas não são dadas, mas precisam ser construídas coletivamente, a noção de um representante como alguém externo e diferente do grupo que representa, como uma espécie de técnico a ser avaliado por resultados, mostra-se desprovida de sentido.

Com Urbinati, volta a velha prevenção elitista contra a participação. A uniformidade social dos representantes, mais parecidos entre si que com seus representados, aparece como uma vantagem, ampliando o potencial de diálogo nos fóruns decisórios. Com isso, a disparidade entre os representantes e seus representados deixa de ser um problema: é um efeito inevitável de uma salutar especialização política. O voto é o instrumento de participação ideal e a pressão da chamada "opinião pública" sobre os tomadores de decisão deve ser controlada, uma vez que ela tende a ser irracional e guiada pelos discursos demagógicos presentes na mídia[44] – retomando aqui a outra velha suspeição elitista, verbalizada já por Schumpeter[45], e ecoando a denúncia da "videocracia", feita por seu conterrâneo Giovanni Sartori[46].

Uma *démarche* teórica adicional é inspirada em Pierre Rosanvallon. Em sua obra de interpretação das transformações das instituições democráticas, desde a Revolução Francesa a nossos dias, ele aponta na direção de uma redefinição da democracia que a esvazia de boa parte de seu sentido normativo. Haveria a

---

[44] Idem, *Democracy Disfigured: Opinion, Truth, and the People* (Cambridge, Harvard University Press, 2014).

[45] Joseph Schumpeter, *Capitalism, Socialism and Democracy*, cit.

[46] Giovanni Sartori, *Homo videns: la sociedad teledirigida* (Buenos Aires, Taurus, 1998) [ed. bras.: *Homo videns: televisão e pós-pensamento*, trad. Antonio Angonese, Bauru, Edusc, 2001]. A edição original é de 1997. Seriam, lendo-os a partir das observações de mais um autor italiano, todos exemplos da demofobia do pensamento político dominante, que se esforça por restringir o potencial subversivo de uma instituição que não foi mais possível evitar, o sufrágio universal. Domenico Losurdo, *Democracia ou bonapartismo: triunfo e decadência do sufrágio universal* (trad. Luiz Sérgio Henriques, Rio de Janeiro/São Paulo, Editora UFRJ/Editora Unesp, 2004). A edição original é de 1993.

superação da ideia de soberania popular, em consequência tanto do esgotamento da noção de "povo"[47] quanto do fato de que os mecanismos institucionais funcionam cada vez mais de forma reativa, impedindo o abuso do poder, em vez de indicar os caminhos para seu exercício[48]. É como se atualizássemos a velha "democracia protetora", para usar a expressão com que Macpherson definia o pensamento de James Mill: o sufrágio serve para impedir que os governantes nos escravizem, não para instituir um governo do povo[49].

O mais importante é que se tornaria cada vez mais inviável uma representação política autêntica, dada a crescente ilegibilidade do social[50]. Na sociedade contemporânea, a desigualdade social se manifestaria, sobretudo, na forma da exclusão, mas a exclusão seria um fenômeno eminentemente individual. Os excluídos "não partilham mais que certo perfil de ordem biográfica", associado a "rupturas sociais ou familiares" ou "evasões profissionais", sem que sejam perceptíveis "diferenças estáveis"[51]. Ao contrário dos pobres ou dos trabalhadores, os excluídos não conseguem se expressar politicamente, uma vez que partilham uma situação, mas não seus determinantes e, portanto, não têm interesses comuns.

Não cabe aqui elaborar a crítica ao fundamento sociológico da formulação de Rosanvallon, que nega relevância política às desigualdades estruturais e, assim, impugna todos os projetos de transformação social mais profunda[52]. O ponto é que, uma vez aceito seu argumento, fica afastada a preocupação com a disparidade entre a atuação do representante e os interesses dos representados, pois a própria noção de "interesses dos representados" se desvanece. Não apenas a democracia de Rosanvallon é a do século XVIII: sua visão de sociedade também é a do liberalismo clássico, em que contam apenas os indivíduos, com suas vontades particulares, e os grupos sociais não ganham relevância.

De maneira talvez inesperada, Pierre Rosanvallon, Nadia Urbinati e os teóricos da representação autoinstituída, a despeito das profundas diferenças

---

[47] Pierre Rosanvallon, *Le Peuple introuvable*, cit., e *La Démocratie inachevée: histoire de la souveraineté du peuple en France* (Paris, Gallimard, 2000).

[48] Idem, *La Contre-démocratie*, cit., e *La Légitimité démocratique: impartialité, réflexivité, proximité* (Paris, Seuil, 2008).

[49] Cf. C. B. Macpherson, *A democracia liberal*, cit.; James Mill, "On Government", em *Political Writings* (Cambridge, Cambridge University Press, 1992). A edição original é de 1820.

[50] Pierre Rosanvallon, *La Société des égaux*, cit., e *Le Parlement des invisibles*, cit.

[51] Idem, *La Nouvelle Question sociale: repenser l'État-providence* (Paris, Seuil, 1995), p. 202 e 208.

[52] Para uma discussão mais detida sobre esse aspecto do pensamento de Rosanvallon, ver Luis Felipe Miguel, "O liberalismo e o desafio das desigualdades", cit.

que os dividem, concorrem em conjunto para muito da reflexão atual sobre os espaços de interlocução entre sociedade civil e Estado. A participação popular direta não é mais exigida, pois a representação garante melhor qualidade na interação política. Os representantes não precisam prestar contas às bases, uma vez que o que importa são a pureza de suas intenções e a robustez dos resultados alcançados. E esses resultados se medem pela melhoria de situações individuais, pois não há interesses coletivos nem são factíveis demandas por transformações estruturais.

É possível ler tais mudanças como sintoma de realismo, de desencanto ou de capitulação. Acadêmicos também são vulneráveis ao fenômeno das "preferências adaptativas" e, assim, rebaixam seus ideais normativos em favor de metas mais facilmente alcançáveis. De qualquer maneira, é inegável o caráter conservador da mudança. Mais que apenas o abandono da participação direta, há a adesão a uma forma de *substitucionismo*, em que os grupos populares se tornam muito mais objetos que sujeitos da ação política. Na introdução ao dossiê de uma revista acadêmica intitulado "Após a participação", o organizador escreve:

> Trata-se de um cenário de pesquisa e teorização pós-participativo no sentido de a institucionalização e capilaridade territorial de arranjos participativos diversos, e a magnitude de atores sociais envolvidos nesses espaços, colocarem um conjunto de problemas impensável a partir do registro original da participação como demanda de inclusão e de autoderminação.[53]

A formulação revela quanto os modelos clássicos da participação saíram do horizonte. Afinal, o problema que eles buscavam enfrentar era exatamente como compatibilizar a inclusão direta no processo decisório e a autodeterminação com os problemas de escala próprios dos Estados nacionais. É dito que "os modelos participativos perderam influência ou foram absorvidos pelos modelos mais sofisticados da democracia deliberativa", que se tornaram patentes os "*trade-offs* entre efeitos desejáveis [da inclusão participativa]" e que "a participação, mesmo quando verificada, não implica garantia alguma quanto à realização das virtualidades positivas esperadas"[54]. É verdade. Mas isso autoriza o abandono das exigências de inclusão e autodeterminação popular?

---

[53] Adrian Gurza Lavalle, "Após a participação: nota introdutória", *Lua Nova*, n. 84, 2011, p. 14.

[54] Adrian Gurza Lavalle e Ernesto Isunza Vera, "A trama da crítica democrática", cit., p. 97 e 108-9.

A busca pela democratização da vida cotidiana e por presença popular direta em processos decisórios finais deu lugar à duplicação dos mecanismos representativos em instituições que prometeriam maior abertura para os cidadãos comuns. Quando o caráter representativo de tais instituições foi finalmente reconhecido e se abriu uma agenda de pesquisa voltada à compreensão da qualidade do vínculo entre representantes e suas bases, já surgia a ideia de que as formas de representação se multiplicavam, a interlocução com os representados se tornava irrelevante e era necessária a "redução da preocupação com a legitimidade dessas novas formas de representação"[55] ou, então, "superar a concepção monista de legitimidade, apontando a pluralidade das formas de representar e ser representado"[56]. Essas novas formas não estão fundadas "no pressuposto da igualdade matemática, mas em uma igualdade que se volta para a consideração das diversas manifestações da sociedade, discursos, preferências e interesses não expressos pela via eleitoral"[57].

Nessa nova perspectiva, não apenas representação e participação tendem a se confundir[58], mas também Estado e sociedade civil convergem. Conferências, conselhos de políticas públicas e mesmo a ocupação de cargos no Poder Executivo por ativistas, como no caso brasileiro se tornou comum sobretudo nos governos do PT, mostrariam uma permeabilidade da máquina do Estado às demandas de diferentes grupos sociais que transforma a participação em uma reivindicação em grande medida ultrapassada[59]. A "reconfiguração dessas relações sociedade-Estado" leva à percepção da "construção de interações cooperativas com os governos como favoráveis à influência na agenda política, ao atendimento de suas demandas históricas e ao acesso aos órgãos públicos"[60]. Embora se reconheça a permanência de um repertório ativo de formas de pressão por fora dos espaços de interlocução abertos no Estado, elas tomam

---

[55] Leonardo Avritzer, "Sociedade civil, instituições participativas e representação", cit., p. 459.

[56] Débora Rezende Almeida, "Representação política e conferências", cit., p. 11.

[57] Ibidem, p. 41; para uma crítica, ver Luis Felipe Miguel, *Conflito e consenso na democracia contemporânea*, cit., cap. 2.

[58] Adrian Gurza Lavalle e Ernesto Isunza Vera, "A trama da crítica democrática", cit.

[59] Rebecca Abers e Marisa Von Bülow, "Movimentos sociais na teoria e na prática: como estudar o ativismo através da fronteira entre Estado e sociedade?", *Sociologias*, n. 28, 2011; Rebecca Abers, Lizandra Serafim e Luciana Tatagiba, "Repertórios de interação Estado-sociedade em um estado heterogêneo: a experiência na Era Lula", *Dados*, v. 57, n. 2, 2014.

[60] Euzeneia Carlos, "Movimentos sociais: revisitando a participação e a institucionalização", *Lua Nova*, n. 84, 2011, p. 345.

214 DOMINAÇÃO E RESISTÊNCIA

cada vez mais as feições de mecanismos complementares, cujo objetivo seria fortalecer as posições dos agentes situados dentro das arenas estatais.

Nesses novos espaços formais e informais, espécie de "anéis burocráticos" do bem, as demandas populares fluiriam por meio de representantes autoinstituídos, que não precisariam de interlocução com aqueles cujo benefício desejam produzir. A representação aparece como um novo item no "repertório" das associações da sociedade civil, mas, caracteristicamente, o foco está na aptidão para assumir tal papel, sem atenção às disposições daqueles que seriam representados[61].

Contra isso, acho necessário reafirmar que a representação, não importa quão inevitável seja, é um rebaixamento do ideal democrático original e um mecanismo que introduz desigualdades. A representação não apenas tende a refletir outras desigualdades sociais (os representantes tendem a ser homens, brancos, mais ricos que a média da população, com maior nível de instrução formal). Ela cria sua forma própria de desigualdade: a desigualdade entre quem tem e quem não tem acesso aos espaços de exercício de poder.

Os mecanismos de autorização e *accountability*, por inefetivos que costumem mostrar-se, indicam a consciência da emergência dessa desigualdade e os riscos associados a ela. São necessários para que a relação de representação possa almejar o adjetivo "democrática". Sem eles, o que temos é uma forma renovada de patronato político, em que pessoas com acesso a espaços decisórios "protegem" indivíduos ou grupos que deles estão afastados[62]. Sua ação se pauta pela satisfação de necessidades (percebidas pelo observador), mais que por interesses (construídos pelos agentes). A "*expertise* ou qualificação" que fundaria a legitimidade da representação[63] é, ela própria, um índice de desigualdade. Em suma, não se combatem a apatia e a desinformação política produzidas, nos regimes eletivos contemporâneos, por uma estrutura de oportunidades que reduz brutalmente a efetividade da ação política do cidadão comum, cuja relação custo/benefício, para usar a linguagem da escolha racional, se mostra muito desvantajosa.

---

[61] Lígia Helena Hahn Lüchmann, "Associações, participação e representação: combinações e tensões", *Lua Nova*, n. 84, 2011. É claro que há literatura com uma perspectiva mais crítica; por exemplo, Ana Claudia Chaves Teixeira, Clóvis Henrique Leite de Souza e Paula Pompeu Fiuza Lima, "Arquitetura da participação no Brasil: uma leitura das representações políticas em espaços participativos nacionais", *Textos para Discussão*, n. 1.735, Brasília, Ipea, 2012.

[62] Ver Luis Felipe Miguel, *Consenso e conflito na democracia contemporânea*, cit., cap. 4.

[63] Lígia Helena Hahn Lüchmann, "A representação no interior das experiências de participação", *Lua Nova*, n. 70, 2007, p. 151.

Era contra essa estrutura de oportunidades que se colocava a vertente participacionista clássica, buscando uma nova institucionalidade, que permitisse e estimulasse uma maior presença política dos cidadãos comuns. E dessa presença, como toda a teoria e a prática dos movimentos sociais sempre demonstraram, depende a eficiência de sua pressão política. Dela também é que poderiam surgir novas formas de construção institucional, pressionando os limites à participação presentes na configuração atual. Se fosse necessária alguma comprovação da fragilidade dos novos espaços abertos no Estado, em que os tais representantes autoinstituídos obteriam conquistas para "bases" que permaneceriam quase passivas, o início do segundo mandato da presidente Dilma Rousseff bastaria. Em dois ou três meses, foram anuladas muitas das conquistas dos doze anos anteriores de governos do PT. Em seguida, o próprio governo reformista foi derrubado por um golpe parlamentar, com resistência pífia. E o novo governo implanta, de forma acelerada, uma agenda de profundo retrocesso nos direitos, mais uma vez diante de uma população quase passiva. Como sempre, os grupos privilegiados mostram ser aqueles que melhor expressam suas preferências na ausência de espaços de pressão popular.

* * *

Há algo no discurso contemporâneo da participação mediada que ecoa os argumentos antiparticipacionistas dos anos 1970 e 1980. É como se a "descoberta" da representação – como um momento inevitável e complexo da ação política – impugnasse a demanda por participação direta, que passa a ser descartada, de forma implícita ou expressa, como ilusória, ingênua ou mesmo potencialmente nociva. Mas, enquanto um Giovanni Sartori ainda podia afirmar que apostava nos mecanismos formais de autorização e *accountability* para garantir um fio de soberania popular, nas novas narrativas eles estão muito debilitados.

A abertura de espaços para a participação popular direta é importante, entre outros motivos, como forma de redistribuição do capital político – ou, para utilizar um linguajar mais *up-to-date*, como forma de "empoderamento" dos cidadãos comuns, que ganhariam tanto graus de autonomia em sua vida cotidiana quanto qualificação para melhor dialogar com seus representantes. É a participação que pode ampliar seus horizontes, dar a eles o entendimento da lógica da política, torná-los mais capazes de intervir de maneira consciente, até mesmo estratégica, na formulação dos próprios interesses.

216 DOMINAÇÃO E RESISTÊNCIA

Não se trata, nem nunca se tratou, de opor (inutilmente) participação a representação, tampouco de subsumir a participação na representação. Pelo contrário, há a necessidade de entender a tensão que existe entre elas e que é constitutiva da relação entre participação e representação. O resultado esperado não é a abolição dos mecanismos de representação, mas o aprimoramento de sua qualidade, algo que – a crer na teoria patemaniana – depende da possibilidade de participação efetiva. É isso que os mecanismos institucionais hoje exaltados suprem mal e que a aposta cada vez mais alta na representação autoinstituída elimina do horizonte.

Nas novas arenas de interlocução entre Estado e sociedade civil, a introdução de mecanismos formais de autorização, como a eleição dos conselheiros, tende a espelhar os vícios da representação política tradicional[64]. Resgatar a *accountability* "como uma via alternativa para elaborar a eventual legitimidade das novas práticas de representação", produzindo "uma espécie de autorização implícita"[65], conduz a outro impasse: qual é a qualidade da *accountability* quando, na ausência de espaços de participação, os cidadãos comuns têm baixa capacidade de supervisão de seus representantes? Sobra, no fim das contas, a "representação política de resultados" referida antes, em que, mais que constituintes, há uma clientela que deve se sentir contemplada pelas decisões adotadas. Esse é um desfecho infiel à visão normativa de autonomia coletiva e igualdade cidadã que está no cerne da democracia. A despeito das críticas que possam ser dirigidas a Pateman e aos outros teóricos do participacionismo de primeira geração, qualquer alternativa de aprimoramento democrático parece passar pela ampliação das possibilidades de participação popular direta.

Não custa repetir: participação popular direta não é retorno à democracia direta. O modelo da democracia grega é inviável por muitos motivos – entre eles, o fato de que repousava na exclusão da maior parte da população. A democracia participativa dos anos 1970, em autores como Carole Pateman, incluía um entendimento sofisticado da relação entre participação nos espaços da vida cotidiana, qualificação política popular e qualidade da representação. Uma análise dos novos espaços "participativos" ocupados por organizações da sociedade civil que agem como representantes autoinstituídos de interesses sociais

---

[64] Luciana Tatagiba e Karin Blikstad, "'Como se fosse uma eleição para vereador': dinâmicas participativas e disputas partidárias na cidade de São Paulo", *Lua Nova*, n. 84, 2011.

[65] Adrian Gurza Lavalle e Ernesto Isunza Vera, "A trama da crítica democrática", cit., p. 129.

concluiu que "a participação não substitui, mas reconfigura a representação"[66]. Isso já estava presente nas reflexões de Pateman. O problema é que, na nova maneira de pensar a relação entre os dois polos, a representação reconfigurada simplesmente dissolve a participação.

A teoria participacionista original revelava preocupação com as condições de efetividade da participação e questionava também a fronteira que separa o espaço público de espaços que seriam impermeáveis a práticas democráticas, a começar pelas empresas. Parte da euforia com novas arenas participativas, do OP em diante, tem também caráter compensatório, porque perdemos o horizonte de transformação radical do mundo da produção. No entanto, nada disso anula o fato de que o capitalismo permanece um grande obstáculo à expansão da participação política e da democracia. As desigualdades materiais se manifestam em capacidade assimétrica de influência política; ao mesmo tempo, a manutenção do padrão hierárquico, antiparticipativo, nos locais de trabalho é decorrência obrigatória da propriedade privada.

Mesmo no que se refere à participação restrita à esfera política entendida em sentido estrito, a liderança brasileira em termos da experimentação democrática parece ter se esgotado. Enquanto aqui as fichas foram depositadas nos ambientes paraestatais e na representação autoinstituída, o 15-M e outros grupos espanhóis, o Movimento 5 Stelle italiano ou as diversas manifestações do Occupy estadunidense ensaiaram novos modelos organizativos. É possível discutir seus méritos e seus defeitos, mas não há dúvida de que eles entenderam que os problemas da representação política precisam ser resolvidos por meio da ampliação da capacidade de intervenção dos representados, não de um sobrelanço de confiança nos representantes[67].

Como escrevi em outro momento, é possível identificar três dimensões na representação política[68]. Há a transferência de poder decisório por meio do instrumento eleitoral, como ocorre tanto para o Estado quanto para sindicatos ou associações, o que corresponde à dimensão mais evidente. Há a participação no debate e na formação da agenda pública, algo que é desempenhado pelos

---

[66] Lígia Helena Hahn Lüchmann, "Participação e representação nos conselhos gestores e no orçamento participativo", *Caderno CRH*, n. 52, 2008, p. 96.

[67] Os protestos de junho de 2013, no Brasil, pareciam indicar a saturação das experiências de participação institucional e a vontade de uma nova forma de expressão pública popular, mas não foram capazes de sinalizar um projeto político com mais consistência.

[68] Luis Felipe Miguel, *Democracia e representação*, cit., cap. 3.

representantes eleitos, mas também por muitos outros agentes, que se tornam porta-vozes de diferentes demandas. Essa segunda dimensão da representação não pode repetir os procedimentos eleitorais de autorização e *accountability* que são próprios da primeira, uma vez que se caracteriza pela multiplicidade de espaços em que ocorre, pela fluidez e pela abertura permanente à possível intervenção de novos agentes.

Da forma como entendo uma representação *democrática*, tal fluidez e tal abertura não significam um salvo-conduto para que os representantes se tornem independentes de qualquer vinculação com uma base. Seria necessário ter interlocução e compromisso de responsividade às preferências dos representados, isto é, mecanismos de autorização e *accountability* que são menos formalizados, à margem dos procedimentos eleitorais, mas que podem surgir nas relações cotidianas de lideranças com suas bases.

Mas uma forma democrática de representação política não pode se resumir a uma relação vertical entre representante e representados. Inclui, como uma dimensão igualmente relevante, a relação horizontal que os representados estabelecem entre si. Até para definir as próprias *preferências*, que não são dados prévios nem necessidades identificadas por um olho externo, mas construções coletivas. Nessa, que é a terceira dimensão da representação, a participação dos representados assume protagonismo.

Ao longo deste capítulo, indiquei como, em parte das teorias recentes da representação pela sociedade civil e das novas arenas de interlocução com o Estado, há opção por uma espécie de "atalho" que permitiria a presença das vontades dos grupos populares, presumidas a partir de um ponto de vista externo, em espaços decisórios normalmente vedados às pessoas comuns. Mas, sem o diálogo interno ao grupo, que granjearia aos representados a capacidade de supervisão e controle sobre os representantes, e sem o diálogo entre porta-vozes e constituintes, o que temos é uma forma de autoautorização. O ideal de igualdade, que é coextensivo à democracia, é abandonado. O reconhecimento da necessidade de promover, de maneira ativa e permanente, a ampliação da capacidade de interlocução entre representantes e representados, bem como da produção autônoma das preferências pelos últimos, foi um elemento central das correntes da democracia participativa. Ao abandoná-lo, caminha-se para um entendimento paternalista, segundo o qual a incapacidade política dessas pessoas é um dado de uma realidade que não vale a pena enfrentar.

CONCLUSÃO

A s discussões que formam este livro se organizam a partir da dicotomia *dominação* versus *emancipação*. A dominação estrutura o mundo social, e a emancipação é a promessa de superá-la. Boa parte da reflexão sobre a sociedade, mesmo nas ciências sociais, não dá à dominação a centralidade que, no entanto, ela tem na produção da realidade. Há visões idealistas, que enfatizam a cooperação e a construção do consenso social, julgando que os obstáculos a elas podem ser superados com voluntarismo. Há também visões realistas, que incorporam o conflito, mas o veem pela ótica da competição. Nesse caso, se existem desigualdades, elas devem ser compensadas por formas de redistribuição de recursos, a fim de garantir a equidade entre os competidores. O resultado desejável toma a forma de uma acomodação entre os grupos que participam da competição, por meio de negociações autointeressadas, mas razoavelmente equilibradas.

Como questão de fato, é indiscutível que barganhas entre interesses diversos são o resultado alcançado nas disputas políticas reais. Julgar que elas compõem um horizonte normativo adequado, porém, só é possível com a abstração das assimetrias que afetam os envolvidos na negociação, em termos não apenas dos recursos materiais e simbólicos que controlam, mas de suas relações recíprocas. Uma barganha só é justa se aqueles que dela participam são igualmente capazes de proteger os próprios interesses e simetricamente vulneráveis uns aos outros. Quando os agentes estão ligados por relações de dominação, o objetivo não pode ser a negociação justa, nem mesmo o consenso, mas, sim, a superação da própria dominação.

O sentido de uma política emancipatória, porém, ficou mais complexo, conforme a compreensão sobre as múltiplas formas de dominação vigentes na sociedade se tornou mais nítida. A visão estereotipada de boa parte da esquerda da metade do século XX, de que o eixo de classe não apenas tinha primazia, como era a fonte única das opressões, tornou-se cada vez mais insustentável.

Ao lado de classe, as desigualdades de gênero e de raça, entre outras, geram padrões de dominação cuja superação é um imperativo para a emergência de uma sociedade mais justa. Esse entendimento, que a meu ver é correto, gera dificuldades maiores para a produção de uma ação política emancipatória. Por um lado, é preciso preservar uma multiplicidade de agendas e demandas que reflita as vivências e as posições estruturais variadas, nas quais os diversos eixos de opressão e dominação têm pesos relativos diferentes. Por outro, é necessário garantir a eficácia da ação política, que não se esgota na emergência de novas vozes, muito menos na afirmação de identidades, mas tem como objetivo transformar o mundo.

A articulação entre múltiplas demandas de caráter emancipatório, a definição das agendas e a produção de uma unidade em meio à diversidade se apresentam, assim, como desafios centrais colocados à imaginação política. Sem necessariamente comprar todo o arcabouço teórico e político apresentado por Ernesto Laclau e Chantal Mouffe em *Hegemonia e estratégia socialista*, obra que marcou uma inflexão nos debates da esquerda em meio à crise terminal do socialismo de tipo soviético, é possível aceitar sua observação de que, nessa esquerda, ocorria uma crise da "ilusão da possibilidade de uma vontade coletiva perfeitamente una e homogênea que tornaria inútil o momento da política"[1]. Não se trata mais apenas de dar vazão aos interesses de uma classe operária entendida como sujeito coletivo unitário, mas de construir a vontade política e a unidade na ação de uma multiplicidade de grupos dominados.

Essa complexidade não é uma opção. A leitura unilateral da dominação social, em que apenas o eixo de classe era considerado, foi um dos principais limites do velho movimento operário. E, ademais, *não tem como ser recuperada*. A presença das demandas emancipatórias de outros grupos oprimidos não vai desaparecer da cena pública.

Ao mesmo tempo, os modelos históricos que orientaram a ação da esquerda perderam força como alternativas à sociedade capitalista existente. O colapso do mundo soviético enterrou a possibilidade de que o "socialismo real" (isto é, a combinação entre a economia centralizada e a organização estatal burocrática e autoritária) ocupe essa posição. E a acomodação com o capitalismo, em

---

[1] Ernesto Laclau e Chantal Mouffe, *Hegemonía y estrategia socialista: hacia una radicalización de la democracia* (Madri, Siglo Veintiuno, 1987), p. 2 [ed. bras.: *Hegemonia e estratégia socialista: por uma política democrática radical*, trad. Joanildo A. Burity, Josias de Paula Jr. e Aécio Amaral, São Paulo, Intermeios, 2015]. A edição original é de 1985.

troca da melhoria das condições de vida e da redução da insegurança existencial dos trabalhadores, que foi o caminho da social-democracia, também entrou em refluxo, quer por sua "crise de financiamento", detectada a partir dos anos 1970, quer porque o fim da ameaça soviética permitiu ao capital endurecer suas posições. Assim, nas últimas décadas as sociedades capitalistas se tornaram ainda mais desiguais e mais injustas; onde a capacidade de garantir um padrão mínimo para todos havia sido conquistada, ela em grande medida se perdeu ou se reduziu. O espaço do arranjo democrático liberal parece cada vez mais restrito, uma vez que o capital se mostra menos disposto a pagar o preço de uma relativa paz social. Na leitura de Streeck, esgotado o ciclo de prosperidade do pós-guerra, os Estados capitalistas tentaram manter a conciliação entre as funções de reproduzir a acumulação e garantir a legitimidade sucessivamente por meio da expansão inflacionária, do crescimento da dívida pública e do "keynesianismo privatizado", isto é, da ampla concessão de crédito à população. Fechada esta última porta, com a crise de 2008, "a capacidade de gestão política do capitalismo democrático declinou acentuadamente [...], mais em certos países do que em outros, mas também, de maneira abrangente, no sistema político-econômico global emergente"[2].

São muitos os exemplos, dos vários "golpes brancos" na América Latina — entre os quais o brasileiro — ao episódio do plebiscito grego de 2015, em que um governo eleito pela esquerda se viu constrangido a rejeitar o resultado, rasgando abertamente o princípio da soberania popular, para se curvar às pressões da banca. Mas, paralisada pela ausência de um projeto alternativo de sociedade, a esquerda parece condenada a agir de modo apenas reativo. No mesmo momento em que os malefícios do capitalismo se tornam mais evidentes, sua linguagem (mercado, competição, gerencialismo) parece quase indisputada.

Não se gera esse projeto alternativo por mero ato de volição. Nem se pode paralisar a luta política transformadora à espera de que ele surja e trace detalhadamente o caminho a ser seguido, como se fosse um exercício de lógica. A ideia de que um modelo pronto de sociedade futura é necessário para a luta política está entre os legados funestos da ortodoxia marxista (embora o próprio Marx, em sua crítica ao utopismo, procurasse negar essa postura). Já se sabe o que *não* se quer, já se sabe *contra* o que se luta. A sociedade futura é produto dessa luta

---

[2] Wolfgang Streeck, "As crises do capitalismo democrático", *Novos Estudos*, n. 92, 2012, p. 53. A edição original é de 2011.

e se desenha em seu curso, não com antecedência a ela. Se intelectuais projetam modelos de sociedade futura, como de fato projetam[3], sua capacidade de organizar o movimento de transformação da realidade depende da ressonância que encontram nas ações de resistência dos grupos dominados.

Trata-se, portanto, de entender que o projeto emancipatório precisa se alimentar da experiência vivida dos próprios dominados. Mas esse caminho também tem suas armadilhas – afinal, faz parte da condição dominada ter menos acesso aos instrumentos de produção e difusão das representações do mundo. Em outras palavras, a experiência dos dominados é permanentemente significada, para os próprios dominados, pela razão de mundo que serve aos dominantes. Isso não permite descartá-la como irrelevante, mas faz com que não seja possível aceitar *a priori* os sentidos que os dominados lhe atribuem, sem levar em conta as tensões que essa condição gera. A produção de um sentido autônomo é fruto da própria luta emancipatória.

Entre os múltiplos constrangimentos que a condição dos dominados impõe a sua ação na sociedade está uma tendência a privilegiar as reivindicações mais imediatas, que respondem às demandas urgentes, mas cuja resolução possível muitas vezes cobra o preço da acomodação a estruturas de desigualdade mais profundas. A necessidade inadiável afirma sua primazia diante de tudo o mais, e o horizonte utópico aparece como uma evasão nociva, uma forma de "se desgraçar na esperança" – para usar as memoráveis palavras da sertaneja Rosa, personagem de *Deus e o diabo na terra do sol*, de Glauber Rocha. Recusar validade a essa priorização revela uma posição privilegiada, de quem não sofre com premências tão graves e, por isso, pode focar um futuro mais distante, talvez inalcançavelmente distante. Mas simplesmente abraçar a agenda dos mais vulneráveis pode comprometer a manutenção de uma perspectiva utópica alargada, que aponta para a transformação radical do mundo presente e para um projeto emancipatório rigoroso. Esse dilema tampouco encontra solução fácil.

Por fim, é preciso levar a sério o desafio sugerido pelo pensamento liberal – sem com isso assumir todo seu enquadramento. O ideal emancipatório é um ideal de extensão e universalização da *liberdade*, mas as lutas contra a dominação se expressam em grande medida no discurso da *igualdade*. É correto impugnar a afirmação, sempre repisada por pensadores reacionários, de que liberdade e igualdade são antípodas. Também é correto indicar que o combate

---

[3] Ver Luis Felipe Miguel, *Consenso e conflito na democracia contemporânea*, cit., cap. 8.

à desigualdade na distribuição de bens e vantagens é uma condição para que todos tenham acesso ao exercício das liberdades. Ainda assim, seria ingênuo julgar que qualquer medida em prol da igualdade automaticamente beneficia a liberdade ou vice-versa. Torna-se necessário permanecer alerta para que a libido igualitária, mais ativa nos embates cotidianos, não sufoque o compromisso libertário do projeto emancipatório.

São questões complexas, que não têm respostas prontas – e talvez nunca encontrem respostas completas. A tarefa de transformar o mundo é bem mais difícil que a de conservá-lo, sobretudo quando a transformação pretendida tem caráter emancipador. O custo da acomodação, porém, é a aceitação de uma ordem social que agride e desumaniza. Num de seus romances, a escritora espanhola Belén Gopegui diz: "Estão nos roubando os dias, um a um"[4]. Enfrentar os dilemas da ação transformadora, mesmo sem nenhuma cartilha para servir de orientação, já é o primeiro passo para recuperar esses dias e reinventar a autonomia.

---

[4] Belén Gopegui, *El comité de la noche* (Barcelona, Random House, 2014), p. 30.

BIBLIOGRAFIA

. . . .

ABERS, Rebecca. *Inventing Local Democracy*: Grassroots Politics in Brazil. Boulder, Lynne Rienner, 2000.

____; SERAFIM, Lizandra; TATAGIBA, Luciana. Repertórios de interação Estado-sociedade em um estado heterogêneo: a experiência na Era Lula. *Dados*, v. 57, n. 2, 2014, p. 325-57.

____; VON BÜLOW, Marisa. Movimentos sociais na teoria e na prática: como estudar o ativismo através da fronteira entre Estado e sociedade? *Sociologias*, n. 28, 2011, p. 52-84.

AGUIAR, Neuma. Patriarcado, sociedade e patrimonialismo. *Sociedade e Estado*, v. 15, n. 2, 2000, p. 303-30.

ALMEIDA, Débora Rezende de. Representação política e conferências: os desafios da inclusão da pluralidade. *Textos para Discussão*. Brasília, Ipea, n. 1.750, 2012.

ALMOND, Gabriel A.; VERBA, Sidney. *The Civic Culture*: Political Attitudes and Democracy in Five Nations. Boston, Little, Brown, 1963.

ALTHUSSER, Louis. Idéologie et appareils idéologiques d'État (notes pour une recherche). In: ____. *Positions*. Paris, Éditions Sociales, 1976 [1970] [ed. bras.: Ideologia e aparelhos ideológicos de Estado (notas para uma investigação). In: ŽIŽEK, Slavoj (org.). *Um mapa da ideologia*. Trad. Vera Ribeiro, Rio de Janeiro, Contraponto, 1996, p. 105-42].

____. *Pour Marx*. Paris, La Découverte, 1996 [1965] [ed. bras.: *Por Marx*. Trad. Maria Leonor F. R. Loureiro, Campinas, Editora Unicamp, 2015].

ALVES, Maria Helena Moreira; EVANSON, Philip. *Vivendo no fogo cruzado*: moradores de favela, traficantes de droga e violência policial no Rio de Janeiro. São Paulo, Editora Unesp, 2013.

ANDERSON, Elizabeth S. What Is the Point of Equality? *Ethics*, v. 109, n. 2, 1999, p. 287-337.

ANDERSON, Perry. As antinomias de Gramsci. Tradução de Juarez Guimarães e Felix Sanchez. In: ____. *Afinidades seletivas*. São Paulo, Boitempo, 2002 [1976].

ANDRADE, Joana El-Jaick. A social-democracia clássica e a emancipação feminina. *Revista Brasileira de Ciência Política*, n. 2, 2009, p. 159-91.

ANGEL, Pierre. *Essais sur Georges Sorel*: vers un idéalisme constructif, v. 1. Paris, Marcel Rivière, 1936.

ANTUNES, Ricardo. *Os sentidos do trabalho*: ensaio sobre a afirmação e a negação do trabalho. 2. ed., revista e ampliada. São Paulo, Boitempo, 2009.

____ (org.). *Riqueza e miséria do trabalho no Brasil*. São Paulo, Boitempo, 2006.

____ (org.). *Riqueza e miséria do trabalho no Brasil II*. São Paulo, Boitempo, 2013

____ (org.). *Riqueza e miséria do trabalho no Brasil III*. São Paulo, Boitempo, 2014.

226 DOMINAÇÃO E RESISTÊNCIA

ARENDT, Hannah. Da violência. In: ____. *Crises da república*. Tradução de José Volkmann. São Paulo, Perspectiva, 1973 [1970].

____. *Entre o passado e o futuro*. Tradução de Mauro W. Barbosa de Almeida. São Paulo, Perspectiva, 1988 [1961].

____. Compreensão e política. In: ____. *A dignidade da política*. Tradução de Helena Martins et al. Rio de Janeiro, Relume-Dumará, 1993 [1953].

____. *A condição humana*. Tradução de Roberto Raposo. Rio de Janeiro, Forense Universitária, 2010 [1958].

____. *Sobre a revolução*. Tradução de Denise Bottmann. São Paulo, Companhia das Letras, 2011 [1963].

AUST, Stefan. *Baader-Meinhof*: The Inside History of the R.A.F. Oxford, Oxford University Press, 2008 [1985].

AUYERO, Javier. *Patients of the State*: The Politics of Waiting in Argentina. Durham, Duke University Press, 2012.

AVRITZER, Leonardo. Teoria democrática e deliberação pública. *Lua Nova*, n. 50, 2000, p. 25-46.

____. O orçamento participativo: as experiências de Porto Alegre e Belo Horizonte. In: DAGNINO, Evelina (org.). *Sociedade civil e espaços públicos no Brasil*. São Paulo, Paz e Terra, 2002.

____. Sociedade civil, instituições participativas e representação: da autorização à legitimidade da ação. *Dados*, v. 50, n. 3, 2007, p. 443-64.

BACHRACH, Peter; BOTWINICK, Aryeh. *Power and Empowerment*: A Radical Theory of Participatory Democracy. Filadélfia, Temple University Press, 1992.

BAIERLE, Sérgio Gregório. A explosão da experiência: emergência de um novo princípio ético-político nos movimentos populares urbanos em Porto Alegre. In: ALVAREZ, Sonia E.; DAGNINO, Evelina; ESCOBAR, Arturo (orgs.). *Cultura e política nos movimentos sociais latino-americanos*: novas leituras. Belo Horizonte, Editora UFMG, 2000 [1998].

BALLESTRIN, Luciana. *Com quantas armas se faz uma sociedade "civil"?* Controles sobre armas de fogo na governança global, Brasil e Portugal (1995-2010). Tese de doutorado em Ciência Política. Belo Horizonte, Universidade Federal de Minas Gerais, 2010.

BARBER, Benjamin R. *Strong Democracy*: Participatory Politics For a New Age. Berkeley, University of California Press, 1984.

BARCLAY, Linda. Autonomy and the Social Self. In: MACKENZIE, Catriona; STOLJAR, Natalie (orgs.). *Relational Autonomy*: Feminist Perspectives on Autonomy, Agency, and the Social Self. Oxford, Oxford University Press, 2000.

BARRETT, Michèle. *Women's Oppression Today*: The Marxist/Feminist Encounter. Londres, Verso, 1988 [1980].

____. Introduction to the 1988 Edition. In: ____. *Women's Oppression Today*: The Marxist/Feminist Encounter. Londres, Verso, 1988.

____; McINTOSH, Mary. Christine Delphy: Towards a Materialist Feminism? *Feminist Review*, n. 1, 1979, p. 95-106.

BEAUVOIR, Simone de. *Le Deuxième sexe*. 2 v. Paris, Gallimard, 1949 [ed. bras.: *O segundo sexo*. v. 2. Trad. Sérgio Milliet, Rio de Janeiro, Nova Fronteira, 2009].

BECK, Ulrich. A reinvenção da política: rumo a uma teoria da modernização reflexiva. In: GIDDENS, Anthony; LASH, Scott; BECK, Ulrich. *Modernização reflexiva*: política, tradição e estética na ordem social moderna. São Paulo, Editora Unesp, 1997 [1995].

____; BECK-GERNSHEIM, Elisabeth. *Individualization*: Institutionalized Individualism and Its Social and Political Consequences. Londres, Sage, 2002.

BELL, Daniel. *The Coming of Post-Industrial Society*: A Venture in Social Forecasting. Nova York, Basic Books, 1973 [ed. bras.: *O advento da sociedade pós-industrial*: uma tentativa social. Trad. Heloysa de Lima Dantas, São Paulo, Cultrix, 1977].

____. *The End of Ideology*: On the Exhaustion of Political Ideas in the Fifties. Cambridge (MA), Harvard University Press, 2000 [1960] [ed. bras.: *O fim da ideologia*. Trad. Sérgio Bath, Brasília, Editora UnB, 1980].

BERLIN, Isaiah. Two Concepts of Liberty. In: ____. *Four Essays on Liberty*. Oxford, Oxford University Press, 1969 [ed. bras.: *Quatro ensaios sobre a liberdade*. Trad. Wamberto Hudson Ferreira, Brasília, Editora UnB, 1981].

BERNSTEIN, Eduard. *Socialismo evolucionário*. Tradução de Manuel Teles. Rio de Janeiro, Jorge Zahar, 1997 [1899].

BEY, Hakim. Communiques of the Association for Ontological Anarchy. In: ____. *The Temporary Autonomous Zone/Ontological Anarchy/Poetic Terrorism*. Charleston, BiblioBazaar, 2007.

____. Chaos: The Broadsheets of Ontological Anarchism. In: ____. *The Temporary Autonomous Zone/Ontological Anarchy/Poetic Terrorism*. Charleston, BiblioBazaar, 2007 [1985].

____. The Temporary Autonomous Zone. In: ____. *The Temporary Autonomous Zone/Ontological Anarchy/Poetic Terrorism*. Charleston, BiblioBazaar, 2007 [1990] [ed. bras.: *TAZ – Zona Autônoma Temporária*. Trad. Patricia Decia e Renato Resende, São Paulo, Conrad, 2011].

BICKFORD, Susan. *The Dissonance of Democracy*: Listening, Conflict, and Citizenship. Ithaca, Cornell University Press, 1996.

BIROLI, Flávia. *Autonomia e desigualdades de gênero*: contribuições do feminismo para a crítica democrática. Niterói, Eduff, 2013.

BLOCH, Ernst. *Thomas Münzer, teólogo da revolução*. Tradução de Vamireh Chacon. Rio de Janeiro, Tempo Brasileiro, 1973 [1921].

BLOOM, Joshua; MARTIN Jr., Waldo E. *Black against Empire*: The History and Politics of the Black Panther Party. Berkeley, The University of California Press, 2013.

BOBBIO, Norberto. *O futuro da democracia*: uma defesa das regras do jogo. Tradução de Marco Aurélio Nogueira. Rio de Janeiro, Paz e Terra, 1986 [1984].

____. *Direita e esquerda*: razões e significados de uma distinção política. Tradução de Marco Aurélio Nogueira. São Paulo, Editora Unesp, 1995 [1994].

BOLTANSKI, Luc; CHIAPELLO, Ève. *Le Nouvel esprit du capitalisme*. Paris, Gallimard, 1999 [ed. bras.: *O novo espírito do capitalismo*. Trad. Ivone C. Benedetti, São Paulo, WMF Martins Fontes, 2009].

BOOKCHIN, Murray. Anarquismo social ou anarquismo de estilo de vida: um abismo intransponível. In: ____. *Anarquismo, crítica e autocrítica*. Tradução de Felipe Corrêa e Alexandre Barbosa de Souza. São Paulo, Hedra, 2001 [1995].

228 DOMINAÇÃO E RESISTÊNCIA

BOURDIEU, Pierre. *La Distinction*: critique sociale du jugement. Paris, Minuit, 1979 [ed. bras.: *A distinção*: crítica social do julgamento. Trad. Daniela Kern e Guilherme J. F. Teixeira, São Paulo/ Porto Alegre, Edusp/Zouk, 2007].

_____. La Représentation politique. Éléments pour une théorie du champ politique. *Actes de la Recherche en Sciences Sociales*, n. 36-7, 1981, p. 3-24.

_____. *Contre-feux*. Paris, Liber, 1988 [ed. bras.: *Contrafogos*: táticas para enfrentar a invasão neoliberal. v. 1. Trad. Lucy Magalhães, Rio de Janeiro, Zahar, 1998].

_____. *La Noblesse d'État*: grandes écoles et esprit de corps. Paris, Minuit, 1989.

_____. *Coisas ditas*. Tradução de Cássia Silveira e Denise Pegorin. São Paulo, Brasiliense, 1990 [1987].

_____. *Raisons pratiques*: sur la théorie de l'action. Paris, Seuil, 1994 [ed. bras.: *Razões práticas*: sobre a teoria da ação. Trad. Mariza Corrêa, Campinas, Papirus, 1996].

_____. *Méditations pascaliennes*. Paris, Seuil, 1997 [ed. bras.: *Meditações pascalianas*. Trad. Sergio Miceli, Rio de Janeiro, Bertrand Brasil, 2001].

_____. *La Domination masculine*. Paris, Seuil, 1998 [ed. bras.: *A dominação masculina*. Trad. Maria Helena Kühner, Rio de Janeiro, Bertrand Brasil, 2003].

_____. *Esquisse d'une théorie de la pratique, précédé de trois études d'ethnologie kabyle*. Paris, Seuil, 2000 [1972] [ed. bras.: Esboço de uma teoria da prática. Trad. Miguel Serras Pereira. In: ORTIZ, Renato (org.). *Pierre Bourdieu*: sociologia, São Paulo, Ática, 1994].

_____. *Sur l'État*: cours au Collège de France (1989-1992). Paris, Seuil, 2012 [ed. bras.: *Sobre o Estado*. Trad. Rosa Freire d'Aguiar, São Paulo, Companhia das Letras, 2014].

_____; CHARTIER, Roger. *Le Sociologue et l'historien*. Paris, Agone, Raisons d'Agir, 2010 [ed. bras.: *O sociólogo e o historiador*. Trad. Guilherme João de Freitas Teixeira, Belo Horizonte, Autêntica, 2011].

_____; PASSERON, Jean-Claude. *La Reproduction*: élements pour une théorie du système d'ensei-gnement. Paris, Minuit, 1970 [ed. bras.: *A reprodução*: elementos para uma teoria do sistema de ensino. Trad. Reynaldo Bairão, Petrópolis, Vozes, 2008].

BRAGA, Sérgio. Poder, formas de dominação e Estado no diálogo entre Nicos Poulantzas e a so-ciologia política norte-americana. *Revista Brasileira de Ciência Política*, n. 5, 2011, p. 109-37.

BRECHT, Bertolt. *A ópera de três vinténs*. Tradução de Wolfgang Bader e Marcos Roma Santa. In: _____. *Teatro completo*, v. 3. Rio de Janeiro, Paz e Terra, 1988 [1928].

BRENNER, Johanna. *Women and the Politics of Class*. Nova York, Monthly Review, 2000.

BURAWOY, Michael. *O marxismo encontra Bourdieu*. Tradução de Fernando Rogério Jardim. Campinas, Editora Unicamp, 2010.

BURNI, Aline; CLARET, Antônio; FRAIHA, Pedro. Valores pós-materialistas e democracia: Brasil e Uruguai em perspectiva comparada. *Em Debate*, v. 6, n. 3, 2014, p. 60-82.

BUTLER, Judith. Merely Cultural. *Social Text*, n. 52-3, 1997, p. 265-77.

CALLINICOS, Alex. Social Theory Put to the Test of Politics: Pierre Bourdieu and Anthony Giddens. *New Left Review*, n. 236, 1999, p. 77-102.

CAMPOS, Antonia M.; MEDEIROS, Jonas; RIBEIRO, Márcio M. *Escolas de luta*. São Paulo, Veneta, 2016.

CARDOSO, Adalberto Moreira. *A década neoliberal e a crise dos sindicatos no Brasil*. São Paulo, Boitempo, 2003.

BIBLIOGRAFIA 229

CARDOSO, Fernando Henrique. *Autoritarismo e democratização*. Rio de Janeiro, Paz e Terra, 1975.

CARLOS, Euzeneia. Movimentos sociais: revisitando a participação e a institucionalização. *Lua Nova*, n. 84, 2011, p. 315-48.

CARRILLO, Santiago. *Eurocomunismo y Estado*. Barcelona, Crítica, 1977.

CLIFF, Tony. Clara Zetkin and the German Socialist Feminist Movement. *International Socialism*, segunda série, n. 13, 1981, p. 29-72.

COHEN, Jean. Max Weber and the Dynamics of Rationalized Domination. *Telos*, n. 14, 1972, p. 63-86.

CONLY, Sarah. *Against Autonomy*: Justifying Coercive Paternalism. Cambridge: Cambridge University Press, 2013.

CONSTANT, Benjamin. De la liberté des anciens comparée à celle des modernes. In: ____. *Écrits politiques*. Paris, Gallimard, 1997 [1819] [ed. bras.: A liberdade dos antigos comparada com a dos modernos. *Revista Filosofia Política*. Porto Alegre, L&PM, n. 2, 1985, p. 9-75].

CORRÊA, Mariza. Bourdieu e o sexo da dominação. *Novos Estudos Cebrap*, n. 54, 1999, p. 43-54.

COSTA, Sérgio. Categoria analítica ou *passe-partout* político-normativo: notas bibliográficas sobre o conceito de sociedade civil. *BIB – Revista Brasileira de Informação Bibliográfica em Ciências Sociais*, n. 43, 1997, p. 3-26.

CROZIER, Michael J.; HUNTINGTON, Samuel P.; WATANUKI, Joji. *The Crisis of Democracy*: Report on the Governability of Democracies to the Trilateral Comission. Nova York, New York University Press, 1975.

CRUIKSHANK, Barbara. *The Will to Empower*: Democratic Citizens and Other Subjects. Ithaca, Cornell University Press, 1999.

CUNHA, Cecília. Uma escritora feminista: fragmentos de uma vida. *Revista Estudos Feministas*, v. 16, n. 1, 2008, p. 271-6.

DAGNINO, Evelina. Cultura, cidadania e democracia: a transformação dos discursos e práticas na esquerda latino-americana. In: ____; ALVAREZ, Sonia E.; ESCOBAR, Arturo (orgs.). *Cultura e política nos movimentos sociais latino-americanos*: novas leituras. Belo Horizonte, Editora UFMG, 2000 [1998].

DAHL, Robert A. *A Preface to Democratic Theory*. Chicago, The University of Chicago Press, 1956 [ed. bras.: *Um prefácio à teoria democrática*. Trad. Ruy Jungmann, Rio de Janeiro, Jorge Zahar, 1989].

____. *Polyarchy*: Participation and Opposition. New Haven, Yale University Press, 1971 [ed. bras.: *Poliarquia*: participação e oposição. Trad. Celso Mauro Paciornik, São Paulo, Edusp, 2005].

____. *Democracy and Its Critics*. New Haven, Yale University Press, 1989 [ed. bras.: *A democracia e seus críticos*. Trad. Patrícia de Freitas Ribeiro, São Paulo, WMF Martins Fontes, 2012].

____. *Um prefácio à democracia econômica*. Tradução de Ruy Jungmann. Rio de Janeiro, Jorge Zahar, 1990 [1985].

DALY, Mary. *Beyond God the Father*: Toward a Philosophy of Women's Liberation. Boston, Beacon, 1993 [1973].

DARDOT, Pierre; LAVAL, Christian. *La Nouvelle Raison du monde*: essai sur la société néolibérale. Paris, La Découverte, 2009 [ed. bras.: *A nova razão do mundo*. Trad. Mariana Echalar, São Paulo, Boitempo, 2015].

230 DOMINAÇÃO E RESISTÊNCIA

DAWKINS, Richard. *Deus, um delírio*. Tradução de Fernanda Ravagnani. São Paulo, Companhia das Letras, 2007 [2006].

DEBRAY, Régis. *Révolution dans la révolution?* Paris, Maspero, 1967.

_____. *Critique de la raison politique*. Paris, Gallimard, 1981.

DELPHY, Christine. Critique de la raison naturelle. In: _____. *L'Enemmi principal*, v. 2 (Penser le genre). Paris, Syllepse, 2013 [2001].

_____. L'Ennemi principal. In: _____. *L'Ennemi principal*, v. 1 (Économie politique du patriarcat). Paris, Syllepse, 2013 [1970] [ed. bras.: O inimigo principal: a economia política do patriarcado. Trad. Patrícia C. R. Reuillard. *Revista Brasileira de Ciência Política*, n. 17, 2015, p. 99-119]. ·

DOWNS, Anthony. *An Economic Theory of Democracy*. Nova York, Harper & Brothers, 1957.

DWORKIN, Ronald. *Sovereign Virtue*: The Theory and Practice of Equality. Cambridge (MA), Harvard University Press, 2000 [ed. bras.: *A virtude soberana*: a teoria e a prática da igualdade. Trad. Jussara Simões, São Paulo, Martins Fontes, 2005].

_____. *Uma questão de princípio*. Tradução de Luís Carlos Borges. São Paulo, Martins Fontes, 2005 [1985].

EAGLETON, Terry. *Ideologia*: uma introdução. Tradução de Silvana Vieira e Luís Carlos Borges. São Paulo, Editora Unesp/Boitempo, 1997 [1991].

EDELMAN, Bernard. *A legalização da classe operária*. Tradução de Marcus Orione et al. São Paulo, Boitempo, 2016 [1978].

EISENSTEIN, Zillah. Developing a Theory of Capitalist Patriarchy and Socialist Feminism. In: _____ (org.). *Capitalist Patriarchy and the Case for Socialist Feminism*. Nova York, Monthly Review, 1979.

_____. The Sexual Politics of the New Right: Understanding the "Crisis of Liberalism" for the 1980s. *Signs*, v. 7, n. 3, 1982, p. 567-88.

ELSHTAIN, Jean Bethke. *Public Man, Private Woman*: Women in Social and Political Thought. Princeton, Princeton University Press, 1993 [1981].

ELSTER, Jon. *Sour grapes*. Cambridge, Cambridge University Press, 1983.

_____. *Ulises y las sirenas*: estudios sobre racionalidad e irracionalidad. Cidade do México, Fondo de Cultura Económica, 1989 [1979].

_____. The Market and the Forum: Three Varieties of Political Theory. In: BOHMAN, James; REHG, William (orgs.). *Deliberative Democracy*: Essays on Reason and Politics. Cambridge (MA), The MIT Press, 1997.

_____. *Le Désintéressement* (Traité critique de l'homme économique, I). Paris, Seuil, 2009.

_____. *Ulisses liberto*: estudos sobre racionalidade, pré-compromisso e restrições. Tradução de Cláudia Sant'Ana Martins. São Paulo, Editora Unesp, 2009 [2000].

ENGELS, Friedrich. *A origem da família, da propriedade privada e do Estado*. Tradução de Leandro Konder. Rio de Janeiro, Civilização Brasileira, 1985 [1884].

EVARISTO, Conceição. *Becos da memória*. Belo Horizonte, Mazza, 2006.

FANON, Frantz. *Les Damnés de la terre*. In: _____. *Œuvres*. Paris, La Découverte, 2011 [1961] [ed. bras.: *Os condenados da terra*. Trad. Enilce Albergaria Rocha e Lucy Magalhães, Juiz de Fora, Editora UFJF, 2005].

FATHEUER, Thomas; FUHR, Lili; UNMÜßIG, Barbara. *Crítica à economia verde*. Tradução de Theo Amon. Rio de Janeiro, Fundação Heinrich Böll, 2016.

FEDOZZI, Luciano et al. *Orçamento participativo de Porto Alegre*: perfil, avaliação e percepções do público participante. Porto Alegre, Hartmann, 2013.

FELLI, Romain. *Les Deux âmes de l'écologie*: une critique du développement durable. Paris, L'Harmattan, 2008.

FERGUSON, Ann. Women As a New Revolutionary Class. In: WALKER, Pat (org.). *Between Labor and Capital*. Boston, South End, 1979.

FERNANDES, Sofia. Modelo do "Ocupe Wall St." se esgotou e perdeu a magia. Entrevista com Kalle Lasn. *Folha de S.Paulo*, 9 set. 2012, p. A-14.

FERRY, Luc; RENAUT, Alain. *Pensamento 68*: ensaio sobre o anti-humanismo contemporâneo. São Paulo, Ensaio, 1988 [1985].

FILMER, Robert. *Patriarcha*: The Natural Power of Kings Defended against the Unnatural Liberty of the People. In: _____. *Patriarcha and Other Writings*. Cambridge, Cambridge University Press, 1991 [1680].

FINEMAN, Martha Albertson. *The Autonomy Myth*: A Theory of Dependency. Nova York, The New Press, 2005.

FINLEY, M. I. *Democracia antiga e moderna*. Tradução de Waldéa Barcellos e Sandra Bedran. Rio de Janeiro, Graal, 1988 [1973].

_____. *Politics in the Ancient World*. Cambridge, Cambridge University Press, 1991 [1983].

FIRESTONE, Sulamith. *The Dialectic of Sex*: The Case for Feminist Revolution. Nova York, Farrar, Strauss and Giroux, 1970.

FOUCAULT, Michel. *Surveiller et punir*: naissance de la prison. Paris, Gallimard, 1975 [ed. bras.: *Vigiar e punir*: o nascimento da prisão. Trad. Raquel Ramalhete, Petrópolis, Vozes, 1987].

FRASER, Nancy. From Redistribution to Recognition: Dilemmas of Justice in a "Postsocialist" Age. *New Left Review*, n. 212, 1995, p. 68-93.

_____. A Rejoinder to Iris Young. *New Left Review*, n. 223, 1997, p. 126-9.

_____. Heterosexism, Misrecognition and Capitalism: A Response to Judith Butler. *Social Text*, n. 52-3, 1997, p. 279-89.

_____. *Justice Interruptus*: Critical Reflections on the "Postsocialist" Condition. Nova York, Routledge, 1997.

_____. Social Justice in the Age of Identity Politics: Redistribution, Recognition, and Participation. In: _____; HONNETH, Axel. *Redistribution or Recognition?* A Political-Philosophical Exchange. Londres, Verso, 2003.

_____. *Scales of Justice*: Reimagining Political Space in a Globalizing World. Nova York, Columbia University Press, 2009.

_____. The End of Progressive Neoliberalism. *Dissent*, 2 jan. 2017. Disponível em: <https://www.dissentmagazine.org/online_articles/progressive-neoliberalism-reactionary-populism-nancy-fraser>; acesso em: 18 fev. 2017.

_____; HONNETH, Axel. *Redistribution or Recognition?* A Political-Philosophical Exchange. Londres, Verso, 2003.

232 DOMINAÇÃO E RESISTÊNCIA

FREEMAN, Jo. *The Tyranny of Structurelessness*, 1970. Disponível em: <http://www.jofreeman.com/joreen/tyranny.htm>; acesso em: 13 abr. 2017.

FREEMAN, Samuel. Illiberal libertarians: Why Libertarianism Is Not a Liberal View. *Philosophy & Public Affairs*, v. 30, n. 2, 2002, p. 105-51.

FREIXO, Adriano de; RODRIGUES, Thiago (orgs.). *2016, o ano do golpe*. Rio de Janeiro, Oficina Raquel, 2016.

FRIEDAN, Betty. *The Feminine Mystique*. Nova York, Norton, 2001 [1963].

FUNG, Archon; WRIGHT, Erik Olin. Experimentos em democracia deliberativa. *Sociologias*, n. 2, 1999, p. 100-43.

FURET, François. *Le Passé d'une illusion*: essai sur l'idée communiste au XXe siècle. Paris, Robert Laffont, Calmann-Lévy, 1995 [ed. bras.: *O passado de uma ilusão*: ensaios sobre a ideia comunista no século XX. Trad. Roberto Leal Ferreira, São Paulo, Siciliano, 1995].

GANSER, Danielle. *NATO's Secret Armies*: Operation Gladio and Terrorism in Western Europe. Nova York, Frank Cass, 2005.

GENEVOSE, Eugene D. *Roll, Jordan, Roll*: The World the Slaves Made. Nova York, Vintage, 1972.

GIDDENS, Anthony. *The Consequences of Modernity*. Stanford, Stanford University Press, 1990 [ed. bras.: *As consequências da modernidade*. Trad. Raul Fiker, São Paulo, Editora Unesp, 1991].

_____. *Para além da esquerda e da direita*: o futuro da política radical. Tradução de Álvaro Hattnher. São Paulo, Editora Unesp, 1996 [1994].

GINSBERG, Benjamin. *The Value of Violence*. Nova York, Prometheus, 2013.

GIRARD, René. *A violência e o sagrado*. São Paulo, Editora Unesp, 1990 [1972].

GITLIN, Todd. *The Sixties*: Years of Hope, Days of Rage. Edição revisada e com novo prefácio. Nova York, Bantam, 1993.

_____. *Occupy Nation*: The Roots, the Spirit, and the Promise of Occupy Wall Street. Nova York, ItBooks, 2012.

GOFFMAN, Erving. *The Representation of Self in Everyday Life*. Nova York, Doubleday, 1959 [ed. bras.: *A representação do eu na vida cotidiana*. Trad. Maria Célia Santos Raposo, Petrópolis, Vozes, 1985].

GOLDMAN, Emma. *Anarchism and Other Essays*. North Charleston, CreateSpace, 2013 [1911].

GOPEGUI, Belén. *El comité de la noche*. Barcelona, Random House, 2014.

GORZ, André. *O socialismo difícil*. Tradução de Maria Helena Kühner. Rio de Janeiro, Zahar, 1968 [1967].

_____. *Métamorphoses du travail*: quête du sens. Critique de la raison économique. Paris, Galilée, 1988 [ed. bras.: *Metamorfoses do trabalho*: busca do sentido. Crítica da razão econômica. Trad. Ana Montoia, São Paulo, Annablume, 2003].

_____. *L'Immatériel*: connaissance, valeur et capital. Paris, Galilée, 2003 [ed. bras.: *O imaterial*: conhecimento, valor, capital. Trad. Celso Azzan Júnior, São Paulo, Annablume, 2005].

_____. Ação armada: onde? Quando? Por quê? Uma crítica. In: SILVA, Josué Pereira da; RODRIGUES, Iram Jácome (orgs.). *André Gorz e seus críticos*. São Paulo, Annablume, 2006 [1972].

_____. A crise e o êxodo da sociedade salarial: entrevista com André Gorz. In: SILVA, Josué Pereira da; RODRIGUES, Iram Jácome (orgs.). *André Gorz e seus críticos*. São Paulo, Annablume, 2006.

BIBLIOGRAFIA 233

GOULD, Carol C. *Rethinking Democracy*: Freedom and Social Cooperation in Politics, Economy, and Society. Cambridge, Cambridge University Press, 1988.

GOUREVITCH, Alex. Labor Republicanism and the Transformation of Work. *Political Theory*, v. 41, n. 4, 2013, p. 591-617.

GRAEBNER, William. *Patty's Got a Gun*: Patricia Hearst in 1970s America. Chicago, The University of Chicago Press, 2008.

GRAMSCI, Antonio. *Maquiavel, a política e o Estado moderno*. Tradução de Luiz Mário Gazzaneo. Rio de Janeiro, Civilização Brasileira, 1976 [1932-1934].

_____. *Cadernos do cárcere*, v. 1: Introdução ao estudo da filosofia. A filosofia de Benedetto Croce. Edição e tradução de Carlos Nelson Coutinho. Rio de Janeiro, Civilização Brasileira, 1999 [1932-1935].

_____. *Cadernos do cárcere*, v. 3: Maquiavel. Notas sobre o Estado e a política. Edição e tradução de Carlos Nelson Coutinho. Rio de Janeiro, Civilização Brasileira, 2000 [1932-1934].

_____. *Cadernos do cárcere*, v. 2: Os intelectuais. O princípio educativo. O jornalismo. Edição e tradução de Carlos Nelson Coutinho. Rio de Janeiro, Civilização Brasileira, 2004 [1932-1935].

GUEVARA, Ernesto Che. Crear dos, tres... muchos Vietnam: mensaje a los pueblos del mundo a través de la Tricontinental. *Marxists.org*, 2013 [1967]. Disponível em: <www.marxists.org/espanol/guevara/04_67.htm>; acesso em: 26 mar. 2014.

GURZA LAVALLE, Adrian. Após a participação: nota introdutória. *Lua Nova*, n. 84, 2011, p. 13-23.

_____; HOUTZAGER, Peter P.; CASTELLO, Graziela. Representação política e organizações civis: novas instâncias de mediação e os desafios da legitimidade. *Revista Brasileira de Ciências Sociais*, n. 60, 2006, p. 43-66.

_____; ISUNZA VERA, Ernesto. A trama da crítica democrática: da participação à representação e à *accountability*. *Lua Nova*, n. 84, 2011, p. 95-139.

HABERMAS, Jürgen. *Problemas de legitimación en el capitalismo tardío*. Buenos Aires, Amorrortu, 1985 [1973].

_____. *Direito e democracia*: entre facticidade e validade, 2 v. Tradução de Flávio Beno Siebeneichler. Rio de Janeiro, Tempo Brasileiro, 1997 [1992].

_____. *Teoría de la acción comunicativa*, 2 v. Buenos Aires, Taurus, 2003 [1981] [ed. bras.: *Teoria do agir comunicativo*. Trad. Paulo Astor Soethe, São Paulo, WMF Martins Fontes, 2012].

HARTMANN, Heidi. Capitalism, Patriarchy, and Job Segregation by Sex. In: EISENSTEIN, Zillah R. (org.) *Capitalist Patriarchy and the Case for Socialist Feminism*. Nova York, Monthly Review, 1979.

_____. The Unhappy Marriage of Marxism and Feminism: Towards a More Progressive Union. In: NICHOLSON, Linda (org.). *The Second Wave*: A Reader in Feminist Theory. Nova York, Routledge, 1997 [1979].

HARTSOCK, Nancy C. M. The Feminist Standpoint: Developing the Ground for a Specifically Feminist Historical Materialism. In: _____. *The Feminist Standpoint Revisited and Other Essays*. Boulder, Westview, 1998 [1983].

HAYEK, F. A. *O caminho da servidão*. Tradução de Anna Maria Capovilla, José Ítalo Stelle e Liane de Morais Ribeiro. Rio de Janeiro, Instituto Liberal, 1990 [1944].

HIRSCHMAN, Albert O. *De consumidor a cidadão*: atividade privada e participação na vida pública. Tradução de Marcelo M. Levy. São Paulo, Brasiliense, 1983 [1982].

234 DOMINAÇÃO E RESISTÊNCIA

HOBSBAWM, E. J. *Rebeldes primitivos*: estudo sobre formas arcaicas de movimentos sociais nos séculos XIX e XX. Tradução de Nice Rissone. Rio de Janeiro, Zahar, 1970 [1965].

HOLLOWAY, John. *Change the World Without Taking Power*. Londres, Pluto, 2010 [2002] [ed. bras.: *Mudar o mundo sem tomar o poder*: o significado da revolução hoje. Trad. Emir Sader, São Paulo, Viramundo, 2003].

HONNETH, Axel. The Social Dynamics of Disrespect: Situating Critical Theory Today. In: DEWS, Peter (org.). *Habermas*: A Critical Reader. Oxford, Blackwell, 1999.

_____. Redistribution as Recognition: A Response to Nancy Fraser. In: FRASER, Nancy; HONNETH, Axel. *Redistribution or Recognition?* A Political-Philosophical Exchange. Londres, Verso, 2003.

_____. *Luta por reconhecimento*: a gramática moral dos conflitos sociais. São Paulo, Editora 34, 2009 [1992].

HOOKS, Bell. *Ain't I a Woman?* Black Women and Feminism. Cambridge (MA), South End, 1981.

_____. *Feminist Theory*: From Margin to Center. Cambridge (MA), South End, 2000 [1984].

HUDSON, Laura. The Political Animal: Species-Being and Bare Life. *Mediations*, v. 23, n. 2, 2008, p. 88-117.

HUNTINGTON, Samuel P. *A ordem política nas sociedades em mudança*. Tradução de Pinheiro de Lemos. Rio de Janeiro/São Paulo, Forense-Universitária/Edusp, 1975 [1968].

_____. The United States. In: CROZIER, Michel J.; HUNTINGTON, Samuel P.; WATANUKI, Joji. *The Crisis of Democracy*: Report on the Governability of Democracies to the Trilateral Comission. Nova York, New York University Press, 1975.

HUWS, Ursula. Mundo material: o mito da economia imaterial. *Mediações*, v. 16, n. 1, 2011 [2003], p. 24-54.

INGLEHART, Ronald. *The Silent Revolution*: Changing Values and Political Styles Among Western Publics. Princeton, Princeton University Press, 1977.

INGOLD, Tim. The Architect and the Bee: Reflections on the Work of Animals and Men. *Man*, v. 18, n. 1, 1983, p. 1-20.

JEFFREYS, Sheila. *Beauty and Misogyny*: Harmful Cultural Practices in the West. Londres, Routledge, 2005.

JINKINGS, Ivana; DORIA, Kim; CLETO, Murilo (orgs.). *Por que gritamos golpe?* Para entender o *impeachment* e a crise política no Brasil. São Paulo, Boitempo, 2016.

KAUTSKY, Karl. *Terrorism and Communism*: A Contribution for the Natural History of Revolution. *Marxists.org*, 2002 [1919]. Disponível em: <www.marxists.org/archive/kautsky/1919/terrcomm/>; acesso em: 16 ago. 2014 [ed. bras.: *Terrorismo e comunismo*: o anti-Kautsky. Trad. Lívio Xavier, Rio de Janeiro, Saga, 1969].

KERGOAT, Danièle. Dinâmica e consubstancialidade das relações sociais. *Novos Estudos*, n. 86, 2010, p. 93-103.

KLEIN, Naomi. *No Logo*. Nova York, Picador, 1999.

_____. *This Changes Everything*: Capitalism vs. the Climate. Nova York, Simon & Schuster, 2014 [ed. port.: *Tudo pode mudar*: capitalismo *vs.* clima. Trad. Ana Cristina Pais, Lisboa, Presença, 2016].

KNIGHT, Jack; JOHNSON, James. What Sort of Political Equality Does Deliberative Democracy Require? In: BOHMAN, James; REHG, William (orgs.). *Deliberative Democracy*: Essays on Reason and Politics. Cambridge (MA), The MIT Press, 1997.

KNIGHTS, David; WILLMOTT, Hugh. Dualism and Domination: An Analysis of Marxian, Weberian and Existentialist Perspectives. *Australian and New Zealand Journal of Sociology*, v. 19, n. 1, 1983, p. 33-49.

KOLLONTAI, Alexandra. The Social Basis of the Women Question. In: ____. *Selected Writings*. Nova York, Norton, 1977 [1909].

____. Working Woman and Mother. In: ____. *Selected Writings*. Nova York, Norton, 1977 [1914].

LA BOÉTIE, Etienne de. *Discurso da servidão voluntária*. Tradução de Laymert Garcia dos Santos. São Paulo, Brasiliense, 1987 [1552].

LACLAU, Ernesto, Os novos movimentos sociais e a pluralidade do social. *Revista Brasileira de Ciências Sociais*, n. 2, 1986 [1983], p. 41-7.

____; MOUFFE, Chantal. *Hegemonía y estrategia socialista*: hacia una radicalización de la democracia. Madri, Siglo Veintiuno, 1987 [1985] [ed. bras.: *Hegemonia e estratégia socialista*: por uma política democrática radical. Trad. Joanildo A. Burity, Josias de Paula Jr. e Aécio Amaral, São Paulo, Intermeios, 2015].

LASCH, Cristopher. *The Culture of Narcissism*: American Life in an Age of Diminishing Expectations. Nova York, W. W. Norton, 1979 [ed. bras.: *A cultura do narcisismo*: a vida americana numa época de esperanças em declínio. Trad. Ernani Pavaneli, Rio de Janeiro, Imago, 1983].

LAZARSFELD, Paul F.; BERELSON, Bernard; GAUDET, Hazel. *The People's Choice*: How the Voter Makes up His Mind in a Presidential Election. Nova York, Columbia University Press, 1969 [1944].

LEFORT, Claude. *Le Travail de l'œuvre*: Machiavel. Paris, Gallimard, 1986 [1972].

____. O nome de Um. In: LA BOÉTIE, Etienne de. *Discurso da servidão voluntária*. Tradução de Laymert Garcia dos Santos. São Paulo, Brasiliense, 1987 [1976].

LÊNIN, Vladímir I. *Que fazer?* São Paulo, Hucitec, 1978 [1902].

____. *A revolução proletária e o renegado Kautsky*. In: ____. *Obras escolhidas em seis tomos*, v. 4. Moscou/Lisboa, Progresso/Avante, 1985 [1918].

____. *O Estado e a revolução*. São Paulo, Boitempo, 2017 [1917].

LIPSET, Seymour Martin. *Political Man*: The Social Bases of Politics. Garden City, Anchor, 1963 [1960] [ed. bras.: *O homem político*. Trad. Álvaro Cabral, Rio de Janeiro, Zahar Editores, 1967].

LOSURDO, Domenico. *Democracia ou bonapartismo*: triunfo e decadência do sufrágio universal. Tradução de Luiz Sérgio Henriques. Rio de Janeiro/São Paulo, Editora UFRJ/Editora Unesp, 2004 [1993].

____. *A luta de classes*: uma história política e filosófica. Tradução de Silvia de Bernardinis. São Paulo, Boitempo, 2015 [2013].

LOVETT, Frank. *A General Theory of Domination and Justice*. Oxford, Oxford University Press, 2010.

____; PETTIT, Philip. Neorepublicanism: A Normative and Institutional Research Program. *Annual Review of Political Science*, n. 12, 2009, p. 11-29.

LÖWY, Michael. Dix thèses sur l'extrême droite en Europe. *Lignes*, n. 45, 2014, p. 163-7 [ed. bras.: Dez teses sobre a extrema direita na Europa. Trad. Carlos Santos, disponível em: <www.esquerda. net/artigo/dez-teses-sobre-extrema-direita-na-europa/32988>; acesso em: 15 out. 2016].

LÜCHMANN, Lígia Helena Hahn. A representação no interior das experiências de participação. *Lua Nova*, n. 70, 2007, p. 139-70.

236 DOMINAÇÃO E RESISTÊNCIA

_____. Participação e representação nos conselhos gestores e no orçamento participativo. *Caderno CRH*, n. 52, 2008, p. 87-97.

_____. Associações, participação e representação: combinações e tensões. *Lua Nova*, n. 84, 2011, p. 141-74.

LUTERO, Martinho. Contra as hordas salteadoras e assassinas dos camponeses. In: BONI, Luis Alberto de (org.). *Escritos seletos de Martinho Lutero, Thomas Müntzer e João Calvino*. Petrópolis, Vozes, 2000 [1525].

MACKINNON, Catharine A. *Feminism Unmodified*. Cambridge (MA), Harvard University Press, 1987.

_____. *Toward a Feminist Theory of the State*. Cambridge (MA), Harvard University Press, 1989.

MACPHERSON, C. B. *A democracia liberal*: origens e evolução. Tradução de Nathanael C. Caixeiro. Rio de Janeiro, Zahar, 1978 [1977].

MANIN, Bernard. *The Principles of Representative Government*. Cambridge, Cambridge University Press, 1997.

MANSBRIDGE, Jane J. *Beyond Adversary Democracy*. Chicago, The University of Chicago Press, 1983.

_____. Carole Pateman: Radical Liberal? In: O'NEILL, Daniel I.; SHANLEY, Mary Lyndon; YOUNG, Iris Marion (orgs.). *Illusion of Consent*: Engaging with Carole Pateman. University Park, The Pennsylvania State University Press, 2008.

MAQUIAVEL, Nicolau. *Discursos sobre a primeira década de Tito Lívio*. Tradução de Sérgio Bath. São Paulo, Martins Fontes, 2007 [1517].

_____ [Machiavelli]. *Discorsi sopra la prima deca di Tito Livio*. In: _____. *Tutte le opere storiche, politiche e letterarie*. Roma, Newton Compton, 2011 [1517].

MARGLIN, Stephen. Origens e funções do parcelamento de tarefas (para que servem os patrões?). In: GORZ, André (org.). *Crítica da divisão do trabalho*. São Paulo, Martins Fontes, 1989 [1973].

MARIGHELLA, Carlos. Chamamento ao povo brasileiro. *Marxists.org*, 2004 [1968]. Disponível em: <www.marxists.org/portugues/marighella/1968/12/chamamento.htm>; acesso em: 24 mar. 2014.

MARNEFFE, Peter de. Avoiding Paternalism. *Philosophy & Public Affairs*, v. 34, n. 1, 2006, p. 68-94.

MARX, Karl. *Manuscritos econômico-filosóficos*. Tradução de Jesus Ranieri. São Paulo, Boitempo, 2010 [1844].

_____. *O capital*: crítica da economia política. Livro I: O processo de produção do capital. Tradução de Rubens Enderle. São Paulo, Boitempo, 2013 [1867].

_____; ENGELS, Friedrich. *A ideologia alemã*. Tradução de Rubens Enderle, Nélio Schneider e Luciano Martorano. São Paulo, Boitempo, 2007 [1845-1846].

_____; _____. *Manifesto comunista*. Tradução de Álvaro Pina. São Paulo, Boitempo, 2010 [1848].

MATHIEU, Nicole-Claude. *L'Anatomie politique*: catégorisations et idéologies du sexe. Donnemarie--Dontilly, iXe, 2013 [1991].

MCCHESNEY, Robert W. *Digital Disconnect*: How Capitalism Is Turning the Internet against Democracy. Nova York, The New Press, 2013.

MCCORMICK, John P. *Machiavellian Democracy*. Cambridge, Cambridge University Press, 2011.

MCDUFFIE, Erik S. *Sojourning for Freedom*: Black Women, American Communism, and the Making of Black Left Feminism. Durham, Duke University Press, 2011.

MCNAY, Lois. *Against Recognition*. Cambridge, Polity, 2008.

MEINHOF, Ulrike. From Protest to Resistance. In: BAUER, Karin (org.). *Everybody Talks About the Weather... We Don't*: The Writings of Ulrike Meinhof. Nova York, Seven Stories, 2008 [1968].

_____. Setting Fire to Department Stores. In: BAUER, Karin (org.). *Everybody Talks About the Weather... We Don't*: The Writings of Ulrike Meinhof. Nova York, Seven Stories, 2008 [1968].

MELUCCI, Alberto. The Symbolic Challenge of Contemporary Movements. *Social Research*, v. 52, n. 4, 1985, p. 789-816.

MENDONÇA, Ricardo Fabrino; ERCAN, Selen A. Deliberation and Protest: Strange Bedfellows? Revealing the Deliberative Potential of 2013 Protests in Turkey and Brazil. *Policy Studies*, v. 36, n. 3, 2015, p. 267-82.

MICHELS, Robert. *Sociologia dos partidos políticos*. Tradução de Arthur Chaudon. Brasília, Editora UnB, 1982 [1911].

MIGUEL, Luis Felipe. *Mito e discurso político*. Campinas, Editora Unicamp, 2000.

_____. Uma democracia esquálida: a teoria de Anthony Downs. *Política & Trabalho*, n. 18, 2002, p. 125-34.

_____. Democracia na periferia: receitas de revitalização democrática à luz da realidade brasileira. *Mediações*, v. 8, n. 1, 2003, p. 9-23.

_____. A mídia e o declínio da confiança na política. *Sociologias*, n. 19, 2008, p. 250-73.

_____. Deliberacionismo e os limites da crítica: uma resposta. *Opinião Pública*, v. 20, n. 1, 2014, p. 118-31.

_____. *Democracia e representação*: territórios em disputa. São Paulo, Editora Unesp, 2014.

_____. *O nascimento da política moderna*: de Maquiavel a Hobbes. Brasília, Editora UnB, 2015.

_____. O liberalismo e o desafio das desigualdades. In: _____ (org.). *Desigualdades e democracia*: o debate da teoria política. São Paulo, Editora Unesp, 2016.

_____. Carole Pateman e a crítica feminista do contrato. *Revista Brasileira de Ciências Sociais*, n. 93, 2017, p. 1-17.

_____. *Consenso e conflito na democracia contemporânea*. São Paulo, Editora Unesp, 2017.

_____; BIROLI, Flávia. *Caleidoscópio convexo*: mulheres, política e mídia. São Paulo, Editora Unesp, 2011.

_____; _____. *Feminismo e política*: uma introdução. São Paulo, Boitempo, 2014.

_____; _____ (orgs.). *Encruzilhadas da democracia*. Porto Alegre, Zouk, 2017.

MILBRATH, Lester W. *Political participation*. Chicago, RandMcNally, 1965.

MILET, Jean-Philippe. L'Extrême droite pour tous. *Lignes*, n. 45, 2014, p. 43-56.

MILIBAND, Ralph. *O Estado na sociedade capitalista*. Tradução de Fanny Tabak. Rio de Janeiro, Zahar, 1972 [1969].

MILL, James. On Government. In: _____. *Political Writings*. Cambridge, Cambridge University Press, 1992 [1820].

238 DOMINAÇÃO E RESISTÊNCIA

MILL, John Stuart. *Sobre a liberdade*. Tradução de Alberto de Rocha Barros. Petrópolis, Vozes, 1991 [1859].

_____. *O governo representativo*. Tradução de E. Jacy Ribeiro. São Paulo, Ibrasa, 1995 [1861].

_____. Primeros ensayos sobre matrimonio y divorcio: ensayo de John Stuart Mill. In: MILL, John Stuart; MILL, Harriet Taylor. *Ensayos sobre la igualdad sexual*. Madri/Valência, Cátedra/Universitat de València, 2001 [*c*. 1832].

MILLETT, Kate. *Sexual Politics*. Urbana, University of Illinois Press, 2000 [1969].

MILLS, Charles. *The Racial Contract*. Ithaca, Cornell University Press, 1997.

MITCHELL, Juliet. *Psychoanalysis and Feminism*: Freud, Reich, Laing, and Women. Nova York, Pantheon, 1974.

MOLYNEUX, Maxine. Beyond the Domestic Labour Debate. *New Left Review*, n. 116, 1979, p. 3-27.

MONSMA, Karl. James C. Scott e resistência cotidiana no campo: uma avaliação crítica. *BIB – Revista Brasileira de Informação Bibliográfica em Ciências Sociais*, n. 49, 2000, p. 95-121.

MOTTA, Luiz Eduardo. Poulantzas e o seu diálogo com Foucault: direito, Estado e poder. *Paper* apresentado no 6º Colóquio Internacional Marx e Engels. Campinas, 3-6 nov. 2009.

MOUFFE, Chantal. *Agonistics*: Thinking the World Politically. Londres, Verso, 2013.

MURARO Rose Marie. *Sexualidade da mulher brasileira*: corpo e classe social no Brasil. Petrópolis, Vozes, 1983.

NEWTON, Huey P. *Revolutionary Suicide*. Nova York, Penguin, 2009 [1973].

NOGUEIRA, Claudia Mazzei. A feminização do trabalho no mundo do telemarketing. In: ANTUNES, Ricardo (org.). *Riqueza e miséria do trabalho no Brasil*. São Paulo, Boitempo, 2006.

NOZICK, Robert. *Anarchy, State, and Utopia*. Nova York, Basic Books, 1974 [ed. bras.: *Anarquia, Estado e utopia*. Trad. Ruy Jungmann, Rio de Janeiro, Jorge Zahar, 1991].

NUSSBAUM, Martha C. *Sex and Social Justice*. Oxford, Oxford University Press, 1999.

_____. Perfectionist Liberalism and Political Liberalism. *Philosophy & Public Affairs*, v. 39, n. 1, 2011, p. 3-45.

O'CONNOR, James. *The Fiscal Crisis of the State*. Nova York, St. Martin's, 1973.

OFFE, Claus. Dominação de classe e sistema político: sobre a seletividade das instituições políticas. In: _____. *Problemas estruturais do Estado capitalista*. Rio de Janeiro, Tempo Brasileiro, 1984 [1972].

_____. New Social Movements: Challenging the Boundaries of Institutional Politics. *Social Research*, v. 52, n. 4, 1985, p. 817-68.

_____. De quelques contradictions de l'État-providence moderne. In: _____. *Les Démocraties modernes à l'épreuve*. Paris, L'Harmattan, 1997 [1984].

_____; WIESENTHAL, Hemult. Duas lógicas da ação coletiva: anotações teóricas sobre classe social e forma organizacional. In: _____. *Problemas estruturais do Estado capitalista*. Rio de Janeiro, Tempo Brasileiro, 1984 [1980].

OHMAE, Kenichi. *The End of the Nation State*: The Rise of Regional Economies. Nova York, The Free Press, 1995 [ed. bras.: *O fim do Estado-nação*. Trad. Ivo Korytowski, Rio de Janeiro, Campus, 1999].

OKIN, Susan Moller. *Justice, Gender, and the Family*. Nova York, Basic Books, 1989.

BIBLIOGRAFIA 239

_____ et al. *Is Multiculturalism Bad for Women?* Princeton, Princeton University Press, 1999.

ORTEGA, Francisco. O sujeito cerebral e o movimento da neurodiversidade. *Mana*, v. 14, n. 2, 2008, p. 477-509.

_____. Deficiência, autismo e neurodiversidade. *Ciência & Saúde Coletiva*, v. 14, n. 1, 2009, p. 67-77.

PATEMAN, Carole. *The Problem of Political Obligation*: A Critique of Liberal Theory. Berkeley, University of California Press, 1985 [1979].

_____. *The Sexual Contract*. Stanford, Stanford University Press, 1988 [ed. bras.: *O contrato sexual*. Trad. Marta Avancini, Rio de Janeiro, Paz e Terra, 1993].

_____. Feminism and Democracy. In: _____. *The Disorder of Women*: Democracy, Feminism and Political Theory. Stanford, Stanford University Press, 1989.

_____. The Civic Culture: a Philosophic Critique. In: _____. *The Disorder of Women*: Democracy, Feminism and Political Theory. Stanford, Stanford University Press, 1989.

_____. *Participação e teoria democrática*. Tradução de Luiz Paulo Rouanet. São Paulo, Paz e Terra, 1992 [1970].

_____. Participatory Democracy Revisited. *Perspectives on Politics*, v. 10, n. 1, 2012, p. 7-19.

_____. Democracy versus Markets: Some Reflections on Anglo-American Democracy. Conferência na Universidade de Brasília. Brasília, 13 abr. 2015.

PETTIT, Philip. *Republicanism*: A Theory of Freedom and Government. Oxford, Oxford University Press, 1997.

_____. *Just Freedom*: A Moral Compass for a Complex World. Nova York, Norton, 2014.

PHILLIPS, Anne. *The Politics of Presence*. Oxford, Oxford University Press, 1995.

_____. From Inequality to Difference: A Severe Case of Displacement? *New Left Review*, n. 224, 1997, p. 143-53.

_____. *Which Equalities Matter?* Londres, Polity, 1999.

_____. *Multiculturalism Without Culture*. Princeton, Princeton University Press, 2007.

PINTO, Céli Regina Jardim. *Uma história do feminismo no Brasil*. São Paulo, Fundação Perseu Abramo, 2003.

_____. O feminismo bem-comportado de Heleieth Saffioti (presença do marxismo). *Revista Estudos Feministas*, v. 22, n. 1, 2014, p. 321-33.

PIVEN, Frances Fox; CLOWARD, Richard A. *Poor People's Movements*: Why They Success, How They Fail. Nova York, Vintage, 1979.

PIZZORNO, Alessandro. Condizioni della partecipazione politica. In: _____. *Le radici della politica assoluta e altri saggi*. Milão, Feltrinelli, 1993.

POLLERT, Anna. Gender and Class Revisited: Or, the Poverty of "Patriarchy". *Sociology*, v. 30, n. 4, 1996, p. 639-59.

PORTELLI, Hugues. *Gramsci e o bloco histórico*. Tradução de Angelina Peralva. Rio de Janeiro, Paz e Terra, 1987 [1972].

POULANTZAS, Nicos. *As classes sociais no capitalismo de hoje*. Tradução de Antonio R. N. Blundi. Rio de Janeiro, Zahar, 1975 [1974].

240 DOMINAÇÃO E RESISTÊNCIA

_____. Les transformations actuelles de l'État, la crise politique et la crise de l'État. In: _____ (org.), *La Crise de l'État*. Paris, PUF, 1976.

_____. O problema do Estado capitalista. In: BLACKBURN, Robin (org.). *Ideologia na ciência social*: ensaios críticos sobre a teoria social. Rio de Janeiro, Paz e Terra, 1982 [1972].

_____. *Poder político e classes sociais*. Tradução de Francisco Silva. São Paulo, Martins Fontes, 1986 [1968].

_____. *L'État, le pouvoir, le socialisme*. Paris, Les Prairies Ordinaires, 2013 [1978] [ed. bras.: *O Estado, o poder e o socialismo*. Trad. Rita Lima, Rio de Janeiro, Graal, 1980].

QUINIOU, Yvon. Das classes à ideologia: determinismo, materialismo e emancipação na obra de Pierre Bourdieu. *Crítica Marxista*, n. 11, 2000 [1996], p. 44-61.

RAGO, Margareth. Os feminismos no Brasil: dos "anos de chumbo" à era global. *Labrys*, n. 3, 2003. Disponível em: <http://www.labrys.net.br/labrys3/web/bras/marga1.htm>; acesso em: 11 maio 2015.

RAWLS, John. *A Theory of Justice*. Cambridge (MA), Harvard University Press, 1971 [ed. bras.: *Uma teoria da justiça*. Trad. Almiro Pisetta e Lenita M. R. Esteves, São Paulo, Martins Fontes, 1997].

_____. *Political Liberalism*. Edição ampliada. Nova York, Columbia University Press, 2005 [1993] [ed. bras.: *O liberalismo político*. Trad. Dinah de Abreu Azevedo, São Paulo, Ática, 2000].

REINER, Robert. *The Politics of the Police*. Edição revista. Oxford, Oxford University Press, 2010 [ed. bras.: *A política da polícia*. Trad. Jacy Cardia Ghiroui e Maria Cristina Pereira da Cunha Marques, São Paulo, Edusp, 2004].

RIBEIRO, Ednaldo Aparecido. A consistência das medidas de pós-materialismo: testando a validade dos índices propostos por R. Inglehart no contexto brasileiro. *Sociedade e Estado*, v. 22, n. 2, 2007, p. 371-400.

_____. Pós-materialismo e participação política no Brasil. *Sociedade e Cultura*, v. 11, n. 2, 2008, p. 375-87.

_____. Valores pós-materialistas e adesão normativa à democracia entre os brasileiros. *Debates*, v. 2, n. 2, 2008, p. 103-33.

_____. BORBA, Julián. Participação e pós materialismo na América Latina. *Opinião Pública*, v. 16, n. 1, 2010, p. 28-83.

ROCHA, Glauber (dir.). *Deus e o diabo na terra do sol*. Filme de longa-metragem. Brasil, Copacabana Filmes, 1964.

ROCHA, Roberto Oliveira; SIQUEIRA, Gabriela Câmara Bernardes; AARÃO, Bruna de Fátima Chaves. Mudança de valores, materialismo e pós-materialismo: algumas ponderações sobre o Cone Sul. *Paper* apresentado no 5º Congreso Uruguayo de Ciencia Política. Montevidéu (Uruguai), 7-10 out. 2014.

ROSANVALLON, Pierre. *La Nouvelle Question sociale*: repenser l'État-providence. Paris, Seuil, 1995.

_____. *Le Peuple introuvable*: histoire de la représentation démocratique en France. Paris, Gallimard, 1998.

_____. *La Démocratie inachevée*: histoire de la souveraineté du peuple en France. Paris, Gallimard, 2000.

_____. *La Contre-démocratie*: la politique à l'âge de la défiance. Paris, Seuil, 2006.

_____. *La Légitimité démocratique*: impartialité, réflexivité, proximité. Paris, Seuil, 2008.

_____. *La Société des égaux*. Paris, Seuil, 2011.

_____. *Le Parlement des invisibles*. Paris, Seuil, 2014.

ROTHBARD, Murray N. *Power & market*. Auburn, Ludwig van Mises Institute, 2006 [1970] [ed. bras.: *Governo e mercado*: a economia da intervenção estatal. Trad. Márcia Xavier de Brito e Alessandra Lass, São Paulo, Mises Brasil, 2012].

ROUSSEAU, Jean-Jacques. *Du Contract social*. In: _____. *Œuvres complètes*, t. III. Paris, Gallimard, 1964 [1762] [ed. bras.: *Do contrato social*. Trad. Lourdes Santos Machado, São Paulo, Abril Cultural, 1973].

_____. *Emílio ou Da educação*. Tradução de Roberto Leal Ferreira. Rio de Janeiro, Bertrand Brasil, 1992 [1762].

RUBIN, Gayle. The Traffic of Women: Notes on the 'Political Economy' of Sex. In: NICHOLSON, Linda (org.). *The Second Wave*: A Reader in Feminist Theory. Nova York, Routledge, 1997 [1975].

RUPERT, Mark. Hegemony and the Far-Right: Policing Dissent in Imperial America. In: SAULL, Richard et al. (orgs.). *The* Longue Durée *of the Far-Right*: An Internacional Historical Sociology. Londres, Routledge, 2015.

SADER, Eder. *Quando novos personagens entraram em cena*: experiências, falas e lutas dos trabalhadores da Grande São Paulo (1970-1980). Rio de Janeiro, Paz e Terra, 1988.

SAFFIOTI, Heleieth. *A mulher na sociedade de classes*: mito e realidade. 3. ed. São Paulo, Expressão Popular, 2013 [1969].

SANDEL, Michael J. *Liberalism and the Limits of Justice*. Cambridge, Cambridge University Press, 1998 [1982] [ed. port.: *Liberalismo e os limites da justiça*. Trad. Carlos E. Pacheco Amaral, Lisboa, Fundação Calouste Gulbenkian, 2005].

SANDERS, Lynn. Against Deliberation. *Political Theory*, v. 25, n. 3, 1997, p. 347-76.

SANTOS, Boaventura de Sousa. Orçamento participativo em Porto Alegre: para uma democracia redistributiva. In: _____ (org.). *Democratizar a democracia*: os caminhos da democracia participativa. Rio de Janeiro, Civilização Brasileira, 2002.

_____; AVRITZER, Leonardo. Para ampliar o cânone democrático. In: _____ (org.). *Democratizar a democracia*: os caminhos da democracia participativa. Rio de Janeiro, Civilização Brasileira, 2002.

SANTOS, Wanderley Guilherme dos. *Ordem burguesa e liberalismo político*. São Paulo, Duas Cidades, 1978.

_____. *A democracia impedida*: o Brasil no século XXI. Rio de Janeiro, FGV, 2017.

SARTORI, Giovanni. *A teoria da democracia revisitada*, 2 v. Tradução de Dinah de Abreu Azevedo. São Paulo, Ática, 1994 [1987].

_____. *Homo videns*: la sociedad teledirigida. Buenos Aires, Taurus, 1998 [1997] [ed. bras.: *Homo videns*: televisão e pós-pensamento. Trad. Antonio Angonese, Bauru, Edusc, 2001].

SARTRE, Jean-Paul. L'Enfance d'un chef. In: _____. *Le Mur*. Paris, Gallimard, 1972 [1939] [ed. bras.: *O muro*. Trad. H. Alcântara Silveira, Rio de Janeiro, Nova Fronteira, 1982].

SAWARD, Michael. *The Representative Claim*. Oxford, Oxford University Press, 2010.

SCHUMPETER, Joseph A. *Capitalism, Socialism and Democracy*. Nova York, Harper Perennial, 1976 [1942] [ed. bras.: *Capitalismo, socialismo e democracia*. Trad. Ruy. Jungmann, Rio de Janeiro, Editora Fundo de Cultura, 1961].

SCOTT, James C. *Weapons of the Weak*: Everyday Forms of Peasant Resistance. New Haven, Yale University Press, 1985.

242 DOMINAÇÃO E RESISTÊNCIA

_____. *Domination and the Arts of Resistance*: Hidden Transcripts. New Haven, Yale University Press, 1990.

_____. *Seeing Like a State*: How Certain Schemes to Improve the Human Condition Have Failed. New Haven, Yale University Press, 1998.

_____. *Two Cheers for Anarchism*. Princeton, Princeton University Press, 2012.

_____. *Decoding Subaltern Politics*: Ideology, Disguise, and Resistance in Agrarian Politics. Londres, Routledge, 2013.

SCOTT, Joan W. *Gender and the Politics of history*. Nova York, Columbia University Press, 1999 [1989].

SEGNINI, Liliana Rolfen Petrilli. Acordes dissonantes: assalariamento e relações de gênero em orquestras. In: ANTUNES, Ricardo (org.). *Riqueza e miséria do trabalho no Brasil*. São Paulo, Boitempo, 2006.

SELL, Carlos Eduardo. Democracia com liderança: Max Weber e o conceito de democracia plebiscitária. *Revista Brasileira de Ciência Política*, n. 5, 2011, p. 139-66.

SILVA, Ricardo. República sem forma? Uma crítica às interpretações anti-institucionalistas de Maquiavel. *Paper* apresentado no 10º Encontro da Associação Brasileira de Ciência Política. Belo Horizonte, 30 ago.-2 set. 2016.

SINGER, André; LOUREIRO, Isabel (orgs.). *As contradições do lulismo*: a que ponto chegamos? São Paulo, Boitempo, 2016.

SKINNER, Quentin. *Liberty Before Liberalism*. Cambridge, Cambridge University Press, 1998 [ed. bras.: *A liberdade antes do liberalismo*. Trad. Raul Fiker, São Paulo, Editora Unesp, 1999].

SOREL, Georges. *Matériaux d'une théorie du prolétariat*. Paris, Slaktine, 1981 [1914].

_____. *Réflexions sur la violence*. Paris, Seuil, 1990 [1908] [ed. bras.: *Reflexões sobre a violência*. Trad. Paulo Neves, São Paulo, Martins Fontes, 1992].

SOUZA, Jessé. *A radiografia do golpe*. São Paulo, Leya, 2016.

SOUZA-LOBO, Elizabeth. *A classe operária tem dois sexos*: trabalho, dominação e resistência. São Paulo, Brasiliense, 1991.

SPELMAN, Elizabeth V. *Inessential Woman*: Problems of Exclusion in Feminist Thought. Boston, Beacon, 1988.

STREECK, Wolfgang. As crises do capitalismo democrático. *Novos Estudos*, n. 92, 2012 [2011], p. 35-56.

SUNSTEIN, Cass R. *Free Markets and Social Justice*. Oxford, Oxford University Press, 1997.

_____. *Why Nudge?* The Politics of Libertarian Paternalism. New Haven, Yale University Press, 2014.

TAINE, Hippolyte. Note sur l'acquisition du langage chez les enfants et dans l'espèce humaine. *Revue Philosophique de la France et de l'Étranger*, Paris, v. 1, 1876, p. 5-23. Disponível em: <http://fr.wikisource.org/wiki/De_l%E2%80%99acquisition_du_langage_chez_les_enfants_et_dans_l%E2%80%99esp%C3%A8ce_humaine>; acesso em: 16 jun. 2014.

TATAGIBA, Luciana; BLIKSTAD, Karin. Como se fosse uma eleição para vereador: dinâmicas participativas e disputas partidárias na cidade de São Paulo. *Lua Nova*, n. 84, 2011, p. 175-217.

TAYLOR, Charles. *The Ethics of Authenticity*. Cambridge (MA), Harvard University Press, 1991 [ed. bras.: *A ética da autenticidade*. Trad. Talyta Carvalho, São Paulo, É Realizações, 2013].

BIBLIOGRAFIA 243

TEIXEIRA, Ana Claudia Chaves; SOUZA, Clóvis Henrique Leite de; LIMA, Paula Pompeu Fiuza. Arquitetura da participação no Brasil: uma leitura das representações políticas em espaços participativos nacionais. *Textos para Discussão*. Brasília, Ipea, n. 1.735, 2012.

THOMPSON, E. P. Eighteenth-Century English Society: Class Struggle Without Class? *Social History*, v. 3, n. 2, 1978, p. 133-65.

_____. *Costumes em comum*: estudos sobre a cultura popular tradicional. Tradução de Rosaura Eichenberg. São Paulo, Companhia das Letras, 1998 [1991].

THOMPSON, Michael J. Reconstructing Republican Freedom: A Critique of the Neo-republican Concept of Freedom as Non-Domination. *Philosophy and Social Criticism*, v. 39, n. 3, 2013, p. 1-22.

TILLY, Charles. *The Politics of Collective Violence*. Cambridge, Cambridge University Press, 2003.

TOURAINE, Alain. *La Voix et le regard*: sociologie des mouvements sociaux. Paris, Seuil, 1978.

TRINDADE, Thiago Aparecido. A relação entre protesto e deliberação: esclarecendo os termos do debate. *Paper* apresentado no 40º Encontro Anual da Associação Nacional de Pós-Graduação e Pesquisa em Ciências Sociais (Anpocs). Caxambu (MG), 24-28 out. 2016.

TRÓTSKI [Trotsky], Leon. *Terrorismo y comunismo*. Madri, Fundación Frederico Engels, 2005 [1920].

TSAI, George. Rational Persuasion as Paternalism. *Philosophy & Public Affairs*, v. 24, n. 1, 2014, p. 78-112.

URBINATI, Nadia. Representation as Advocacy: A Study of Democratic Deliberation. *Political Theory*, v. 28, n. 6, 2000, p. 758-86.

_____. *Representative Democracy*: Principles & Genealogy. Chicago, The University of Chicago Press, 2006.

_____. *Democracy Disfigured*: Opinion, Truth, and the People. Cambridge (MA), Harvard University Press, 2014.

VAN PARIJS, Phillipe. Why Surfers Should Be Fed: The Liberal Case For an Unconditional Basic Income. *Philosophy and Public Affairs*, v. 20, n. 2, 1991, p. 101-31.

_____. Basic Income Capitalism. *Ethics*, v. 102, n. 3, 1992, p. 465-84.

VARON, Jeremy. *Bringing the War Home*: The Weather Underground, the Red Army Faction, and Revolutionary Violence in the Sixties and Seventies. Berkeley, University of California Press, 2004.

VESTERGAARD, Torben; SCHRØDER, Kim. *A linguagem da propaganda*. Tradução de João Alves dos Santos. São Paulo, Martins Fontes, 1988 [1985].

VITULLO, Gabriel E. Transitologia, consolidologia e democracia na América Latina: uma revisão crítica. *Revista de Sociologia e Política*, n. 17, 2001, p. 53-60.

WACQUANT, Loïc. Introduction. In: BOURDIEU, Pierre. *Réponses*: pour une anthropologie réflexive. Paris, Seuil, 1992.

_____. *Les Prisons de la misère*. Paris, Raison d'Agir, 1999 [ed. bras.: *As prisões da miséria*. Trad. André Telles, Rio de Janeiro, Zahar, 2001].

WALBY, Sylvia. *Theorizing Patriarchy*. Oxford, Blackwell, 1990.

WALZER, Michael. The Communitarian Critique of Liberalism. *Political Theory*, v. 18, n. 1, 1990. p. 6-24.

WEBER, Max. *Ciência e política*: duas vocações. Tradução de Leonidas Hegenberg e Octany Silveira da Mota. São Paulo, Cultrix, 1985 [1919].

____. *Economia e sociedade*, v. 1. Tradução de Regis Barbosa e Karen Elsabe Barbosa. Brasília, Editora UnB, 1991 [1922].

____. *Parlamento e governo na Alemanha reordenada*: crítica política do funcionalismo e da natureza dos partidos. Tradução de Karin Bakke de Araújo. Petrópolis, Vozes, 1993 [1918].

____. *Economia e sociedade*, v. 2. Tradução de Regis Barbosa e Karen Elsabe Barbosa. Brasília, Editora UnB, 1999 [1922].

WESCHLER, Lawrence. *A Miracle, a Universe*: Settling Accounts with Tortures. Chicago, The University of Chicago Press, 1990.

WOLF, Naomi. *The Beauty Myth*: How Images of Beauty Are Used against Women. Nova York, Harper Perennial, 2002 [1991].

WOOD, Ellen Meiksins. *Democracy against Capitalism*: Renewing Historical Materialism. Cambridge, Cambridge University Press, 1995 [ed. bras.: *Democracia contra capitalismo*: a renovação do materialismo histórico. Trad. Paulo Castanheira, São Paulo, Boitempo, 2003].

WRIGHT, Erik Olin. *Classes*. Londres, Verso, 1985.

____. *Class Counts*: Comparative Studies in Class Analysis. Cambridge, Cambridge University Press, 1997.

YOUNG, Iris Marion. Beyond the Unhappy Marriage: A Critique of the Dual Systems Theory. In: SARGENT, Linda (org.). *Women and Revolution*: A Discussion of the Unhappy Marriage Between feminism and Marxism. Boston, South End, 1981.

____. *Justice and the Politics of Difference*. Princeton, Princeton University Press, 1990.

____. Socialist Feminism and the Limits of Dual Systems Theory. In: ____. *Throwing like a Girl and Other essays in Feminist Philosophy and Social Theory*. Bloomington, Indiana University Press, 1990 [1980].

____. *Throwing like a Girl and Other Essays in Feminist Philosophy and Social Theory*. Bloomington, Indiana University Press, 1990.

____. Unruly Categories: A Critique of Nancy Fraser's Dual Systems Theory. *New Left Review*, n. 222, 1997, p. 147-60.

____. *Inclusion and Democracy*. Oxford, Oxford University Press, 2000.

____. Activist Challenges to Deliberative Democracy. *Political Theory*, v. 29, n. 5, 2001, p. 670-90.

____. *Responsibility for Justice*. Oxford, Oxford University Press, 2011.

ŽIŽEK, Slavoj. O espectro da ideologia. In: ___ (org.). *Um mapa da ideologia*. Tradução de Vera Ribeiro. Rio de Janeiro, Contraponto, 1996 [1994].

____. *Sobre la violencia*: seis reflexiones marginales. Barcelona, Paidós, 2009 [2008] [ed. bras.: *Violência*: seis reflexões laterais. Trad. Miguel Serras Pereira, São Paulo, Boitempo, 2014].

SOBRE O AUTOR

· ·

Luis Felipe Miguel (Rio de Janeiro, 1967) é doutor em Ciências Sociais pela Universidade Estadual de Campinas (Unicamp) e professor titular do Instituto de Ciência Política da Universidade de Brasília (UnB), onde coordena o Grupo de Pesquisa sobre Democracia e Desigualdades (Demodê). É pesquisador do Conselho Nacional de Desenvolvimento Científico e Tecnológico (CNPq). É autor dos livros *Revolta em Florianópolis: a novembrada de 1979* (Insular, 1995; reedição, Edições do Demodê, 2016), *Mito e discurso político* (Editora Unicamp, 2000), *Política e mídia no Brasil: episódios da história recente* (Plano, 2002), *O nascimento da política moderna* (Editora UnB, 2007; edição revista e ampliada, 2015), *Caleidoscópio convexo: mulheres, política e mídia* (com Flávia Biroli, Editora Unesp, 2011), *Feminismo e política: uma introdução* (com Flávia Biroli, Boitempo, 2014), *Democracia e representação: territórios em disputa* (Editora Unesp, 2014), *Notícias em disputa: mídia, democracia e formação de preferências no Brasil* (com Flávia Biroli, Contexto, 2017), *Consenso e conflito na democracia contemporânea* (Editora Unesp, 2017) e *Trabalho e utopia: Karl Marx, André Gorz, Jon Elster* (Zouk, 2018, no prelo). Organizou os livros *Mídia, representação e democracia* (com Flávia Biroli, Hucitec, 2010), *Coligações partidárias na nova democracia brasileira* (com Silvana Krause e Rogério Schmitt, Editora Unesp, 2010), *Teoria política e feminismo: abordagens brasileiras* (com Flávia Biroli, Horizonte, 2012), *Teoria política feminista: textos centrais* (com Flávia Biroli, Eduff e Horizonte, 2013), *A democracia face às desigualdades* (com Flávia Biroli, Danusa Marques e Carlos Machado, Alameda, 2015), *Aborto e democracia* (com Flávia Biroli, Alameda, 2016), *Desigualdades e democracia: o debate da teoria política* (Editora Unesp, 2016), *Coligações e disputas eleitorais na Nova República* (com Silvana Krause e Carlos Machado, Editora Unesp, 2017) e *Encruzilhadas da democracia* (com Flávia Biroli, Zouk, 2017). É também colunista do *Blog da Boitempo*.

O caixão de Edson Luís de Lima Souto é conduzido entre as dezenas de milhares de pessoas que compareceram a seu velório, em 29 de março de 1968.

Publicado 50 anos depois do assassinato do estudante paraense Edson Luís de Lima Souto pela Polícia Militar, durante manifestação no Restaurante Central dos Estudantes, no Rio de Janeiro, este livro foi composto em Adobe Garamond Pro, corpo 11,5/15,5, e impresso em papel Avena 80 g/m² pela gráfica Rettec, para a Boitempo, em março de 2018, com tiragem de 3 mil exemplares.